"互联网+教育"中的协作学习

王辞晓 ◎ 著

"互联网+教育"创新丛书 · 丛书主编 ◎ 陈丽

北京师范大学出版集团
BEIJING NORMAL UNIVERSITY PUBLISHING GROUP
北京师范大学出版社

图书在版编目（CIP）数据

"互联网＋教育"中的协作学习/王辞晓著. —北京：北京师范大学出版社，2025.7

（"互联网＋教育"创新丛书）

ISBN 978-7-303-29780-1

Ⅰ.①互… Ⅱ.①王… Ⅲ.①网络教育 Ⅳ.①G434

中国国家版本馆CIP数据核字（2024）第024697号

出版发行：北京师范大学出版社　www.bnupg.com
　　　　　北京市西城区新街口外大街12-3号
　　　　　邮政编码：100088

印　　刷：北京虎彩文化传播有限公司
经　　销：全国新华书店
开　　本：710 mm×1000 mm　1/16
印　　张：15
字　　数：270千字
版　　次：2025年7月第1版
印　　次：2025年7月第1次印刷
定　　价：63.00元

策划编辑：冯谦益　　　　责任编辑：朱冉冉
美术编辑：李向昕　　　　装帧设计：李向昕
责任校对：陈　荟　　　　责任印制：马　洁

版权所有　侵权必究

读者服务电话：010-58806806
如发现印装质量问题，影响阅读，请联系印制管理部：010-58806364

总　序

随着以互联网为支撑、以人工智能为代表的新一代信息技术的不断突破及其在教育领域的深化应用，其颠覆性特征逐渐凸显，正在深刻改变教育体系的价值观、哲学观、教学观、学习观、供给模式和治理体系。教育数字化转型的本质就是从适应工业时代的学校教育体系转型为适应数字文明时代的终身教育体系。2021年中共中央、国务院启动"互联网＋教育"国家战略，2022年教育部启动国家教育数字化战略行动，2024年教育部启动人工智能赋能教育行动。教育部部长怀进鹏在2024世界数字教育大会上指出，中国国家教育数字化战略行动将从联结为先、内容为本、合作为要的"3C"走向集成化、智能化、国际化的"3I"。系列政策都引导教育系统关注新一代信息技术对教育的变革性影响，鼓励探索以互联网技术为支撑的教育新形态。

互联网是新一代信息技术发展和应用的基础支撑，也是人类全新的学习空间。在教育数字化转型阶段，教育正在从物理空间和社会空间的二元空间支撑向物理空间、社会空间和信息空间的三元空间支撑转型。互联网的时空灵活性使学习突破了时空限制，创新了教育教学流程，培育了优质教育资源全社会共享的资源供给新形态；互联网的全过程数据性，实现了对学习者学习情况的精准诊断，培育了需求驱动的个性化教学服务新形态；互联网的信息众筹性，改变了知识的属性，培育了群智汇聚的知识生产新形态；互联网的互联互通性，改变了学习方式，培育了联通主义学习方式；互联网的广泛开放性，搭建起教育与社会的桥梁，培育了多主体协同促进学生发展的教育治理新形态。在国家政策指引下，教育新形态在我国各级各类教育中不断涌现，如星星之火，持续点亮教育思想革新的前路，以燎原之势，有力推动了我国教育创新发展，已成为世界教育领域的中国名片。

术语"互联网＋教育"出自国家战略文件《关于推进"互联网＋教育"发展的意见》，特指利用新一代信息技术，更新教育理念、变革教育模式、推动教育创新发展的新形态。互联网教育应用可以简单划分为两个层次，第一个层次是"教育＋互联网",即将传统教育简单地搬到网上。疫情期间,多数停课不停学的实践本质上就是"教育＋互联网",当前教育系统内部许多人的认识水平也局限于这个层次。第二个层次是"互联网＋教育",即互联网支撑的教育新形态,其中蕴含着新理念和新思想,也代表了教育数字化转型的正确方向。为了区分这两个不同层次的应用,"互联网＋教育"逐渐发展成为教育理论界的学术概念。丛书编写的初衷就是将中国的星星之火,汇集起来,铸成思想的火把,为教育创新者提供理论武器,推进"教育＋互联网"向"互联网＋教育"的升级,加速我国教育数字化转型,向世界展示中国教育创新思想和中国教育创新理论。

丛书根植于中国教育数字化转型的丰沃实践土壤,是中国学者自主创新的系列学术成果,是中国互联网教育学知识体系中的精华。丛书共八本著作,分别从不同层次和视角阐释了互联网推动教育变革的基本原理、宏观战略、中观策略和微观规律等重大理论问题,系统地展示了教育哲学思想、学习理论、课程形态、教学设计方法、教育治理模式、教育供给侧改革和教育生态体系等方面的创新成果。

《"互联网＋教育"基本原理》旨在系统阐释互联网推动教育变革的原理。著作立足教育数字化转型大背景,面向教育高质量发展新要求,结合"互联网＋教育"实践中的困惑和问题,从政策视角诠释"互联网＋教育"战略的要义,从教育学视角阐释"互联网＋教育"的内涵与外延,从实践视角剖析"互联网＋教育"典型创新案例,从研究视角介绍"互联网＋教育"的理论创新。

《"互联网＋教育"学习空间观》旨在从空间观的视角阐释互联网创设的信息空间对学习空间的重塑,包括新空间的核心特征、认识与分析框架、技术应用、建设方法与发展方向等。著作立足学习空间与教学活动的辩证关系,从促进学习的视角,深入分析互联网的空间本质及其所引发的学习空间观演变与空间变革,提出三元空间融合的学习空间观,从新空间的物质、社会和精神三个维度系统论述新空间的核心特征、代表技术、建设方法与典型实践,为互联网时代对学习空间的认识与建设提供思想指导与实践方向。

《"互联网＋教育"的联通主义学习观》旨在系统阐释联通主义学习观的内涵和价值。著作颠覆了传统学习理论对学习的简单线性化认知,从复杂系统的角度深度阐述数字时代人类全新的学习规律。著作围绕联通主义学习中的群体交互和知识创新两个核心,提出联通主义学习即四类网络和交互作用下的螺旋式网络构建和知识创新,并系统揭示其背后的规律。

《"互联网＋教育"课程观》旨在阐释联通主义课程观的内涵及课程建设

的方法体系。著作重点探讨联通主义课程观的认识论基础、联通主义课程观的内涵价值与适用性、联通主义课程设计与开发的基本原理、联通主义课程设计与开发的关键要素、联通主义课程设计与开发的典型策略、联通主义课程设计的评价框架与方法等内容。著作可为联通主义理论推广和在线课程创新提供理论指导和操作指南。

《"互联网＋教育"中的协作学习》旨在揭示联通主义学习过程中学习者之间从社群学习到小组协作的复杂集体学习规律。著作以联通主义学习情境中的协作问题解决活动为切入点，基于社群交互网络和个体特征，揭示在线学习社区中个体前期交互行为对其后期协作组队行为的影响；基于群体认知和社会文化视角，揭示多元异质小组在协作问题解决过程中的认知、社会、行为规律，为互联网环境中的教学创新和变革提供研究基础和实证依据。

《"互联网＋教育"供给侧改革》旨在阐释互联网推动教育供给侧改革的原理和实践。著作从教育供给侧改革面临的挑战和机遇出发，分析互联网在推动教育供给侧改革中的作用；从供给模式、供给内容、供给方式、供给主体、供给关系等多方面探讨教育供给侧改革的方向；从资源流动、配置效率和供给效率等角度分析"互联网＋教育"供给侧改革的着力点；通过典型案例呈现"互联网＋教育"供给侧改革的创新实践，提出互联网推动教育供给侧改革的发展路径和基本框架。

《"互联网＋教育"治理观》旨在阐释互联网推动教育治理创新的理论、政策和实践。著作围绕"互联网＋教育"对治理体系变革的新要求、互联网新技术助力治理能力提升这两大核心内容，构建"互联网＋教育"的治理观。基于治理理论、互联网教育理论、终身学习理论，通过梳理教育信息化政策发展的基本脉络，明确互联网时代教育治理中技术层面、方法层面、模式层面的变革。同时，分别对基于终身学习权保障的教育法治变革、多元协同共治的治理结构变革、新技术助力政府公共服务能力提升、新技术助力学校自治能力提升等重大治理改革专题进行深入阐述。

《"互联网＋教育"创新生态体系》旨在阐释教育创新生态系统理论模型与教育创新演进模型。著作从丰富多样的互联网教育创新实践入手，研究互联网教育产业对教育创新的影响，明晰其在教育创新中的作用与地位，具体回答了教育创新的主体与要素构成与以往有什么不同，互联网教育产业作为新的教育创新主体具有什么样的特征与分布，互联网教育产业在教育创新的不同环节分别具有什么样的作用与地位，教育创新是如何演进的等问题。

丛书作者均来自北京师范大学互联网教育专业，目前国内只有北京师范大学拥有互联网教育硕士点和博士点。北京师范大学互联网教育专业团队通过人才培养、科学研究和社会服务，"三位一体"推动我国"互联网＋教育"创新发展，是国内"互联网＋教育"领域的学术高地。丛书内容是国家自然科学基金委员会管理科学部重点课题"'互联网＋'时代的教育改革与创新管理研究"（编号：71834002）的研究成果，丛书部分内容已经在国内外学术期刊上发表，得到国内外教育界的高度关注，成为"互联网＋教育"研究领域学术成果的中国代表。期待丛书内容能够在教育创新实践领域得到更广泛的应用和检验，在教育学界得到更多的审视和批判。

陈　丽

2025年1月

序

在教育数字化转型进程中,基于互联网、人工智能等新一代信息技术创设的信息空间拓宽了教育教学空间。一方面,信息空间的群体智慧协同加速了知识的生产、传播与进化。另一方面,网络信息资源过载、知识半衰期大幅缩短,使得学习者亟需新的教学实践形式来提升自身面对复杂社会机遇与挑战的能力。联通主义作为数字时代的典型学习理论,强调学习是互联网空间中个体、信息、数字资源建立网络连接并优化连接的动态过程,为数字化教育教学实践创新,如社区型开放课程,跨学科、跨区域虚拟教研等,提供了重要的理论指导。本书所关注的协作问题解决是联通主义学习中利用群体智慧促进知识创造和深度联通的典型教学活动,被广泛认为能够培养学习者的高阶思维、问题解决和协作能力。

互联网学习环境中的个体有多元经验背景与学习目标,个体间交互具有动态性、复杂性、非线性等特点。如何在复杂开放的网络环境中促进学习者持续建立网络联结,实现深度交互与群智汇聚,是联通主义教学实践、在线学习社区可持续发展的关注重点。基于此,本书以联通主义学习情境中的协作问题解决为切入点,期望通过挖掘从社群学习到小组协作的发生和发展规律,为互联网时代的教学创新和变革提供研究基础与实证依据。北京师范大学远程教育研究中心基于联通主义学习理论开设了国内首门网络课程（connectivist MOOC，cMOOC）"互联网+教育：理论与实践的对话",至今已开设九期。其中第五期以群体智慧汇聚、协作问题解决为核心特征,将作为贯穿本书实证分析的案例课程。

案例课程包括主题学习和问题解决两大阶段。在主题学习阶段,学习者基于课程推送的主题学习资源来展开社群学习。在问题解决阶段,部分学习者选择组建团队展开协作问题解决。探究学习者如何从社群学习走进小组协作又如何发展,是联通主义与协作学习领域的独特研究视角。基于对案例课程教学交互情境的初步分析,本研究确立了如下研究问题。①协作问题解决是如何发生的？具体地，在主题学习阶段，什么样的学习者更容易参与协作？什么样的学习者更容易结成同伴？什么样的学习者更容易成为组长？②协作问题解决是如何发展的？具体地，在问题解决阶段，小组间的认知参与有什么差异？小组内的角色演化有什么规律？小组外的促进策略有什么作用？研究问题1主要关注主题学习阶段教学交互对协作者身份的影响，包括"谁会参与协作""谁会结成同伴""谁会成为组长"三方面研究内容。研究问题2主要关注问题解决阶段小组协作的发展规律，包括"组间认知差异""组内角色演化""组外促进效应"三方面研究内容。

在纵向混合与数据密集型研究范式下，本研究采用顺序性转换策略的研究设计，应用互联网实验和认知民族志两种研究方法，分别探究协作的发生和发展规律。在互联网实验方法下，基于动态交互网络方法提取网络演化特征，并结合个人属性探究协作者在主题学习阶段的交互特征；基于网络相关与回归分析方法探究协作前社会、话题、属性关系网络对协作网络关系的影响；基于静态交互网络方法提取学习者结构洞类型，并结合课程学习动机、教学交互行为、内容生产水平探究组长特征。在认知民族志方法下，基于认知网络分析方法，比较不同类型小组的认知网络和质心位移路径，揭示协作问题解决的认知发展规律；基于角色展现、角色协调和角色结构三层级分析模型，综合多种分析方法揭示联通主义协作问题解决的角色演化规律；基于滞后序列分析方法，总结不同协作表现和促进者表现小组的交互模式，揭示促进者的差异化学习支持作用。

对于协作的发生规律：①"谁会参与协作"研究发现，强交互主动性和吸引力是协作者的主要特征，部分个人属性会削弱协作者的前期交互吸引力，网络结构使协作者交互吸引力增强、主动性降低；②"谁会结成同伴"研究发现，社会关系、话题内容、年龄和学习经历影响协作关系，社会关系紧密、年龄相近是同伴选择的关键驱动因素，话题相近会进一步推动社会关系紧密的个体结成同伴；③"谁会成为组长"研究发现，结构洞深浅可预测个体参与协作的可能性，深结构洞更易出现组长，浅结构洞更易出现组员，深结构洞个体凭借吸引力和声望成为组长，浅结构洞个体需投入更多心理努力才能成为组长。

对于协作的发展规律：①"组间认知差异"研究发现，协作问题难度会影响小组走向高层次交互的发展路径，成员构成类型影响小组的交互倾向以及对问题解决目标的定位，协作质量与群体交互层次和程度密切相关；②"组内角色演化"研究发现，角色展现体现了个体职能的定位与分化，角色协调体现了社会资源的流动与汇聚，角色结构体现了子群网络的内聚与耦合；③"组外促进效应"研究发现，组内成员的联结强度和交互深度与协作表现密切相关，在线协作促进者具有支撑性、补偿性和促优性等特征，高质量小组协作受组内协作者和组外促进者共同作用，且具有更丰富的交互转化类型。

最后，本书基于所揭示的联通主义学习中协作问题解决的发生和发展规律，提出促进更大规模协作发生、更高质量协作发展的系列实践建议。促进更大规模协作发生的实践建议有：结合学习者自发形成的衍生类话题动态调整问题设计；引导学习者发挥自身优势，扩展交互广度与交互深度；根据交互特征识别潜在协作者，引导其关注问题解决；帮助年龄与兴趣相近的潜在协作者创造更多机会。促进更高质量协作发展的实践建议有：引导小组基于团队基础调整方向，维护协作者效能感；弱化结果导向，强调生成性目标和小组内外网络优化；识别协作角色，根据角色能级变化设计对应干预策略；关注群体知识创生，基于深层次交互探索开放式评价。

总的来说，基于教育数字化转型与网络化学习的实践需求，本书聚焦于在线学习社区群体协作规律的微观研究，揭示了复杂网络中集体学习行为的内在逻辑和发展机理。期望研究发现能够丰富互联网时代的在线教育与协作学习理论，为优化在线开放课程、提升群体协作规模与质量、促进在线开放社区的长期发展提供实证支持。

王辞晓
2025年1月

目 录
CONTENTS

第一章　引　言	1
一、研究背景	3
二、问题提出	7
三、概念界定	8
四、研究目的与意义	11
五、本章小结	11
第二章　研究设计	13
一、研究情境	15
二、研究对象	20
三、研究内容	25
四、研究思路	28
五、本章小结	34
第三章　谁会参与协作	37
一、理论基础	39
二、研究框架与假设	44
三、研究方法与工具	46
四、数据分析结果	47
五、研究发现与讨论	53
六、本章小结	57
第四章　谁会结成同伴	59
一、理论基础	61
二、研究框架与假设	66

三、研究方法与工具　　　　　　　　67
　　四、数据分析结果　　　　　　　　　70
　　五、研究发现与讨论　　　　　　　　76
　　六、本章小结　　　　　　　　　　　79

第五章　谁会成为组长　　　　　　　81
　　一、理论基础　　　　　　　　　　　83
　　二、研究框架与假设　　　　　　　　88
　　三、研究方法与工具　　　　　　　　90
　　四、数据分析结果　　　　　　　　　91
　　五、研究发现与讨论　　　　　　　100
　　六、本章小结　　　　　　　　　　103

第六章　组间认知差异　　　　　　105
　　一、理论基础　　　　　　　　　　107
　　二、研究框架与假设　　　　　　　111
　　三、研究方法与工具　　　　　　　112
　　四、数据分析结果　　　　　　　　121
　　五、研究发现与讨论　　　　　　　132
　　六、本章小结　　　　　　　　　　134

第七章　组内角色演化　　　　　　135
　　一、理论基础　　　　　　　　　　137
　　二、研究框架与假设　　　　　　　140
　　三、研究方法与工具　　　　　　　141
　　四、数据分析结果　　　　　　　　144
　　五、研究发现与讨论　　　　　　　156
　　六、本章小结　　　　　　　　　　163

第八章　组外促进效应　　　　　　165
　　一、理论基础　　　　　　　　　　167
　　二、研究框架与假设　　　　　　　172
　　三、研究方法与工具　　　　　　　173

四、数据分析结果　　179
　　五、研究发现与讨论　　192
　　六、本章小结　　196

第九章　总结与展望　　197
　　一、研究总结　　199
　　二、实践启示　　201
　　三、研究创新与局限　　206
　　四、未来研究展望　　208

附　录　　209
　　附录1：课程问题解决阶段的学习活动　　209
　　附录2：课程问题解决阶段的问题示例　　211
　　附录3：课程学习者基本情况调查问卷　　214
　　附录4：课程学习者课程体验调查问卷　　216
　　附录5：促进者招募及其职能定位说明　　218

后　记　　220

第一章 引 言

随着互联网与人工智能技术的飞速发展，教育教学形态正在不断重组与革新。传统的计算机辅助教学在内涵和形式上均发生了变化。计算机支持的协作学习（computer supported collaborative learning，CSCL）作为一种常见的培养学生协作技能、高阶思维、问题解决能力的教学策略，也在新一代信息技术的促进下有了更加灵活多样的开展形式。从时间来看，CSCL可以分为临时协作和长期协作，如课堂中为开展讨论活动而临时组建的小组、贯穿整个学期或学年的项目式学习。从规模来看，CSCL可分为大规模社群协作和小组协作，如基于维基百科的群体协同知识构建、基于虚拟实验的小组协作探究学习。针对上述协作形式，教育实践者和学习科学专家进行了大量的理论与实证研究，为信息技术支持下多种类型协作学习活动的有效开展提供了经验和科学依据。

社群协作学习不仅需要大规模的观点交互与碰撞，还需要基于真实问题的小规模深度协作。然而，社群学习和小组协作素来被视为两个独立的、有区隔的学习形式，很少有研究将这两个学习阶段建立系统联系，社群学习行为是否影响以及如何影响小组协作还有待探讨。互联网学习环境具有开放性、复杂性和文化多元性，学习者也具有一定的自由度和选择权，教育交互的复杂性远远高于传统课堂环境下的协作学习。协作学习在互联网社群中如何逐步发生，又如何在小组中深度发展，我们将会在本书中得到些许答案。

一、研究背景

(一)联通主义学习理论：数字时代的学习理论

随着以互联网为核心的新一代信息技术的发展，人类社会发生了复杂而深刻的变化。互联网为大众创设了自由、平等、开放、共享的信息空间，打破了传统物理空间与社会空间的二元结构，形成了物理—社会—信息的三元空间结构。① 在互联网所构建的信息空间中，知识具有分布式存储、碎片化、高速更迭等特点。② 知识生产与传播更加灵活，问题意识与非共识观点加速了知识的动态生成，基于网络的群体智慧协同成为知识生产与进化的主要方式之一。③ 传统纸质教材或课堂教学所教授的知识，在传递给学生时可能已不适用于当下的问题情境，相应的人才培养模式也与社会发展对学习者能力的新需求脱节。学习者需要通过新的教学实践形式来提升自身面对复杂社会和智能时代机遇与挑战所需要的问题解决、终身学习、持续创新能力。互联网与智能技术的迭代更新，为数字时代的新型教学实践提供了发展契机，持续地扩展着在线教育中教学交互的形式与范围④，也为新型学习理论的诞生与发展培育了肥沃的土壤。

联通主义(connectivism)学习理论由乔治·西蒙斯(George Siemens)和斯蒂芬·道恩斯(Stephen Downes)提出，是数字时代的新型学习理论。⑤ 联通主义学习理论提出，要从网络化的视角来认识学习，认为学习是网络中节点联结与优化的过程，学习的目标是实现知识的流通，学习的关键在于学习者在网络环境中的深度交互。从网络的视角来看，联通主义认为学习是建立神经网络、概念网络和社会网络多层网络的联结过程，交互则是节点联结与网络构建的关键所在，由此推动整个社区的知识创造与持续发展。联通主义学

---

① 潘云鹤：《人工智能 2.0 与教育的发展》，载《中国远程教育》，2018(5)。
② 陈丽、郑勤华、徐亚倩：《知识的"技术"发展史与知识的"回归"》，载《现代远程教育研究》，2022，34(5)。
③ 陈丽、逯行、郑勤华：《"互联网+教育"的知识观：知识回归与知识进化》，载《中国远程教育》，2019(7)。
④ 王志军、陈丽：《联通主义学习中教学交互研究的价值与关键问题》，载《现代远程教育研究》，2015(5)。
⑤ Siemens, G., "Connectivism: A Learning Theory for the Digital Age," *International Journal of Instructional Technology and Distance Learning*, 2005, 2(1), pp.3-10.

习者具有多元的经验背景、兴趣领域、职业岗位，在持续不断的社会化交互中实现网络节点的联结与优化。同时，网络空间的社会化交互也使得学习者的角色更加多元，不同类型的角色也会随着交互深度和资源流转而动态转换。① 总的来说，联通主义理论认为学习是网络空间中个体、信息、数字资源建立网络联结并优化联结的动态过程，为数字时代在线教育的新型教学实践，如社区型开放课程、跨学科跨区域虚拟教研等，提供了重要的理论指导。

联通主义学习理论指导的网络课程被称为 cMOOC。cMOOC 鼓励学习者在社区中通过教学交互建立同伴关系，围绕共同感兴趣的实践问题展开深度教学交互，进而实现群体知识创生。由于理论理解深度的不同，在实际的联通主义教学实践中共出现了三种联通形式：个体的简单联通、专业社区的社会化联通以及基于真实问题的复杂联通。② 前两种联通分别强调了个体与其他节点的交互、个体与社区的协同发展，但严格来说只有第三种联通，即强调社群网络中的集体智慧汇聚与沉淀、学习者基于已有经验知识共同探究未知问题的教学实践形式，才能体现联通主义的精神内涵。③ 由此可见，在联通主义课程中创设真实问题解决情境，引导学习者在广泛而复杂的网络化空间中找到同伴并建立同伴关系，将有助于促进学习者通过深度交互与网络联结实现群体知识创生和认知发展。基于此，如何在复杂开放的网络环境中促进多元背景的学习者持续地建立网络联结，实现深度交互、群智汇聚与复杂问题解决，是联通主义课程教学设计的重点。

(二)协作问题解决：素养导向的教学策略

基于问题的学习(problem-based learning，PBL)能够通过创设问题情境，引导学习者借助于已有经验和资源来共同解决复杂的、劣构问题。④ 随着互联网环境的发展，通过人际协作解决复杂问题的需求日益增长。协作能力是 21 世纪核心素养 5C 模型的重要构成维度，也被经济合作与发展组织(OECD)列

---

① 郝祥军、王帆、彭致君等：《群体在线学习过程分析：学习者角色的动态转换》，载《现代远距离教育》，2019(3)。

② Wang, Z., Chen, L., Anderson, T., et al., "A Framework for Interaction and Cognitive Engagement in Connectivist Learning Contexts," *International Review of Research in Open and Distance Learning*, 2014, 15(2), pp. 121-141.

③ 王志军、陈丽：《联通主义学习理论及其最新进展》，载《开放教育研究》，2014(5)。

④ Savery, J. R., "Overview of Problem-Based Learning: Definitions and Distinctions," *Interdisciplinary Journal of Problem-Based Learning*, 2006, 1(1), pp. 9-20.

为核心素养之一。① 为培养具备较强协作能力的人才，越来越多的教育实践者将协作问题解决活动引入教学中。②③ 协作问题解决是培养学习者自主学习、团队合作、问题解决等高阶素养的主要教学策略，也是帮助学习者将学科知识整合、迁移到真实生活情境的重要途径之一。④ 互联网学习环境是一个开放的、分布式的复杂系统，尤其是对于以联通主义学习理论为指导的社区型课程，学习者通过持续教学交互建立网络联结，自组织地实现知识创生与网络优化。⑤ 互联网技术支持的在线协作具有时空灵活、开放共享等特征，能够促进学习者基于特定任务或主题开展深度交互、广泛联通与问题解决活动。⑥

在传统的学习环境中，小组创建过程通常由教师把控。⑦ 例如，教师根据学习者个人特征进行异质或同质分组，或者让全体学习者按照规定的小组规模自行组队。⑧ 在联通主义学习中，教师和学生角色均发生了变化。教师由知识传授者转变为课程促进者，不再是小组划分方式的主要规定者；学生由被动的知识接受者转变为自我导向的资源联通者与知识创造者，其自身也成为网络中流动的资源。⑨ 一方面，学习者学科背景与实践经验的多元化、

---

① OECD, Definition and Selection of Key Competencies: Executive Summary, 2005.

② Hmelo-Silver, C. E., "Problem-Based Learning: What and How Do Students Learn?" *Educational Psychology Review*, 2004, 16(3), pp. 235-266.

③ Lämsä, J., Hämäläinen, R., Koskinen, P., et al., "What Do We Do When We Analyse the Temporal Aspects of Computer-Supported Collaborative Learning? A Systematic Literature Review," *Educational Research Review*, 2021(33), Article 100387.

④ 王鹤瑾、曹蕾、何明召：《问题式学习对学生问题解决能力的影响——基于国内外34项研究的元分析》，载《开放教育研究》，2021，27(5)。

⑤ 王志军、陈丽：《联通主义："互联网+教育"的本体论》，载《中国远程教育》，2019(8)。

⑥ Cherney, M. R., Fetherston, M., & Johnsen, L. J., "Online Course Student Collaboration Literature: A Review and Critique," *Small Group Research*, 2018, 49(1), pp. 98-128.

⑦ Chen, B., Hwang, G. H., & Lin, T. S., "Impacts of a Dynamic Grouping Strategy on Students' Learning Effectiveness and Experience Value in an Item Bank-Based Collaborative Practice System," *British Journal of Educational Technology*, 2020, 51(1), pp. 36-52.

⑧ Krouska, A., Troussas, C., & Virvou, M., "Applying Genetic Algorithms for Student Grouping in Collaborative Learning: A Synthetic Literature Review," *Intelligent Decision Technologies*, 2020, 13(4), pp. 395-406.

⑨ 王志军、陈丽：《联通主义学习理论及其最新进展》，载《开放教育研究》，2014(5)。

异质化是开展协作问题解决的宝贵资源，也是促进深度交互、内容涌现的正向影响因素。① 另一方面，学习者具有交互主体性和参与自主权，可以根据兴趣领域选择协作问题并自行组队，甚至可以随时加入或退出小组。由此可见，传统课堂环境的协作学习规律并不能直接迁移到开放网络环境的协作问题解决中。在过去的 cMOOC 实证研究中，研究者主要关注个体在社群学习中的兴趣话题探讨、社交关系构建与信息资源联通②，鲜有研究关注网络化空间中小群体协作的发生和发展规律。

关注团队核心特征是理解群体交互规律、提升协作问题解决质量的重要途径，如团队组成、团队发展等。③④ 相比于传统课堂教学或建构主义理念下的小组协作，互联网学习环境中的协作者具有更加多样化的经验背景、兴趣领域和学习目标，这使得联通主义协作问题解决发生与发展过程更为复杂。网络环境的生生交互具有动态性、复杂性、非线性等特点，学习者之间通过对话逐渐形成网络地位和身份关系。⑤⑥ 学习者在社群网络中的交互水平与质量会随着学习进程不断积累和放大。⑦ 前期网络地位与内容产出可能会影响学习者是否参与后续协作问题解决。不仅如此，前期交互所形成的社会关系、话题相似度以及学习者的个人属性（如年龄、职业等）也可能会影响协作同伴的选择以及协作身份的确立。此外，复杂开放环境中协作学习的有效开展，还需要引入适当教学干预与支持服务。⑧ 综上，深入挖掘联通主义学习中协

---

① 徐亚倩、陈丽：《生生交互为主的在线学习复杂性规律探究》，载《中国远程教育》，2021(10)。

② 田浩、陈丽、黄洛颖等：《cMOOC 学习者知识流动特征与交互水平关系研究》，载《中国远程教育》，2020(8)。

③ Cooke, N. J., & Hilton, M. L., *Enhancing the Effectiveness of Team Science*, Washington, National Academies Press, 2015, pp. 72-75.

④ Gerbeth, S., Stamouli, E., & Mulder, R. H., "The Relationships Between Emotional Competence and Team Learning Behaviours," *Educational Research Review*, 2022 (36), Article 100439.

⑤ 王陆：《虚拟学习社区社会网络位置与知识建构的关系研究》，载《中国电化教育》，2010(8)。

⑥ 徐亚倩、陈丽：《生生交互为主的在线学习复杂性规律探究》，载《中国远程教育》，2021(10)。

⑦ 郑勤华、于畅、陈丽：《基于学习者视角的 MOOCs 教学交互状况调查研究》，载《中国电化教育》，2016(6)。

⑧ Chen, J. J., Wang, M. H., Kirschner, P. A., et al., "The Role of Collaboration, Computer Use, Learning Environments, and Supporting Strategies in CSCL: A Meta-Analysis," *Review of Educational Research*, 2018, 88(6), pp. 799-843.

作问题解决的发生和发展规律，将成为优化联通主义课程设计与教学干预的重要基础。

二、问题提出

本研究的案例课程为北京师范大学远程教育研究中心开设的网络课程cMOOC"互联网＋教育：理论与实践的对话"第五期课程。案例课程包括主题学习和问题解决两大阶段。在主题学习阶段，课程推送主题学习资源供学习者展开社群学习。在问题解决阶段，课程提供真实情境问题供学习者选择。一部分学习者通过前期教学交互逐渐形成对领域问题的认识和兴趣，最终选择组建团队展开协作问题解决活动。从社群学习到小组协作（图1-1），什么样的学习者会选择参与协作，这一过程是如何发生的？复杂开放环境下的小组协作有怎样的发生和发展规律？探明学习者社群学习与小组协作的学习机制，将有助于发展在线学习理论与实践方法。

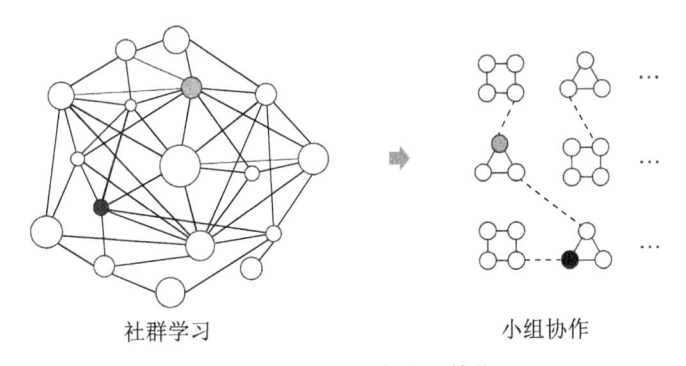

社群学习　　　　　　　小组协作

图 1-1　社群学习与小组协作

基于研究背景和案例课程，本研究期望深入探究联通主义学习情境下协作问题解决的发生和发展规律，具体包含两大研究问题。

研究问题1：从网络联结和协作身份来看，协作问题解决是如何发生的？
(1)在主题学习阶段，什么样的学习者更容易参与协作？
(2)在主题学习阶段，什么样的学习者更容易结成同伴？
(3)在主题学习阶段，什么样的学习者更容易成为组长？
研究问题2：从认知和社会文化视角来看，协作问题解决是如何发展的？
(4)在问题解决阶段，小组间的认知参与有什么差异？
(5)在问题解决阶段，小组内的角色演化有什么规律？
(6)在问题解决阶段，小组外的促进策略有什么作用？

现有研究大多关注传统课堂环境或固定群体的小组协作，抑或社区中整个群体的生生交互、网络演化规律，还缺乏对复杂开放环境下协作行为发生和发展规律的深入探讨。在线学习社区中的学习者通过持续交互逐渐形成网络地位和社会身份①，前期社群学习可能会对后期是否以及何种程度参与小群体协作产生影响。厘清前期交互特征与个人属性对后期协作意愿、协作身份确立、同伴关系组建的作用，是本书的研究重点之一。基于此，研究问题 1 关注主题学习阶段的社群学习空间，旨在从学习者个体的视角分析协作的发生和发展规律，将主要探究"谁会参与协作""谁会结成同伴""谁会成为组长"三方面内容。

认知和社会文化是协作学习研究的两大理论视角。② 深入分析多元异质小组在问题解决过程中的认知参与差异和时序发展路径，立体化揭示协作者角色形成、发展与转换背后的社会文化特征，实现对复杂网络环境下群体认知与文化的多维描绘，是本书的研究重点之一。此外，协作学习的有效发生需要适当的外部支持与引导。③ 不同水平的外部促进性支持策略会对小组发展产生何种差异化影响，也是本研究关注的话题。基于此，研究问题 2 聚焦于问题解决阶段的小组协作空间，旨在从小群体的视角关注协作的发生和发展规律，将主要探究"组间认知差异""组内角色演化""组外促进效应"三方面内容。

三、概念界定

概念化（conceptualization）是将不清晰的观点明确化以达成共识的思维过程，达成共识的结果便是生成概念（concept）。④ 概念厘清是一个持续不断的过程，即便是尚未得到学界统一认识的概念，也应在研究初始阶段赋予其初始意义，以便在资料收集和解释的过程中进行反复推敲和斟酌。⑤ 基于此，

---

① 徐亚倩、陈丽：《联通主义学习中个体网络地位与其概念网络特征的关系探究——基于 cMOOC 第 1 期课程部分交互内容的分析》，载《中国远程教育》，2019(10)。

② Matuk, C., Desportes, K., & Hoadley, C., "Conceptualizing Context in CSCL: Cognitive and Sociocultural Perspectives," *International Handbook of Computer-Supported Collaborative Learning*, Cham, Springer, 2021, pp. 85-101.

③ Chen, J. J., Wang, M. H., Kirschner, P. A., et al., "The Role of Collaboration, Computer Use, Learning Environments, and Supporting Strategies in CSCL: A Meta-Analysis," *Review of Educational Research*, 2018, 88(6), pp. 799-843.

④ [美]艾尔·巴比：《社会研究方法（第十一版）》，邱泽奇译，123～125 页，北京，华夏出版社，2009。

⑤ [美]艾尔·巴比：《社会研究方法（第十一版）》，邱泽奇译，129 页，北京，华夏出版社，2009。

本研究将关键概念界定如下。

(一)联通主义

联通主义学习理论是互联网时代的新型学习理论。联通主义学习理论认为学习是特定的节点和信息源建立网络联结的过程，学习者需要关注信息的流通和网络的持续优化。① 交互是联通主义学习中网络构建的关键。② 联通主义学习包括四个认知参与程度由低至高的教学交互层次：操作交互、寻径交互、意会交互和创新交互。③④ 学习者在不同交互层次相互作用的螺旋式过程中进行知识创生和网络拓展与优化。⑤

(二)协作学习

协作学习(collaborative learning)强调小组成员通过进行共同活动(joint activity)来引发社会认知过程，而合作学习(cooperative learning)指小组成员根据任务分工，分别进行活动，较少涉及能够引发社会认知过程的共同活动。⑥ 计算机支持的协作学习领域(computer-supported collaborative learning，CSCL)代表性学者指出，学习是一个社会化过程，是个体和社会化知识建构的有序循环。⑦ 联通主义学习情境中协作问题解决的目标不在于知识建构本身，而在于学习者及其所在群体的网络优化。

---

① Siemens, G., "Connectivism: A Learning Theory for the Digital Age," *International Journal of Instructional Technology and Distance Learning*, 2005, 2(1), pp. 3-10.

② Kop, R., Hill, A., Henderson, S., et al., "Connectivism: Learning Theory of the Future or Vestige of the Past?" *International Review of Research in Open and Distance Learning*, 2008, 9(3), pp. 1-13.

③ Wang, Z., Chen, L., Anderson, T., et al., "A Framework for Interaction and Cognitive Engagement in Connectivist Learning Contexts," *International Review of Research in Open and Distance Learning*, 2014, 15(2), pp. 121-141.

④ 王志军、陈丽：《联通主义学习的教学交互理论模型建构研究》，载《开放教育研究》，2015，21(5)。

⑤ 王志军、陈丽：《联通主义："互联网＋教育"的本体论》，载《中国远程教育》，2019(8)。

⑥ King, A., "Scripting Collaborative Learning Processes: A Cognitive Perspective," *Scripting Computer-Supported Collaborative Learning*, Boston, Springer, 2007, pp. 13-37.

⑦ Stahl, G., "A Model of Collaborative Knowledge-Building," in B. Fishman & S. O'Connor-Divelbiss (Eds.), *Fourth International Conference of the Learning Sciences*, Mahwah, Erlbaum, 2000, pp. 70-77.

(三) 问题解决

基于问题的学习作为一种以学习者为中心的教学方法，旨在通过设计真实的、开放的、非良构的问题来支持学习者开展自由探究。① PBL 强调知识整合、建构、意义生成②以及资源联通③。通过 PBL 发展的技能，如自我调节、终身学习等，对信息时代学习者具有重要意义。④ 此外，同伴协作能够为问题解决过程提供社会性的、交互性的学习情境，有益于学生的社会化认知和协作技能的长期发展。⑤

协作问题解决有机整合了协作学习和基于问题的学习两者的教学优势，有助于培养学习者自主学习、团队协作、问题解决等高阶素养，帮助学习者将学科知识整合、迁移到真实生活情境中。⑥ 开展协作问题解决的首要前提是：问题解决任务较为复杂，难以由个人独立完成，需要通过协作，汇聚不同个体的信息、经验、技能，实现复杂问题解决目的。⑦ 总的来说，协作问题解决是联通主义学习中利用群体智慧促进知识生成和深度联通的典型教学活动之一，有助于促进更高水平学习和更深层次互动的发生。

---

① Savery, J. R., "Overview of Problem-Based Learning: Definitions and Distinctions," *Interdisciplinary Journal of Problem-Based Learning*, 2006, 1(1), pp. 9-20.

② Sockalingam, N., & Schmidt, H. G., "Characteristics of Effective Problems," in G. O'Grady, E. H. J. Yew, K. P. L. Goh, & H. G. Schmidt (Eds.), *One-Day, One-Problem: An Approach to Problem-Based Learning*, Singapore, Springer, 2012, pp. 141-166.

③ Hung, W., "The 3C3R Model: A Conceptual Framework for Designing Problems in PBL," *Interdisciplinary Journal of Problem-Based Learning*, 2006, 1(1), pp. 55-77.

④ Barrows, H., & Kelson, A. C., *Problem Based Learning in Secondary Education and the Problem Based Learning Institute*, Springfield, SIU School of Medicine, 1995, p. 7.

⑤ 梁云真、朱珂、赵呈领：《协作问题解决学习活动促进交互深度的实证研究》，载《电化教育研究》，2017，38(10)。

⑥ 王鹤瑾、曹蕾、何明召：《问题式学习对学生问题解决能力的影响——基于国内外 34 项研究的元分析》，载《开放教育研究》，2021，27(5)。

⑦ Savery, J. R., "Overview of Problem-Based Learning: Definitions and Distinctions," *Interdisciplinary Journal of Problem-Based Learning*, 2006, 1(1), pp. 9-20.

四、研究目的与意义

(一)研究目的

本研究立足在线教育与网络化学习的实践需求，以联通主义学习情境中的协作问题解决活动为切入点，期望通过挖掘从社群学习到小组协作的发生和发展规律，为互联网时代的教学创新和变革提供研究基础和实证依据。本研究预期达到以下三个子目标。

(1)探明开放学习社区中个体前期交互行为对其后期协作组队行为的作用规律，实现对潜在协作者复杂特征的精准刻画。

(2)揭示多元异质小组在协作问题解决过程中的认知、社会、行为规律，实现对网络环境下群体认知与文化的多维描绘。

(3)基于联通主义学习中协作问题解决的发生和发展规律，提出促进更大规模协作发生、更高质量协作发展的系列实践建议。

(二)研究意义

本研究在理论与实践层面的研究意义如下。

1. 理论层面

(1)基于社群交互网络和小组协作过程揭示复杂开放环境下协作学习的发生和发展规律，有助于丰富互联网时代在线协作学习与认知发展的基本理论。

(2)厘清复杂集体学习行为的内在逻辑和发展机理，实现对网络环境下群体认知与文化的多维描绘，有助于发展顺应数字教育变革趋势的教学交互理论和学习分析视角。

2. 实践层面

(1)全面揭示潜在协作者在社群学习中动机、行为、产出等方面的特征，有助于通过识别并干预潜在协作者，促进更大规模群体的协作参与、提升在线社区的群体动力。

(2)深入理解在线学习社区中群体认知发展与社会文化特征，能够为提升在线教育互动质量、优化在线开放课程、促进社群长期发展提供实证依据。

五、本章小结

本章首先对数字化时代的联通主义学习理论进行介绍，其次指出了小群体协作规律在联通主义情境中的研究空间。通过对案例课程教学交互情境的初步分析，本章提出了如下研究问题：协作问题解决是如何发生以及如何发展的？图1-2为本书的篇章结构，在问题提出（第一章）后，紧跟研究设计（第二章）。研究设计部分首先详细阐述了案例课程的活动情境和研究对象的基本信息，通过对研究问题与情境的进一步分析，明确了六部分研究内容"谁会参与协作""谁会结成同伴""谁会成为组长""组间认知差异""组内角色演化""组外促进效应"；其次，介绍了本研究所采取的纵向混合研究设计思路，并对互联网实验和认知民族志研究方法与数据采集方案进行系统介绍。

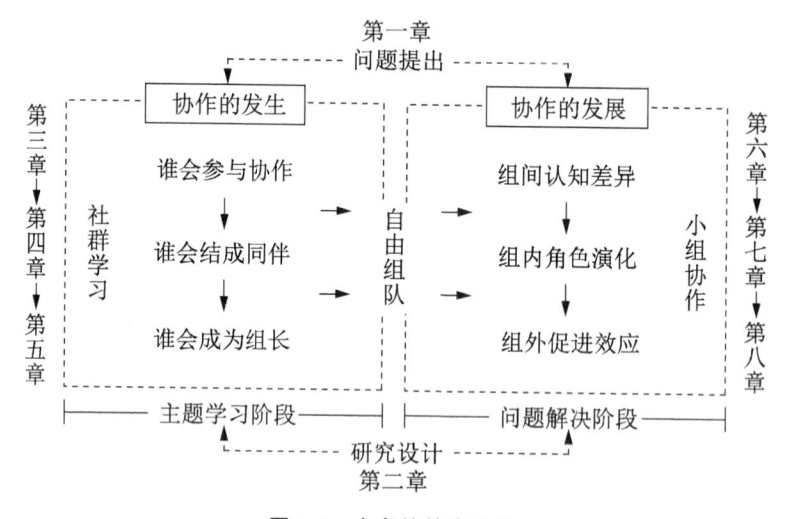

图1-2 本书的篇章结构

第三章到第八章为本书的实证分析部分，分别对应了研究内容的六个部分。第三章主要采用随机行动者模型这一动态网络分析方法，探究参与协作问题解决的学习者所具备的前期网络交互特征。第四章分析并构建了社会、话题、属性关系网络与协作关系网络的相关性，探究开放网络环境的自由成组规律。第五章基于结构洞理论和相关指标，从课程学习动机、教学交互行为、内容生产水平三方面进一步探究了组长占据的结构洞特征。第六章基于认知网络分析方法，比较不同类型小组的认知网络和质心位移路径，揭示协作问题解决的认知发展规律。第七章基于角色展现、角色协调和角色结构三层级分析模型，揭示联通主义协作问题解决的角色演化规律。第八章基于滞后序列分析方法，探究不同协作表现、促进者表现小组的交互模式，进而揭示促进者对协作小组的差异化支持作用。第九章则对第三章至第八章的研究发现进行总结与讨论，从而回应研究问题并对未来研究进行展望。

第二章　研究设计

教育实证研究的系统开展离不开具有扎实基础的实践土壤。国内首个基于联通主义学习理论开发的在线课程cMOOC采用基于设计的研究范式，经历了9轮实践迭代，创新了社区型在线课程新形态和相应的课程设计与开发模式。基于cMOOC这一重要实践与研究土壤，北京师范大学教育学部远程教育研究中心开展了"互联网＋教育"创新实践和科学研究，揭示了"互联网＋"时代教育教学的新理念、新形态、新规律。本书所涉及的复杂开放网络环境中的协作学习便是生长于这样的肥沃土壤中。cMOOC 5.0和cMOOC 6.0在教学设计中重点突出了真实教育情境的复杂问题解决活动，通过主题学习阶段的广泛话题讨论和问题解决阶段的深度小组协作来促进互联网环境中的群智汇聚和知识创生。本研究以cMOOC 5.0为案例课程，采用纵向混合与数据密集型研究范式，并综合互联网实验和认知民族志的多种数据分析方法开展了系列研究。本章首先介绍了案例课程及其问题解决活动的教学设计、学习支持服务设计，其次描述了研究对象背景信息和构成类型、六个部分的研究内容及其相关关系，最后详细地介绍了各部分研究的展开思路和方法应用。

一、研究情境

(一)联通主义案例课程

北京师范大学陈丽教授带领团队自 2018 年起，基于联通主义学习理论开设了以"互联网＋教育：理论与实践的对话"为主题的社区型在线开放课程。该课程关注互联网推动教育创新的相关理论和实践，是国内第一门基于联通主义学习理论的网络课程。该课程面向高校学生、一线教师和相关教育从业者公开宣传和招募学习者，为具有不同职业、领域、兴趣的学习者提供了开展深度交互与广泛联通的学习空间。联通主义课程平台（cmooc.bnu.edu.cn）的首页界面如图 2-1 所示。

图 2-1 联通主义课程平台的首页界面

目前该课程已经完成 9 轮开设与迭代。每轮课程招募百余名学习者开展为期 12 周的在线学习活动。其中，第三轮到第六轮课程均包含一个课程引导周、一个课程总结周，以及主题学习和问题解决两个学习模块，每个模块均持续 5 周。本研究将以第五期 cMOOC 为案例课程，课程开展时段为 2020 年 10 月 12 日至 12 月 27 日，重点关注学习者协作问题解决的发生和发展规律。

在主题学习阶段，课程团队设计了五个自主学习主题。主题一："互联网＋教育"的哲学观。主题二：线上线下的教学空间融合。主题三：社会教育资源共建共享。主题四：消费驱动教育供给侧改革。主题五：精准高效的教育管理。在主题学习阶段，课程以周为单位推送五个主题的学习资源供学习者展开深度交流与讨论。此阶段为学习者提供了共同的话语情境，并促进学习者建立一定的网络联结。

在问题解决阶段，课程团队设计了系列以"互联网＋教育"为背景的真实教育实践问题供学习者选择。学习者从问题列表中选择感兴趣的问题，基于课程平台的组队功能和已有的学习网络，自由组建团队展开问题解决活动。在此期间，小组成员除了参与论坛发帖、资源共享等社区活动，主要通过即时通信工具围绕所选问题开展协作讨论和问题解决。接下来，本章将具体介绍问题解决阶段的具体活动设计。

(二)问题解决活动设计

1. 学习活动

协作问题解决是联通主义学习中利用群体智慧促进知识生成和深度联通的典型活动①，也是联通主义课程的重要学习形式之一。在案例课程中，问题解决阶段历时5周，各周阶段性任务如图2-2所示。在启动周"问题呈现、自由组队"中，学习者通过平台组建团队后创建微信群，随后的4周开展正式的问题解决任务。基于PBL领域的相关研究和联通主义学习观点，协作问题解决活动应当包含问题分析②、资源联通③、教师指导④、总结反思⑤等环节。由此，正式问题解决的4周分别设计为：第一周"分析问题、制订计划"，第二周"资源联通、信息加工"，第三周"教师指导、内容优化"，第四周"成果提交、总结反思"。

图2-3为问题解决阶段各周的学习活动。课程团队以周为单位向学习者推送问题解决阶段各周的具体学习活动及互动方式，帮助学习者更好地与同伴开展协作。课程团队为每个小组匹配了一位教育技术领域的专家作为指导教

---

① Olelewe, C. J., Orji, C. T., Osinem, E. C., et al., "Constraints and Strategies for Effective Use of Social Networking Sites (snss) for Collaborative Learning in Tertiary Institutions in Nigeria: Perception of Tvet Lecturers," *Education and Information Technologies*, 2020, 25(1), pp. 239-258.

② Williams, J. C., "Teachers as Facilitators," in G. O'Grady, E. H. J. Yew, K. P. L. Goh, & H. G. Schmidt (Eds.), *One-Day, One-Problem: An Approach to Problem-Based Learning*, Singapore, Springer, 2012, pp. 237-258.

③ Hung, W., "The 3C3R Model: A Conceptual Framework for Designing Problems in PBL," *Interdisciplinary Journal of Problem-Based Learning*, 2006, 1(1), pp. 55-77.

④ Savery, J. R., "Problem-Based Approach to Instruction," in C. M. Reigeluth, & A. A. Carr-Chellman (Eds.), *Instructional-Design Theories and Models*, Volume Ⅲ: *Building a Common Knowledge Base*, New York, Routledge, 2009, pp. 143-165.

⑤ Sockalingam, N., & Schmidt, H. G., "CharacteristicsofEffectiveProblems," in G. O'Grady, E. H. J. Yew, K. P. L. Goh, & H. G. Schmidt(Eds.), One-Day, One-Problem: An Approachto Problem-Based Learning, Singapore, Springer, 2012, pp. 141-166.

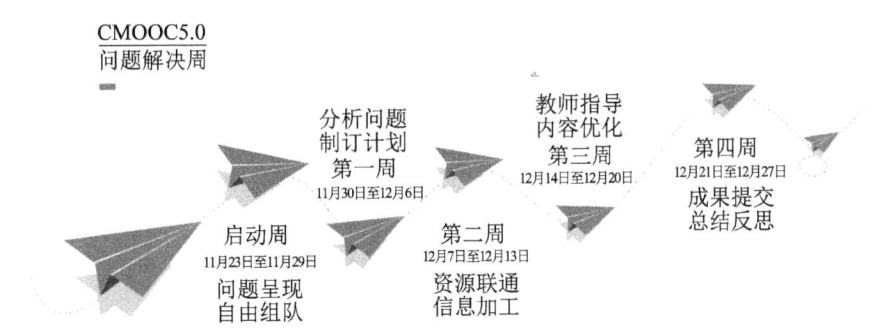

图 2-2　问题解决阶段各周的阶段性任务

图 2-3　问题解决阶段各周的学习活动

师,在第三周"教师指导、内容优化"中,教师与对应小组建立联系,对小组形成的初步问题方案进行评价与指导。具体活动说明及任务引导见附录1:课程问题解决阶段的学习活动。此外,课程团队还为每个小组分配了一名促进者,从任务进程、合作技能、小组氛围和高阶思维等方面促进小组协作。

2. 问题类型

为了更好地匹配问题指导教师、评价问题解决方案,课程团队在第五轮课程设计阶段,将往期课程设计的协作问题进行了归类。cMOOC3.0 和 cMOOC4.0 共设计了 44 个协作问题。在前人问题解决类型划分的基础上[1],结合问题题目以及问题提出背景和相关描述,本研究将这些问题归纳为三大类协作问题,分别是调查研究、模式研究和设计研究。问题类型含义及占比见表 2-1。调查研究类问题占比最高,达 45.45%,其次是模式研究(34.10%),设计研究占比则最低(20.45%)。

---

① Jonassen, D. H., & Hung, W., "All Problems Are Not Equal: Implications for Problem-Based Learning," *Interdisciplinary Journal of Problem-Based Learning*, 2008, 2(2), pp.6-28.

表 2-1 往期课程的协作问题类型含义及占比

问题类型	含义	数量	占比
调查研究	围绕某一内容(术语、技术、方法、行业或态度意愿、行为习惯等)收集数据进行现状和发展趋势的分析。	20	45.45%
模式研究	对某一现象(术语、应用、方法、设计、交互等)进行概念、内涵、本质、模式、机制、规律的分析和总结。	15	34.10%
设计研究	为特定情境(应用情境、特定对象等),设计、实施并评估一项工具(教学设计、评估工具、测量工具、策略方法等)。	9	20.45%

cMOOC5.0课程团队基于"互联网＋教育"领域的热点话题设计了12个协作问题供学习者选择,涵盖了三大问题类型(见表2-2)。例如,"在线直播互动情境下师生互动模式与特征的研究(模式研究)""当前教师混合式教学的困难与需求调查(调查研究)""OMO模式下培养学生自主学习能力的方法探究(设计研究)"等。

表 2-2 案例课程的协作问题类型

序号	问题题目	问题类型
1	如何认识与测量学生的在线学习自我效能感	调查研究
2	如何收集与分析在线学习数据来认识其规律	设计研究
3	在线直播教学平台的调查分析	调查研究
4	在线直播互动情境下师生互动模式与特征的研究	模式研究
5	优质在线教育资源的特点以及各主体在资源建设中的角色和作用	模式研究
6	线上线下融合教学模式的类型及不同办学主体在其中的角色和作用	模式研究
7	当前教师混合式教学的困难与需求调查	调查研究
8	OMO模式下培养学生自主学习能力的方法探究	调查研究
9	互联网环境中开展探究学习的工具资源和活动形式	设计研究

在问题解决的引导周,课程平台呈现12个问题列表及组队方式。图2-4为协作问题在课程平台上的呈现形式,具体包括问题名称、问题背景、问题描述等文本信息和视频信息。问题详细介绍示例见附录2:课程问题解决阶段的问题示例。

针对同一问题,不同小组可能会有不同的研究过程与方法,使得最终的问题解决结果呈现个性化、多样化特点。通过课程平台与微信学习群组,52名协作者依据兴趣自主组合形成了12个问题解决小组(编号G1~G12),共涉及9个研究问题,即有3个问题同时被两个小组选择(见表2-3)。在实际问题解决过程中,由于学习者学科背景和实践经验的差异,不同学习者对问题的理解与分析视角不同,小组也会结合组员技能和资源获取情况对问题类型进

问题8描述 | 混合式教研的典型模式、困难与需求调查

1. 问题名称
混合式教研的典型模式、困难与需求调查

问题8引入视频：

2. 问题背景
目前许多学校和区域都尝试了在线教研，体验了线上教研带来的灵活性。混合式教研也将成为学校和区域开展教研活动的重要形式。那么学校或区域在开展混合式教研时有哪些典型模式？有哪些困难和需求？

3. 问题描述
在收集实际案例、总结梳理实线经验的基础上，对以下问题进行探索。
(1) 实践中有哪些混合式教研的典型模式或best practice？
(2) 学校或区域在开展混合式教研时有哪些困难和需求？

4. 思路提示、资源推荐及策略建议
(1) 选择合适的信息渠道获取学校或区域开展混合式教研的实践案例。
(2) 通过案例分析、访谈法、问卷法等方法收集数据。
(3) 对数据结果进行结构化的梳理，形成调研报告。

5. 期望成果
(1) 实践中混合式教研的典型模式及案例。
(2) 混合式教研的困难与需求调研报告。

6. 团队建议
组队人数：3-5人
组队策略：寻找拥有相关知识背景的同伴；寻找对该问题拥有较强兴趣的同伴；寻找具备问题解决关键技能的同伴。

图 2-4　协作问题在课程平台上的呈现形式

行定位调整。例如，问题 9 "互联网环境中开展探究学习的工具资源和活动形式"的两个小组将问题归为不同类别，通过不同的研究思路产出不同的问题解决方案：G11 小组最终导向调查研究，G12 小组最终导向设计研究。再如，G8 小组选择问题 6 "线上线下融合教学模式的类型及不同办学主体在其中的角色和作用"，但考虑到原本模式研究的难度较高，该小组在实际问题解决过程中采用了调查研究的方式。基于此，根据各小组的实际问题解决过程和结果，本研究梳理了各小组导向的问题类型，具体归类结果如表 2-3 所示。

表 2-3　各小组的实际问题解决类型

组别	问题题目	问题类型
G1	停课不停学期间，如何认识与测量学生的自我效能感	调查研究
G2	如何收集与分析"停课不停学"的数据来认识在线学习	设计研究
G3	在线直播教学平台的调查分析	调查研究
G4	在线直播互动情境下师生互动模式与特征的研究	模式研究
G5	在线直播互动情境下师生互动模式与特征的研究	模式研究
G6	优质在线教育资源的特点以及各主体在资源建设中的角色和作用	调查研究
G7	优质在线教育资源的特点以及各主体在资源建设中的角色和作用	调查研究
G8	线上线下融合教学模式的类型及不同办学主体在其中的角色和作用	调查研究
G9	当前教师混合式教学的困难与需求调查	调查研究
G10	OMO 模式下培养学生自主学习能力的方法探究	设计研究
G11	互联网环境中开展探究学习的工具资源和活动形式	调查研究
G12	互联网环境中开展探究学习的工具资源和活动形式	设计研究

3. 支持服务

学习支持服务对开放网络环境下自主学习的成功开展至关重要。西蒙斯将联通主义学习中的教师定位为促进者，并将教师在学习过程中的作用总结为资源放大、策划安排、驱动意会、内容聚合、信息过滤等。① 在案例课程中，共有15名课程团队人员作为促进者参与课程全程的宣传、运营、活动组织与学习支持服务。在问题解决阶段，课程团队面向往期课程学习者招募志愿者作为专门服务于协作小组的促进者(后文简称促进者)。具体地，问题解决阶段的促进者指运用课程学习平台和网络通信工具，在线为学习者提供个性、精准、及时、有效的学习规划、学习指导、资源推荐、人员联络等学习支持与监督协作服务的人员。

根据最终协作成组情况，课程团队从志愿者中选择12名人员作为促进者来支持协作小组的问题解决。其中，一部分促进者是北京师范大学远程教育研究中心的硕士研究生，另一部分促进者是其他院校的硕博研究生。确定了促进者成员后，课程团队对他们进行了两轮集中培训，详细介绍问题解决阶段的学习任务、促进者职能定位及协作学习的常见促进策略。促进者职能定位详见附录5：促进者招募及其职能定位说明。

二、研究对象

本研究的研究对象为主题学习阶段在课程平台上产生了教学交互行为的145名学习者和参与问题解决阶段小组学习的52名协作者。其中，协作者并不一定都在主题学习阶段产生交互行为数据。具体地，协作者中有11人未参与主题学习或仅作为课程的浏览者参与主题学习，而是从问题引导周组队环节开始，才在课程平台上产生交互数据。换言之，仅有41名协作者参与了前期主题学习阶段。图2-5为课程学习者与协作者的关系。

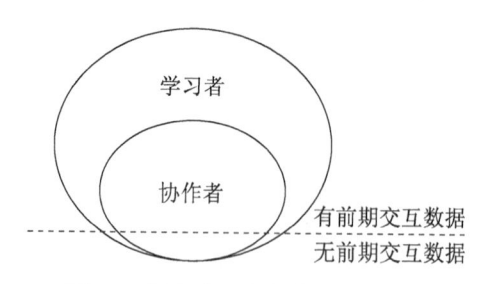

图 2-5　课程学习者与协作者的关系

---

① Siemens, G., "Orientation: Sensemaking and Wayfinding in Complex Distributed Online Information Environments," PhD diss., University of the Highlands and Islands, 2011.

(一)学习者

案例课程中共有160名参与者在课程平台上产生主动交互行为数据,其中包括15名课程团队人员和145名学习者。表2-4统计了这145名学习者的基本信息(其中包括41名协作者),包括性别、年龄、职业、兴趣领域、往期课程学习经历、在线协作经验以及学习者在课程中的协作身份。在本研究中学习者协作身份共分为组长、组员、未参与三种类型。对于数据来源,基本信息中的性别、职业、兴趣领域、往期课程学习经历由课程平台已有数据获得,年龄、在线协作经验由课程引导周的学习者基本信息调查问卷获得(见附录3:课程学习者基本情况调查问卷)。由于145名学习者中共有101人填写了该调查问卷,因此部分个人属性数据存在缺失情况。

表2-4 学习者的基本信息($N=145$)

属性	类别	组长	组员	未参与	总计
性别	男	4 (2.78%)	6 (4.17%)	37 (25.69%)	47 (32.64%)
	女	8 (5.56%)	23 (15.97%)	66 (45.83%)	97 (67.36%)
年龄	20岁以下	0	0	4 (3.96%)	4 (3.96%)
	21~30岁	6 (5.94%)	19 (18.81%)	26 (25.74%)	51 (50.50%)
	31~40岁	4 (3.96%)	6 (5.94%)	14 (13.86%)	24 (23.76%)
	41~50岁	2 (1.98%)	3 (2.97%)	14 (13.86%)	19 (18.81%)
	51岁以上	0	0	3 (2.97%)	3 (2.97%)
职业	学生	4 (2.78%)	19 (13.19%)	43 (29.86%)	66 (45.83%)
	教师	2 (1.39%)	8 (5.56%)	32 (22.22%)	42 (29.17%)
	教育管理人员	1 (0.69%)	0	5 (3.47%)	6 (4.17%)
	产业从业人员	4 (2.78%)	1 (0.69%)	17 (11.81%)	22 (15.28%)
	其他	1 (0.69%)	1 (0.69%)	6 (4.17%)	8 (5.56%)
兴趣领域	课程与资源设计	6 (4.14%)	14 (9.66%)	66 (26.94%)	86 (59.31%)
	服务与产业发展	1 (0.69%)	0	3 (1.22%)	4 (2.76%)
	技术与产品开发	5 (3.45%)	6 (4.14%)	14 (5.71%)	25 (17.24%)
	政策与系统创新	0	1 (0.69%)	2 (0.82%)	3 (2.07%)
	规律与方法探索	0	8 (5.52%)	19 (7.76%)	27 (18.62%)
往期课程学习经历	有	5 (3.45%)	14 (9.66%)	36 (24.83%)	55 (37.93%)
	无	7 (4.83%)	15 (10.34%)	68 (46.90%)	90 (62.07%)
在线协作经验	很少	4 (3.96%)	14 (13.86%)	38 (37.62%)	56 (55.45%)
	偶尔	5 (4.95%)	5 (4.95%)	17 (16.83%)	27 (26.73%)
	经常	3 (2.97%)	9 (8.91%)	6 (5.94%)	18 (17.82%)

注:性别、职业各有1个缺失值;年龄、在线协作经验各有44个缺失值。

由表 2-4 可知，组长在性别、年龄、职业方面的分布结构与课程学习者总体情况近似。此外，卡方检验发现，性别($\chi^2=2.391$，$p=0.303>0.05$)、年龄($\chi^2=9.115$，$p=0.333>0.05$)、职业($\chi^2=11.587$，$p=0.171>0.05$)、兴趣领域($\chi^2=12.464$，$p=0.132>0.05$)、往期课程学习经历($\chi^2=1.875$，$p=0.392>0.05$)、在线协作经验($\chi^2=9.332$，$p=0.053>0.05$)并不会显著影响学习者在问题解决阶段的参与类型。其中，在线协作经验的检验结果为边缘性显著，通过具体分布情况可知，未参与协作问题解决的学习者中，先前在线协作经验较少的情况占比较大(37.62%)；但对于成为组长的学习者，在线协作经验并不是一种决定性因素。

(二)协作者

52 名协作者的基本信息如表 2-5 所示，其中 48 人填写了学习者基本信息调查问卷。由表 2-5 可知，参与问题解决的协作者中有 3/4 为女性，1/4 为男性；协作者中有 57.69% 处于 21～30 岁，23.08% 处于 31～40 岁，仅有 11.54% 处于 41～50 岁，且没有协作者处于 20 岁以下及 51 岁以上的年龄段。对于职业类型，学生(57.69%)和教师(23.08%)是协作者的主要职业类型，其次是产业从业人员(9.62%)和教育管理人员(5.77%)。对于兴趣领域，协作者大多关注课程与资源设计(53.85%)、技术与产品开发(21.15%)、规律与方法探索等领域(15.38%)。协作者是否具有往期课程学习经历的占比差异较小，53.85% 的人没有往期课程学习经历，另外 46.15% 的人参与过至少一期课程。此外，有近半数(42.31%)的协作者缺乏在线协作经验。

表 2-5 协作者的基本信息($N=52$)

属性	类别	组员	组长	总计
性别	男	9 (17.31%)	4 (7.69%)	13 (25.00%)
	女	31 (59.62%)	8 (15.38%)	39 (75.00%)
年龄	20 岁以下	0	0	0
	21～30 岁	24 (46.15%)	6 (11.54%)	30 (57.69%)
	31～40 岁	8 (15.38%)	4 (7.69%)	12 (23.08%)
	41～50 岁	4 (7.69%)	2 (3.85%)	6 (11.54%)
	51 岁以上	0	0	0
	缺失值	4 (7.69%)	0	4 (7.69%)

续表

属性	类别	组员	组长	总计
职业	学生	26（50%）	4（7.69%）	30（57.69%）
	教师	10（19.23%）	2（3.85%）	12（23.08%）
	教育管理人员	2（3.85%）	1（1.92%）	3（5.77%）
	产业从业人员	1（1.92%）	4（7.69%）	5（9.62%）
	其他	1（1.92%）	1（1.92%）	2（3.85%）
兴趣领域	课程与资源设计	22（42.31%）	6（11.54%）	28（53.85%）
	服务与产业发展	2（3.85%）	1（1.92%）	3（5.77%）
	技术与产品开发	6（11.54%）	5（9.62%）	11（21.15%）
	政策与系统创新	2（3.85%）	0	2（3.85%）
	规律与方法探索	8（15.38%）	0	8（15.38%）
往期课程学习经历	有	19（36.54%）	5（9.62%）	24（46.15%）
	无	21（40.38%）	7（13.46%）	28（53.85%）
在线协作经验	很少	18（34.62%）	4（7.69%）	22（42.31%）
	偶尔	8（15.38%）	5（9.62%）	13（25.00%）
	经常	10（19.23%）	3（5.77%）	13（25.00%）
	缺失值	4（7.69%）	0	4（7.69%）

注：年龄、在线协作经验各有4个缺失值。

(三)协作小组

在问题解决阶段，52名协作者共组建了12个小组（编号G1～G12），小组规模为3～7人。各协作小组的基本信息统计如表2-6所示，具体包括问题类型、成员构成类型、协作质量、小组人数等信息。

表2-6 各协作小组的基本信息统计

组别	问题类型	成员构成类型	协作质量	小组人数	备注：职业（人数）
G1	调查研究	行业混合型	失败	3	教师(1)，教育管理者(1)，产业从业者(1)
G2	设计研究	师生混合型	一般	5	教育管理者(1)，学生(4)
G3	调查研究	行业混合型	优秀	3	学生(1)，产业从业者(1)，其他(1)
G4	模式研究	全员学生型	优秀	4	学生(4)
G5	模式研究	师生混合型	一般	5	教师(2)，学生(3)
G6	调查研究	全员学生型	良好	7	学生(7)

续表

组别	问题类型	成员构成类型	协作质量	小组人数	备注：职业（人数）
G7	调查研究	全员教师型	良好	3	教师(3)
G8	调查研究	全员学生型	一般	3	学生(3)
G9	调查研究	师生混合型	优秀	6	教师(2)，学生(4)
G10	设计研究	行业混合型	良好	3	教师(1)，学生(1)，产业从业人员(1)
G11	调查研究	师生混合型	良好	5	教师(2)，学生(2)，教育管理者(1)
G12	设计研究	全员学生型	优秀	5	学生(5)

问题类型（problem type，PT）指在实际协作过程中小组对问题类型的定位。在问题解决阶段各小组最终定位到三类协作问题：调查研究（7组）、模式研究（2组）、设计研究（3组）。具体地，调查研究（survey study，SS）指围绕某一内容收集数据进行现状和发展趋势的分析；模式研究（mode study，MS）指对某一现象进行概念、内涵、本质、模式、机制、规律的分析和总结；设计研究（design study，DS）指针对特定情境或对象设计、实施、评估一项工具。

成员构成（group composition，GC）指问题解决小组成员类型和异质性情况，共分为四种类型：全员教师型（all teachers，AT）、全员学生型（all students，AS）、师生混合型（teachers & students，TS）和行业混合型（industry mixed，IM）。全员教师型（1组）指小组成员全部由教师构成；全员学生型（4组）指小组成员全部由在校学生构成；师生混合型（4组）指小组成员由教师、学生、教育管理者构成；行业混合型（3组）指小组成员由教师、学生、教育管理者和产业从业人员构成。

协作质量（outcome quality，OQ）指各小组在问题解决阶段的过程性和结果性的综合表现。课程结束后，课程团队综合分析小组的直播汇报、过程参与、平台任务完成、反思报告、阶段性成果以及最终成果等情况，对各问题解决小组的协作质量进行评定，分为优秀（excellent）、良好（good）、一般（pass）和失败（failed）四个等级。优秀（4组）指小组形成了系统的、有深度的研究成果；良好（4组）指小组形成了较为系统的研究成果，或虽未形成系统的研究成果，但形成了阶段性的创新成果；一般（3组）指小组未形成系统的研究成果；失败（1组）指因小组大部分成员中途退出而导致整个小组中断问题解决任务。

图2-6所示的桑基图显示了成员构成、协作质量和问题类型的组间关联关系。卡方检验结果表明，问题类型（$\chi^2=2.690$，$p=0.847>0.05$）、成员构成

($\chi^2=7.250$, $p=0.611>0.05$)与协作质量均没有显著相关关系。此外，成员构成也不会显著影响小组导向某种问题类型($\chi^2=1.762$, $p=0.940>0.05$)。这说明问题类型、成员构成类型、协作质量三种分类相互独立，能够对各分类进行内部差异分析。

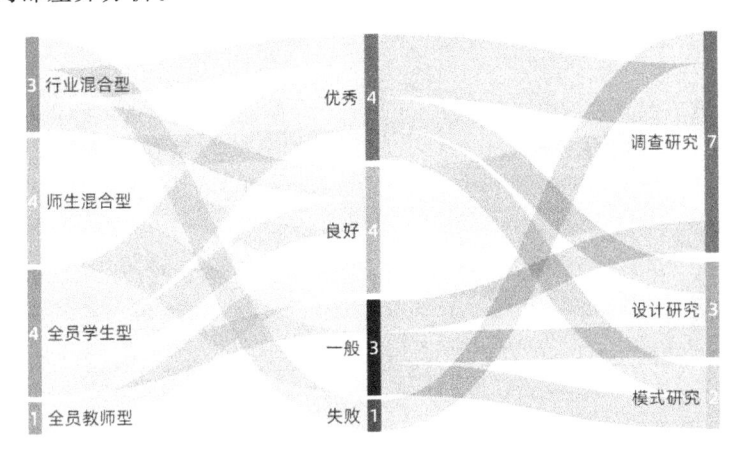

图 2-6 小组类型分布的桑基图

三、研究内容

本研究期望基于"互联网＋教育：理论与实践的对话"cMOOC5.0 案例课程，深入分析课程主题学习阶段和问题解决阶段的群体协作行为，进而揭示联通主义学习情境中协作问题解决的发生和发展规律。研究主要包含两个问题。

研究问题 1：从网络联结和协作身份来看，协作问题解决是如何发生的？
研究问题 2：从认知和社会文化视角来看，协作问题解决是如何发展的？
基于对研究对象的初步分析，本研究将研究内容划分为六个部分（见图 2-7），分别关注主题学习阶段和问题解决阶段的学习规律。研究内容表述如下。

(1)参与协作：在主题学习阶段，什么样的学习者更容易参与协作？
(2)谁会结成同伴：在主题学习阶段，什么样的学习者更容易结成同伴？
(3)谁会成为组长：在主题学习阶段，什么样的学习者更容易成为组长？
(4)组间认知差异：在问题解决阶段，小组间的认知参与有什么差异？
(5)组内角色演化：在问题解决阶段，小组内的角色演化有什么规律？
(6)组外促进效应：在问题解决阶段，小组外的促进策略有什么作用？

研究内容之间的逻辑关系如图 2-7 所示。研究内容 1～3 用来回答研究问题 1 "协作的发生规律"，研究内容 4～6 用来回答研究问题 2 "协作的发展规律"。

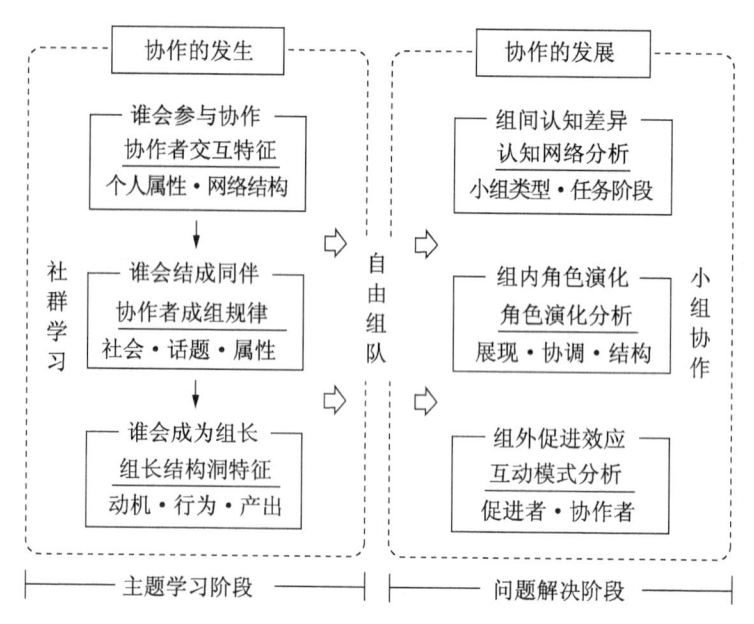

图 2-7 研究内容之间的逻辑关系

接下来，本文将分别介绍各研究内容的关注重点。

(一)谁会参与协作

在正式进入协作之前，主题学习阶段学习者之间的动态交互网络可能会影响其参与协作的最终决定。研究内容 1 将通过构建学习者在主题学习阶段的动态交互关系网络，采用随机行动者模型这一动态网络分析方法，揭示协作者所具备的区别于其他个体的交互特征，并探究这些交互特征是否以及如何受到学习者个人属性和网络结构特征的影响。协作者交互特征主要包括交互主动性、吸引力和同质性。个体属性包括年龄、性别、职业、往期课程学习经历和兴趣领域；网络结构包括互惠性、传递性和累积优势。

(二)谁会结成同伴

探究互联网学习者自主建立协作关系的影响因素，有助于理解开放网络环境中协作问题解决的成组规律。研究内容 2 将通过构建主题学习阶段协作者之间的社会关系网络、话题关系网络、属性关系网络，将其与问题解决阶段的小组协作关系进行关联性分析，探究协作发生前个体间的社会关系、话题关系、属性关系对协作同伴选择的影响。社会关系基于主题学习阶段个体间的社会化交互，话题关系基于主题学习阶段个体间内容生产的相似度，属性关系则基于个体的年龄、职业、兴趣领域、往期课程学习经历。

(三)谁会成为组长

组长是协作问题解决中团队领导力特征的关键因素，结构洞理论认为占据结构洞位置的个体具有较强的信息和资源优势。研究内容3将通过构建学习者在主题学习阶段的静态交互关系网络，基于结构洞理论计算学习者的有效规模、效率、限制度、等级度四个结构洞指标；通过对结构洞指标聚类得到学习者占据结构洞的类型；根据不同协作身份(组长、组员、未参与)学习者占据结构洞的差异情况，从课程学习动机、教学交互行为、内容生产水平三方面进一步探究组长在协作开始前所具备的特征。

(四)组间认知差异

会话是进行意义建构和问题解决的基础，基于文本的会话是互联网环境下主体间认知参与的主要方式之一。研究内容4将通过分析协作者在问题解决阶段的协作会话文本，基于联通主义教学交互模型，构建适用于开放环境下协作问题解决的认知编码框架；通过这一编码框架，运用认知网络分析方法比较不同问题类型(调查研究、模式研究、设计研究)，成员构成(全员教师、全员学生、师生混合、行业混合)，协作质量(优秀、良好、一般、失败)小组的认知网络差异，并分析各阶段认知网络质心的位移路径。

(五)组内角色演化

角色是在特定时间、空间、情境和需要中定位和实现的，反映个体在社会群体中的行动特征与职能。研究内容5将基于角色展现、角色协调、角色结构三层级模型，通过分析协作者在问题解决阶段的角色扮演信息和协作会话文本，探究协作过程中学习者的角色演化规律。角色展现，指协作过程中出现的角色类型及分布特征；角色协调，指各类角色的能量层级和不同问题解决任务阶段的角色转变规律；角色结构，指群体中多种角色形成的群体内角色关联结构和群际间角色网络结构。

(六)组外促进效应

协作学习的有效发生需要适当的外部支持与引导，促进者的实际表现可能会影响协作小组的互动模式。研究内容6将根据小组自身协作表现(一般和优秀)、促进者表现(一般和优秀)划分小组类型。其中，小组协作表现主要参考小组问题解决任务完成情况，促进者表现则由小组协作者和课程组织者共同评定；基于联通主义协作学习交互编码框架对协作文本进行编码，运用滞后序列分析方法分析不同类型小组的互动模式，进而揭示不同情境下促进者对小组内部协作行为的作用规律。

四、研究思路

本研究主要采用纵向混合研究范式与数据密集型研究范式。

纵向混合研究范式包含纵向和混合两个有机要素。纵向研究（longitudinal research），体现在从长时间跨度下多个时间点进行数据采集。混合研究（mixed research），体现在研究设计、资料收集、数据分析等方面量化与质性方法的混合应用。混合研究包括六种主要的混合方式：顺序性解释策略、顺序性探究策略、顺序性转换策略、并行三角互证策略、并行嵌套策略、并行转换策略。① 结合研究问题，本研究采用基于顺序性转换策略的纵向混合研究设计（见图 2-8）。顺序性转换策略有两个侧重点不同的数据收集阶段（面向量化数据或质性数据），并且两个阶段前后紧密相连。② 本研究所采取的顺序性转换策略将先以量化数据为主，再以质性数据为主。

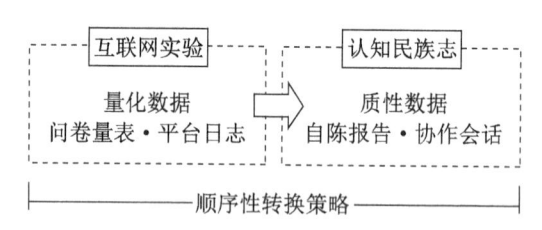

图 2-8　基于顺序性转换策略的纵向混合研究设计

数据密集型研究范式由数据驱动，通过挖掘真实数据的深层次、复杂性规律构建新的理论。③ 在互联网时代，数据密集型研究范式已成为教育研究的新范式，能够基于复杂系统生态观，揭示教育的动态性与不确定性。④ 有研究者将数据密集型教育研究分为三种类型，时间密集、关系密集、时间—

---

① ［美］约翰·克雷斯威尔：《研究设计与写作指导：定性、定量与混合研究的路径》，崔延强译，168～173 页，重庆，重庆大学出版社，2007。
② ［美］约翰·克雷斯威尔：《研究设计与写作指导：定性、定量与混合研究的路径》，崔延强译，171 页，重庆，重庆大学出版社，2007。
③ 张婧婧、封晨：《多学科视域下教育密集型研究的机遇与挑战——基于美国〈数据密集型教育研究〉的解读》，载《复旦教育论坛》，2017，15(5)。
④ 陈丽、何歆怡、郑勤华等：《论终身学习的新哲学基础》，载《现代远程教育研究》，2023，35(2)。

关系密集。① 其中，时间密集关注时间维度的变化性数据，关系密集关注人与人之间、人与系统之间的关系数据，时间—关系密集则对两者均有关注。由于本研究强调对协作规律的纵向观察视角以及对学习者间复杂交互行为的规律挖掘，因此研究设计将重点关注对时间—关系密集类型数据的采集与分析。

综合纵向混合研究范式和数据密集型研究范式的特征与要点，本研究计划采用互联网实验、认知民族志两种研究方法。互联网实验主要用于研究协作的发生规律，以量化数据采集为主；认知民族志主要用于研究协作的发展规律，以质性数据采集为主。下面分别介绍在互联网实验、认知民族志这两种研究方法指导下的具体研究思路。

(一)互联网实验

实验是有目的地探究变量之间因果关系的一种研究方法。根据实验的开展背景，可以将实验分为实地实验（field experiment）、实验室实验（laboratory experiment）、互联网实验（internet experiment）。② 互联网实验，指通过互联网进行的实验研究，与实地实验和实验室实验具有相同的特征，都是关注变量之间的因果关系，并尽可能地控制无关变量。③ 实地实验和互联网实验均是在真实情境下而非实验室情境下开展的，这与教育领域尤其是教育技术领域常用的教育准实验研究（educational quasi-experimental study）类似，研究结果能够较大程度地揭示现实情况，具有较为广泛的实践性和现实性。④ 相比于其他实验类型，互联网实验具有如下优点：①能够获得在人口统计学、文化经验背景等变量上具有多样性的被试；②通过使用大样本确保较高的统计功效；③能够将实验带给被试，而不是将被试带给实验。⑤ 互联网实验也存在一定缺点，如较难进行实验控制、被试中途退出等。同时，这

---

① Hilpert, J. C., & Marchand, G. C., "Complex Systems Research in Educational Psychology: Aligning Theory and Method," *Educational Psychologist*, 2018, 53(3), pp.185-202.
② [美]伯克·约翰逊、[美]拉里·克里斯滕森：《教育研究：定量、定性和混合方法（第4版）》，马健生等译，265~267页，重庆，重庆大学出版社，2015。
③ [美]伯克·约翰逊、[美]拉里·克里斯滕森：《教育研究：定量、定性和混合方法（第4版）》，马健生等译，265~267页，重庆，重庆大学出版社，2015。
④ 王辞晓、董倩、吴峰：《移动学习对学习成效影响的元分析》，载《远程教育杂志》，2018，36(2)。
⑤ [美]伯克·约翰逊、[美]拉里·克里斯滕森：《教育研究：定量、定性和混合方法（第4版）》，马健生等译，265~267页，重庆，重庆大学出版社，2015。

些缺点正是开放在线课程普遍存在的现象①,有助于更加真实地描述开放网络环境下的教学交互规律。

1. 研究方案设计

为探究协作问题解决的发生规律,本研究设计了互联网实验的研究方案,如图2-9所示。通过互联网实验方法,课程团队通过网络传播的方式招募了有不同经验背景、社会身份的学习者参与案例课程,实验的参与过程见本章中的联通主义案例课程和问题解决活动设计。

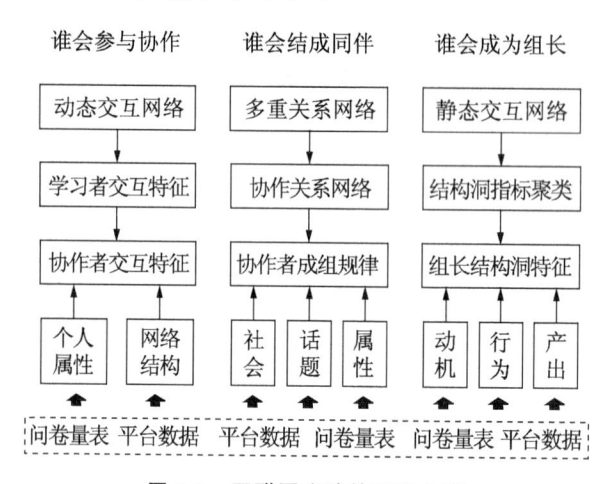

图 2-9　互联网实验的研究方案

对于"谁会参与协作",本研究将首先基于协作前的三个时间节点,运用多尺度分析布局算法(multidimensional scaling)构建动态交互网络。接下来,运用以随机行动者模型(stochastic actor-oriented model,SAOM)为主的动态网络分析方法,提取协作者的初步交互特征(同质性、主动性、吸引力)。此外,还结合个人属性(年龄、性别、职业、往期课程学习经历、兴趣领域)和网络结构变量(互惠性、传递性、累积优势)进一步探究协作者所具备的交互特征。具体数据分析方法见第三章中的研究方法与工具。

对于"谁会结成同伴",本研究将首先构建协作前协作者之间的社会、话题、属性关系网络,社会关系由协作者之间的交互行为构建而得,话题关系则根据协作者生成性内容的话题相似度建立,属性关系则分为年龄、职业、兴趣领域、往期课程学习经历等多种关系;关系网络构建方法涉及社会网络

---

① Almatrafi, O., Johri, A., & Rangwala, H., "Needle in a Haystack: Identifying Learner Posts that Require Urgent Response in MOOC Discussion Forums," *Computers & Education*, 2018(118), pp. 1-9.

分析、主题聚类算法(LDA)、Louvain算法。二次指派程序(QAP)的相关分析和回归分析被用来检验协作前社会、话题、属性关系网络对协作网络关系的影响。具体数据分析方法见第四章中的研究方法与工具。

对于"谁会成为组长",本研究将首先运用社会网络分析法构建协作前的静态交互网络,基于该网络计算学习者的有效规模、效率、限制度、等级度四个结构洞指标。接下来,采用K-means聚类算法基于结构洞指标得到学习者占据结构洞的类型,并依据结构洞理论对各类型进行命名。根据不同协作身份(组长、组员、未参与)占据结构洞的差异情况,基于双因素方差分析,从课程学习动机、教学交互行为、内容生产水平三方面进一步探究组长占据的结构洞特征。具体数据分析方法见第五章中的研究方法与工具。

2. 量化数据采集

本研究通过问卷调查、数据挖掘的方式收集了学习者和协作者的个人属性、教学交互数据(课程平台注册时学习者许可课程团队对平台交互数据开展研究)。所采用的问卷为课程引导周在课程平台上发放的调查问卷(附录3:课程学习者基本情况调查问卷),其中包含关于学习者个人属性的背景问题以及课程学习动机量表。教学交互数据由课程平台日志获取,交互网络基于教学交互数据构建。为减少其他因素对实验的干扰,研究者在全部数据收集完成后,才开始对数据进行处理与分析。

主题学习阶段(正式协作前含问题解决阶段的启动周)共有160名参与者,其中包含145名学习者和15名课程团队人员。本研究以160名参与者作为社会网络的节点,并使用包括点赞、评论、回帖、关注等类型的平台学习行为数据作为网络的连边。依据数据产生时间,纳入社会网络的交互数据可分成两个部分:第一部分,案例课程学习期间参与者之间共计2048条交互行为数据,用于初步复现参与者的社会关系网络;第二部分,往期课程学习期间参与者的关注行为数据(共涉及60名参与者,367条相互或单向关注数据),这些关注行为代表的是能够延续到案例课程中的持续性社会关系,因而也被纳入社会网络之中,即总计有2415条交互行为数据。研究将以145名学习者为研究对象展开分析,其中有52名协作者(41人有平台交互行为)在问题引导周选择参与协作问题解决。

(二)认知民族志

质性研究方法关注了人在现实生活中的行为和体验,在惯用实验法与调查法的心理学等领域，质性方法也逐渐被归入主流研究方法。① 认知民族志（cognitive ethnography）是一种通过关注参与者在情境活动中的行为，来分析其认知过程的研究方法。② 认知民族志采用人类学的方法来关注心理学的问题，削弱了人类学与心理学二者素来分隔的状态，能够揭示在特定情境和社会化关系中，参与者的认知如何以多种方式显现。③ 作为一种方法论，认知民族志假设，认知分布于规则、角色、语言、关系和协调活动中。④ 认知民族志包括对参与者之间信息传递、资源分配而形成的角色和关系、社会制度、等级制度等进行的评价，以及对参与者意义获得的实践过程进行的描绘。⑤ 质性文本是认知民族志研究资料的主要形式之一，尤其是对于以会话文本为主要信息交互方式的在线协作学习。随着数据挖掘与建模技术的发展，将质性数据转换为量化数据再进行认知分析的方法即量化民族志（quantitative ethnography）得以发展。量化民族志整合了数据挖掘、话语分析、心理学、统计学和民族志等方法，通过打破质性和量化方法的应用界限，呈现更为丰富立体的社会文化认知现象。⑥

1. 研究方案设计

为探究协作问题解决的发展规律，本研究设计了认知民族志的研究方案，如图 2-10 所示。问题解决阶段的学习活动详见本章中的问题解决活动设计。在此期间，课程团队为 12 个小组各匹配了一名指导教师和一名促进者，由各组促进者负责采集认知民族志研究所需数据。

对于"组间认知差异"，本研究主要采用认知网络分析（epistemic network

---

① 何吴明，郑剑虹：《心理学质性研究：历史、现状和展望》，载《心理科学》，2019，42(4)。

② Kaur, G. D., "Situated and Distributed Cognition in Artifact Negotiation and Trade-Specific Skills: A Cognitive Ethnography of Kashmiri Carpet Weaving Practice," *Theory & Psychology*, 2018, 28(4), pp. 451-475.

③ Kaur, G. D., "Situated and Distributed Cognition in Artifact Negotiation and Trade-Specific Skills: A Cognitive Ethnography of Kashmiri Carpet Weaving Practice," *Theory & Psychology*, 2018, 28(4), pp. 451-475.

④ Dubbels, B., "Cognitive Ethnography: A Methodology for Measure and Analysis of Learning for Game Studies," *International Journal of Gaming and Computer-Mediated Simulations*, 2011, 3(1), pp. 68-78.

⑤ Kaur, G. D., "Situated and Distributed Cognition in Artifact Negotiation and Trade-Specific Skills: A Cognitive Ethnography of Kashmiri Carpet Weaving Practice," *Theory & Psychology*, 2018, 28(4), pp. 451-475.

⑥ Shaffer, D. W., *Quantitative Ethnography*, Madison, Cathcart Press, 2017, pp. 186-223.

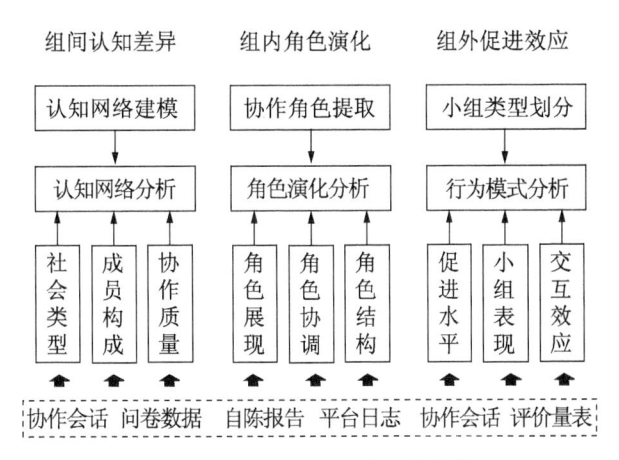

图 2-10 认知民族志的研究方案

analysis，ENA)这一量化民族志方法。首先，在联通主义学习教学交互模型的基础上，本研究设计了适用于联通主义问题解决情境中协作学习的认知编码框架，用以编码协作会话文本并进行认知网络建模。接下来，通过对不同问题类型、成员构成、协作质量小组的认知网络差异分析和对质心在不同任务阶段的位移路径分析，以揭示联通主义情境下不同类型小组的认知发展规律与差异。具体数据分析方法见第六章中的研究方法与工具。

对于"组内角色演化"，本研究主要基于社会角色理论，从角色展现、角色协调和角色结构三个层级来探讨联通主义协作问题解决的角色演化规律。基于角色文本数据、协作会话数据、平台交互数据，本研究运用了多种数据分析方法，将质性数据转换为量化数据，进而充分揭示角色演化规律。角色展现部分主要采用主题分析法和描述性统计分析，角色协调部分主要采用时间序列分析与可视化分析，角色结构部分主要采用聚类分析与社会网络分析。具体数据分析方法见第七章中的研究方法与工具。

对于"组外促进效应"，本研究主要采用滞后序列分析(lag sequential analysis，LSA)方法来揭示小组外部促进者对小组互动模式的影响。首先，根据小组协作表现(一般和优秀)和促进者表现(一般和优秀)划分小组类型。其次，基于联通主义协作学习交互编码框架，两名研究者对小组微信交互文本数据进行编码，并对行为转换进行描述性统计。最后，运用滞后序列分析方法探究不同协作表现和不同促进者表现小组的交互模式，进而揭示促进者的差异化作用。具体数据分析方法见第八章中的研究方法与工具。

2. 质性数据采集

本研究通过问卷调查、数据挖掘的方式收集了协作者的角色文本数据、协作会话数据等质性数据（研究还采集了问题解决阶段协作者之间的教学交互数据）。所采用的问卷为课程结束后课程团队邀请协作者填写的课程体验问卷（附录4：课程学习者课程体验调查问卷）。问卷包含一组角色相关的问答题，用以调查学员在问题解决阶段各周的任务分工和角色扮演情况。52名协作者中共有45名学员填写了问卷，即有7名协作者因辍学等而没有主观报告自身协作者角色。研究将结合协作会话文本补全此类协作者的角色信息。

在5周的问题解决阶段中，促进者经过协作者知情同意，以周为单位对各小组的协作会话文本进行采集。在即时通信工具中，通常会出现完整的语义信息被分为多条消息传递的情况。在数据预处理阶段，研究者对这样的信息进行了合并，以保证后续编码单元语义的完整性。最终，12个小组的协作会话累计生成2420条具有完整语义信息的文本数据。此外，本研究还基于问题解决阶段协作者在课程平台的174条交互数据构建了社会网络，通过提取社会网络指标来丰富对角色演化规律的刻画维度。

五、本章小结

本章首先介绍了联通主义案例课程"互联网＋教育：理论与实践的对话"的主要模块，以及问题解决阶段的各周任务活动、问题类型和学习支持服务设计。其次，本章对案例课程的学习者、协作者以及协作小组的基本信息进行了描述性统计，为研究设计提供了前期基础。基于此，本章进一步分析并确立了两大研究问题和六部分研究内容：谁会参与协作、谁会结成同伴、谁会成为组长、组间认知差异、组内角色演化、组外促进效应。在纵向混合研究范式和数据密集型研究范式的指导下，本研究采用顺序性转换策略的研究设计，应用互联网实验和认知民族志两种研究方法，分别探究协作的发生和发展规律。

在互联网实验方法下，本研究设计了如下研究思路：基于动态交互网络方法提取网络演化特征，并结合个人属性探究协作者在主题学习阶段的交互特征；基于网络相关与回归分析方法探究协作前社会、话题、属性关系网络对协作网络关系的影响；基于静态交互网络方法提取学习者结构洞类型，并结合课程学习动机、教学交互行为、内容生产水平探究组长特征。在认知民族志方法下，本研究设计了如下研究思路：基于认知网络分析方法，比较不同类型小组的认知网络和质心位移路径，揭示协作问题解决的认知发展规律；基于角色展现、角色协调和角色结构三层级分析模型，综合多种分析方法揭示联通主义协作问题解决的角色演化规律；基于滞后序列分析方法，总结不同协作表现、促进者表现小组的交互模式，揭示促进者的差异化学习支持作用。接下来的章节将展开具体实证分析，并对研究设计中涉及的研究工具与数据分析方法进行详细介绍。

第三章　谁会参与协作

　　以联通主义学习理论为指导的社区型课程，为学习者提供了开展广泛教学交互的社会化网络环境和协作式问题解决的真实情境。互联网学习环境是一个开放的复杂系统，学习者具有交互主体性和参与自主权，可以随时加入或退出社群，也可以根据兴趣领域选择协作问题并自行组队。社会网络中的节点是具有自主意识的行动者，行动者的行为(关系的维持与改变)受网络结构、自身属性、行为特点的影响。[1]在正式进入协作问题解决之前，主题学习阶段学习者之间的动态交互网络可能会影响其参与协作的最终决定。本章将运用二次指派程序和随机行动者模型的动态网络分析方法，基于动态交互关系网络和学习者个人属性，探索协作者所具备的网络交互特征，进而揭示联通主义学习情境中协作行为的发生规律。

---

[1] Snijders, T. A. B., van de Bunt, G. G., & Steglich, C. E. G., "Introduction to Stochastic Actor-Based Models for Network Dynamics," *Social Networks*, 2010, 32(1), pp. 44-60.

一、理论基础

(一)联通主义学习中的动态交互网络

联通主义学习理论认为学习是建立神经网络、概念网络和社会网络的动态过程。[1] 交互是联通主义学习中形成和发展网络的关键,学习者通过持续教学交互不断优化内部和外部网络。[2] 在线学习的交互形式可以分为师生交互、资源交互、活动交互、人机交互、生生交互五类,其中,生生交互为主的在线学习以联通主义理论为指导,更加强调参与者的复杂性、异质性,以及多元主体自组织形成的社会网络结构。[3] 联通主义学习中所形成的社会网络是包括多个中心的复杂网络,学习者通过交互逐渐累积形成了多个凝聚子群。[4] 与传统的线性教学交互过程不同,网络构建过程具有不确定性、无序性和多层次性。[5] 仅仅分析课程最终构建而成的静态社会网络,将难以全面揭示复杂的动态学习规律。

已有研究将联通主义学习过程划分为不同阶段,以动态视角分析了网络结构的变化规律。例如,有研究指出社群网络密度会随学习阶段推进而升高,并且对学习者开展深度交互具有促进作用。[6] 还有研究者发现联通主义学习者可以分为创造型、社交型、反思型、边缘型等多种类型,并且学习者所属类型在不同时间阶段内会因交互特征改变而发生转换。[7] 从社会学习理论来

---

[1] Siemens, G., "Connectivism: A Learning Theory for the Digital Age," *International Journal of Instructional Technology and Distance Learning*, 2005, 2(1), pp. 3-10.

[2] 王志军、陈丽:《联通主义学习中教学交互研究的价值与关键问题》,载《现代远程教育研究》,2015(5)。

[3] 徐亚倩、陈丽:《生生交互为主的在线学习复杂性规律探究》,载《中国远程教育》,2021(10)。

[4] 郭玉娟、陈丽、许玲等:《联通主义学习中学习者社会网络特征研究》,载《中国远程教育》,2020(2)。

[5] 陈丽、徐亚倩:《"互联网+教育"研究的十大学术新命题》,载《电化教育研究》,2021,42(11)。

[6] 杨业宏、张婧婧、郑瑞昕:《联通主义学习中社会交互与话题交互的网络化特征》,载《现代距离教育》,2020(1)。

[7] Xu, Y. B., & Du, J. L., "What Participation Types of Learners are There in Connectivist Learning: An Analysis of a cMOOC from the Dual Perspectives of Social Network and Concept Network Characteristics," *Interactive Learning Environments*, 2021, pp. 1-18.

看，个体会模仿他人在社群中的行为。[①] 具体而言，网络构建过程中的社会交互具有"传染性"，个体的后续交互行为会受其他个体先前交互行为的影响。前人研究还表明社群中的个体更倾向于模仿那些与他们在某些方面具有同质性的个体，如年龄段、职业、爱好等相近。[②③] 这启发我们在研究网络如何随时间演化以及学习者的协作参与意愿时，应将学习者个人属性纳入影响因素中。

上述研究表明了以动态视角分析联通主义社会交互网络的现实意义。然而，传统的社会网络分析方法大多从静态视角分析网络的整体与局部结构、个体在网络中的位置和角色，而对比不同时间点网络指标的变化实质上仍属于静态网络分析方法。[④] 静态网络分析方法难以支撑在线学习交互的深入分析，无法解释先前交互状态对后续交互状态的影响，因而亟需引入动态网络分析方法开展研究。[⑤] 动态网络分析方法关注网络结构的关系和变化规律。例如，随机行动者模型常用于对纵向网络数据（longitudinal network data）进行建模，从而揭示动态网络的演化机制。[⑥] 在正式进入协作问题解决之前，学习者之间的动态交互网络可能会影响他们参与协作的最终决定。然而，现有研究尚未深入探讨学习者的个人属性（如年龄、性别、身份等）和前期交互网络对其后续协作组队行为的具体影响；同时，动态网络分析方法将能够弥补静态网络分析方法在关系变化规律分析方面的不足[⑦]，有助于促进教育研究者对在线教学交互规律的理解。

[①] Bandura, A., "Social Cognitive Theory of Self-Regulation," *Organizational Behavior and Human Decision Processes*, 1991, 50(2), pp. 248-287.

[②] 吴江、李姗姗、周露莎等：《基于随机行动者模型的在线医疗社区用户关系网络动态演化研究》，载《情报学报》，2017, 36(2)。

[③] Eberle, J., Stegmann, K., Barrat, A., et al., "Initiating Scientific Collaborations Across Career Levelsand Disciplines——A Network Analysison Behavioral Data", *International Journal of Computer-Supported Collaborative Learning*, 2021, 16(2), pp. 151-184.

[④] 秦婷、徐亚倩、郑勤华：《网络分析方法在网络教育中的应用研究综述》，载《开放学习研究》，2020, 25(2)。

[⑤] 李爽、王海荣、崔华楠等：《在线学习服务师职业标准框架探索》，载《中国远程教育》，2021(3)。

[⑥] Snijders, T. A. B., & Lomi, A., "Beyond Homophily: Incorporating Actor Variables in Statistical Network Models," *Network Science*, 2019, 7(1), pp. 1-19.

[⑦] 张婧婧、杨业宏、王烨宇等：《国际视野中的在线交互与网络分析：回顾与展望》，载《电化教育研究》，2019, 40(10)。

(二)随机行动者模型及教育领域应用

有研究者在适应性理性行为模型的基础上,整合效用理论(Utility Theory)和马尔可夫过程(Markov processes)假设,提出了 SAOM。[1] SAOM 的基本假设如下:

(1)网络中的节点是具有自主意识的行动者,这种意识促使行动者的局部网络结构最优化,进而驱动整个网络演化;

(2)网络中的连边代表行动者之间的交互关系,行动者的行为受网络结构、自身属性、行为特点的影响。[2]

SAOM 能够基于多个离散时间点观测的网络数据,模拟每两个离散时间点之间网络的持续演化过程。该模型通过三个函数来量化网络演化的趋势:目标函数(objective function)、速率函数(rate function)和满意函数(gratification function)。其中,目标函数是随机行动者模型的核心,它决定网络中的行动者发出连边的概率;速率函数表示行动者主动与其他行动者改变关系的频率;满意函数用来评估给定效应对行动者间创造关系和解除关系的作用。[3] 简单随机行动者模型只取决于目标函数,其速率函数取恒定值且满意函数取值为 0。[4] 在简单随机行动者模型中,目标函数能够控制行动者改变网络关系的概率。与广义线性统计模型类似,目标函数是一系列效应函数的线性组合:

$$f_i(\beta, x) = \sum_k \beta_k s_{ki}(x)$$

其中,i 指焦点行动者(focal actor,也被称为 ego),$f_i(\beta, x)$ 是行动者 i 的目标函数值,它取决于网络的状态 x。$s_{ki}(x)$ 是指解释网络演化趋势的效应函数,它决定网络演化过程中连边改变的概率,一般由两部分组成:网络结构效应(structure-based endogenous effects)和节点属性效应(attribute-based exogenous effects)。β_k 是效应的统计参数,根据对实际观测数据的参数估计得出。当统计参数为 0 时,效应函数对网络演化没有任何作用;当统计参数为正

---

[1] Snijders, T. A. B., "Stochastic Actor-Oriented Models for Network Change," *The Journal of Mathematical Sociology*, 1996, 21(1-2), pp. 149-172.

[2] Snijders, T. A. B., van de Bunt, G. G., & Steglich, C. E. G., "Introduction to Stochastic Actor-Based Models for Network Dynamics," *Social Networks*, 2010, 32(1), pp. 44-60.

[3] Snijders, T. A. B., "The Statistical Evaluation of Social Network Dynamics," *Sociological Methodology*, 2001, 31(1), pp. 361-395.

[4] Snijders, T. A. B., "The Statistical Evaluation of Social Network Dynamics," *Sociological Methodology*, 2001, 31(1), pp. 361-395.

时，效应函数对网络演化具有正向影响；当统计参数为负时，效应函数对网络演化具有负向影响，即朝着与正向影响下网络演化方向的相反方向发展。模型构建的关键在于效应函数的选取，表3-1列举了本研究选取的效应函数及其含义。

表 3-1 效应函数及其含义

效应函数	特点	含义
网络结构效应	互惠性(Reciprocity)	节点在网络演化过程中互惠关系的建立情况，统计参数为正，代表节点倾向于建立互惠的关系，反之亦然。A↔B 例如，A 与 B 有"相互往来"的交互关系。
	传递性(Transitivity)	节点在网络演化过程中三元传递关系(transitive triplets)的建立情况，统计参数为正，代表节点倾向于建立三元传递关系，反之亦然。A→B→C 例如，A 与 B 有交互关系，B 与 C 有交互关系，则 A 也可能会与 C 建立交互关系。
	累积优势(Popularity)	节点在网络演化过程中与不同度的节点建立关系的情况，统计参数为正，代表节点更倾向于与高入度的节点建立关系，反之亦然。例如，B 在网络中入度较高，影响力较大，则 A 也可能会与 B 建立交互关系。
个人属性效应	主动性(V Ego)	具有某种属性的行动者的主动交互情况。统计参数为正，代表属性值高的行动者更主动，反之亦然。
	吸引力(V Alter)	具有某种属性的行动者的吸引力情况。统计参数为正，代表属性值高的行动者更有吸引力，反之亦然。
	相似性(Similarity V)	具有某种属性的行动者之间的交互情况。统计参数为正，代表属性值相近的行动者之间更容易产生交互，反之亦然。
	同质性(Same V)	具有某种属性的行动者之间的交互情况。统计参数为正，代表属性值相同的行动者之间更容易产生交互，反之亦然。
协作参与效应	协作者交互主动性(PC Ego)	参与协作的行动者的交互主动性情况。统计参数为正，代表在协作前，该行动者有较强的交互主动性，反之亦然。
	协作者交互吸引力(PC Alter)	参与协作的行动者的交互吸引力情况。参数估计值为正，代表在协作前，该行动有较强的交互吸引力，反之亦然。
	协作者交互同质性(Same PC)	参与协作的行动者之间的交互情况。参数估计值为正，代表在协作前，行动者间交互具有同质性，即参与协作的行动者之间更容易产生交互，反之亦然。

注：V 代表某种个人属性，如性别、年龄等；PC 代表是否参与协作(participate in collaboration)属性。

由于 SAOM 过于复杂，无法直接应用最大似然法等经典参数估计方法求解，有研究者提出了一种基于矩量法的模型建构与求解程序。[1] 进一步地，研究者基于 R 语言开发了建构 SAOM 的 RSiena 包[2]，以促进 SAOM 在实证研究中的应用。

SAOM 被广泛应用在社会、管理、教育等领域。[3][4] 在教育领域，越来越多的研究者使用 SAOM 研究线下学习和线上学习中学习者之间网络关系的动态演化规律。在线下学习场景中，研究者发现线下学习者之间的关系会对学习成绩产生显著影响[5]，处于学习者网络边缘位置的个体其学习成绩更低，也更有可能辍学。而另一篇发表在《自然》(Nature)期刊的研究发现，在实验前期引导学习者建立线下友谊关系，能够促进学习者之间形成较复杂的社会关系。[6] 在线上学习场景中，有研究者基于 SAOM 验证了复杂学习网络的同质性、互惠性、传递性等网络结构特征，并且发现在学生人数远远大于教师的 MOOC 场景中，参与者之间互动没有表现出角色同质性，即学习者之间没有明显的回复倾向，而学生与教师之间有明显的回复倾向。[7] 该研究还指出，在 MOOC 场景中，信息和知识在教师与学生之间的传播速度快于在学生群体内的传播速度。再如，有研究者使用 SAOM 分析了 MOOC 学习者之间的交互规律，该研究发现学习者之间的交互具有累积优势，但学习者之间的交互

---

[1] Snijders, T. A. B., van de Bunt, G. G., & Steglich, C. E. G., "Introduction to Stochastic Actor-Based Models for Network Dynamics," *Social Networks*, 2010, 32(1), pp. 44-60.

[2] Ripley, R. M., Snijders, T. A., Boda, Z., et al., "Manual for RSiena," University of Oxford, Department of Statistics, Nuffield College, 2016, pp. 1-281.

[3] Kalish, Y., "Stochastic Actor-Oriented Models for the Co-Evolution of Networks and Behavior: An Introduction and Tutorial," *Organizational Research Methods*, 2020, 23(3), pp. 511-534.

[4] Pink, S., Kretschmer, D., & Leszczensky, L., "Choice Modelling in Social Networks Using Stochastic Actor-Oriented Models," *Journal of Choice Modelling*, 2020(34), p. 100202.

[5] Stadtfeld, C., Vörös, A., Elmer, T., et al., "Integration in Emerging Social Networks Explains Academic Failure and Success," *Proceedings of the National Academy of Sciences-PNAS*, 2019, 116(3), pp. 792-797.

[6] Boda, Z., Elmer, T., Voros, A., et al., "Short-Term and Long-Term Effects of a Social Network Intervention on Friendships among University Students," *Scientific Reports*, 2020, 10(1), pp. 1-12.

[7] Zhang, J. J., Skryabin, M., & Song, X. W., "Understanding the Dynamics of MOOC Discussion Forums with Simulation Investigation for Empirical Network Analysis (SIENA)," *Distance Education*, 2016, 37(3), pp. 270-286.

同质性并不显著。①

以上研究大多基于以知识传递为主的 xMOOC 场景，且参与成员仅分为学生和授课教师。在以促进多样化学习者形成网络联结和知识生成为主的 cMOOC 场景中，个人属性及网络结构变量对学习者交互特征的影响可能会有所不同。综上，本研究将基于 cMOOC 学习者的交互网络，运用 SAOM 进一步探究学习者个人属性和前期交互网络对协作组队行为的影响。

二、研究框架与假设

本研究期望通过学习者在主题学习阶段构建的交互关系网络，揭示协作者所具备的区别于其他个体的交互特征，并探究这些交互特征是否以及如何受到学习者个人属性和网络结构特征的影响。其中，学习者指参与联通主义课程学习的 145 名学员，协作者指选择参与协作问题解决且有平台交互数据的 41 名学员；学习者包含全部的协作者，协作关系则指组建问题解决小组后各组的内部联结关系。本研究的具体研究问题如下：

(1) 在协作组队前，学习者的交互关系与后续协作关系是否相关？
(2) 在协作组队前，协作者具有怎样的交互特征（同质性、主动性、吸引力）？
(3) 在协作组队前，个人属性（年龄、性别、职业、往期课程学习经历、兴趣领域）如何影响协作者的交互特征（同质性、主动性、吸引力）？
(4) 在协作组队前，网络结构（互惠性、传递性、累积优势）如何影响协作者的交互特征（同质性、主动性、吸引力）？

图 3-1 为本研究的研究框架。研究的自变量为协作者的交互特征，自变量为根据学习者是否会在问题解决阶段参与小组协作（PC：参与协作，PC 赋值为 1；未参与协作，PC 赋值为 0）计算得到的新变量，具体包括协作者交互的同质性、主动性、吸引力。参考前人研究的模型构建思路②，本研究将个人属性和网络结构作为协变量，并假设协变量与自变量存在交互作用，即协变量可能会影响自变量对因变量的解释作用。其中，个人属性包括年龄、性别、职业、往期课程学习经历和兴趣领域；网络结构包括互惠性、传递性和累积

---

① Castellanos-Reyes, D., "The Dynamics of a MOOC's Learner-Learner Interaction over Time: A Longitudinal Network Analysis," *Computers in Human Behavior*, 2021, 123, p. 106880.

② Schaefer, D. R., Kornienko, O., & Fox, A. M., "Misery Does Not Love Company," *American Sociological Review*, 2011, 76(5), pp. 764-785.

优势。由于学习者的入度值分布较为离散，不利于模型分析，因此本研究在对累积优势建模时使用入度平方根（indegree square root）来缩小其离散程度。本研究的因变量为动态交互关系网络中交互关系的维持和改变。本研究主要通过探究自变量之间、自变量与协变量对因变量的效应影响来揭示协作者的交互特征。

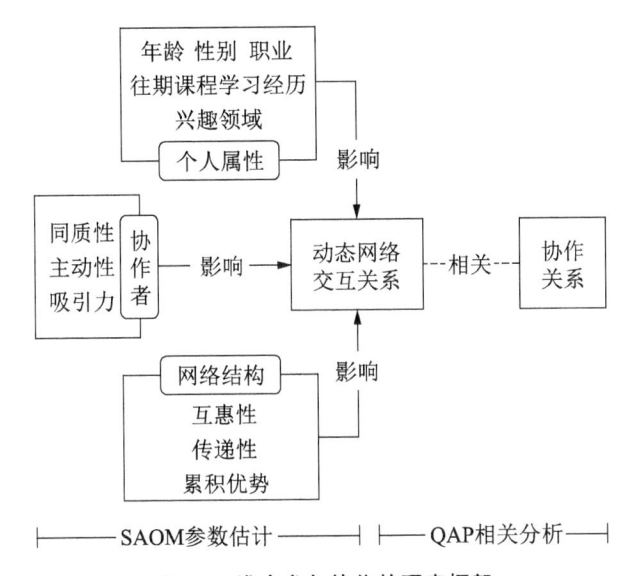

图 3-1 谁会参与协作的研究框架

针对上述研究框架与研究问题，本研究提出以下研究假设。

H1：学习者的交互关系与协作关系显著相关。

H2.1：协作者具有较强的交互同质性。

H2.2：协作者具有较强的交互主动性。

H2.3：协作者具有较强的交互吸引力。

H2.4：交互主动性会影响协作者的交互同质性。

H2.5：交互吸引力会影响协作者的交互同质性。

H3.1：个人属性会影响协作者的交互同质性。

H3.2：个人属性会影响协作者的交互主动性。

H3.3：个人属性会影响协作者的交互吸引力。

H4.1：网络结构会影响协作者的交互同质性。

H4.2：网络结构会影响协作者的交互主动性。

H4.3：网络结构会影响协作者的交互吸引力。

三、研究方法与工具

(一) 交互网络构建

案例课程问题解决阶段开始前(协作前)共有145名学习者在课程平台上产生主动交互行为数据,其中,共有52名协作者(其中41人有平台交互行为)选择参与协作问题解决并形成了12个小组。本研究将以这145名学习者为研究对象,基于其交互行为数据构建交互关系网络。本研究在问题解决阶段开始前的三个离散时间点分别采集研究对象之间交互行为数据(见图3-2):初始时间点2020年10月12日(Time 1)、中间时间点2020年11月2日(Time 2)、最终时间点2020年11月30日(Time 3)。交互行为数据分为点赞、评论、回帖、关注等类型。其中,往期课程中学习者的关注行为被认为是能够延续到案例课程中的持续性社会关系,因而也被纳入社会交互网络中,即学习者的先前关注行为构成了初始时间点的社会网络。基于此,本研究所构建的交互网络共包含2415条行为数据。

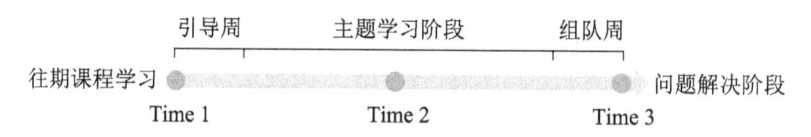

图 3-2 社会交互网络构建时间点

基于R语言的多尺度分析布局算法(multidimensional scaling),本研究构建了学习者社会交互网络,将三个时间点的交互关系网络可视化,并初步分析学习者在协作前的交互关系网络演化情况。接下来,研究主要采用二次指派程序和随机行动者模型对研究对象及其在三个时间点形成的动态社会交互网络进行分析。

(二) 二次指派程序

QAP主要用于分析三个时间点学习者的交互关系矩阵与协作关系矩阵之间的相关性。QAP是一种以矩阵数据的随机置换为基础的随机化检验方法,能够对两个或多个矩阵进行非参数检验,进而得到矩阵之间的相关系数。[1][2]

---

[1] Krackhardt, D., "QAP Partialling as a Test of Spuriousness," *Social Networks*, 1987, 9(2), pp. 171-186.

[2] 刘军:《QAP:测量"关系"之间关系的一种方法》,载《社会》,2007,27(4)。

本研究将使用 UCINET 6.730 工具中的 QAP 相关分析功能①，探究协作前的社会交互网络与问题解决阶段协作网络的相关关系，以检验假设 H1。其中，协作关系网络指由问题解决小组构成的 12 个完全图，完全图的网络密度为 1。② 换言之，本研究假设小组内部各时间点间均有连边，并且各个小组完全图之间没有联结。

(三)随机行动者模型

随机行动者模型主要用于探究协作者在动态交互关系网络中的交互趋势，具体将使用 R 语言 RSiena 1.3.0 包来构建随机行动者模型，通过对模型的参数估计来揭示协作者的交互特征。本研究通过课程平台和问卷获取了学习者的个人属性信息，包括性别、年龄、职业、兴趣领域和往期课程学习经历等，将这些信息作为协变量被纳入随机行动者模型。此外，动态交互关系网络的网络结构变量也将作为协变量被纳入随机行动者模型。本研究的课程共包括 4 个模型。具体地，模型 1 关注协作者的交互同质性，用以检验假设 H2.1；模型 2 在模型 1 的基础上加入交互主动性和交互吸引力，用来检验假设 H2.2、H2.3、H2.4、H2.5；模型 3 在模型 2 的基础上加入个人属性变量，用来检验假设 H3.1、H3.2、H3.3；模型 4 在模型 2 的基础上加入网络结构变量，用来检验假设 H4.1、H4.2、H4.3。

四、数据分析结果

(一)交互网络构建与基础分析

本研究涉及三个离散时间点的网络数据，采用多尺度分析布局算法，以学习者为节点，以学习者之间的交互行为为边，构建动态变化的交互关系网络(见图 3-3)。节点大小代表学习者的度数，颜色代表是否参与协作问题解决，浅色表示参与，深色表示未参与。由图 3-3 可以初步发现，随着时间的推移，学习者的交互关系网络密度逐渐增大，即学习者之间的联系越来越紧密。

---

① Borgatti, S. P., Everett, M. G., & Freeman, L. C., *Ucinet for Windows: Software for Social Network Analysis*, Harvard, Analytic Technologies, 2002, p.18.

② [美]约翰·斯科特、[美]彼得·J. 卡林顿：《社会网络分析手册(上卷)》，刘军、刘辉等译，59 页，重庆，重庆大学出版社，2018。

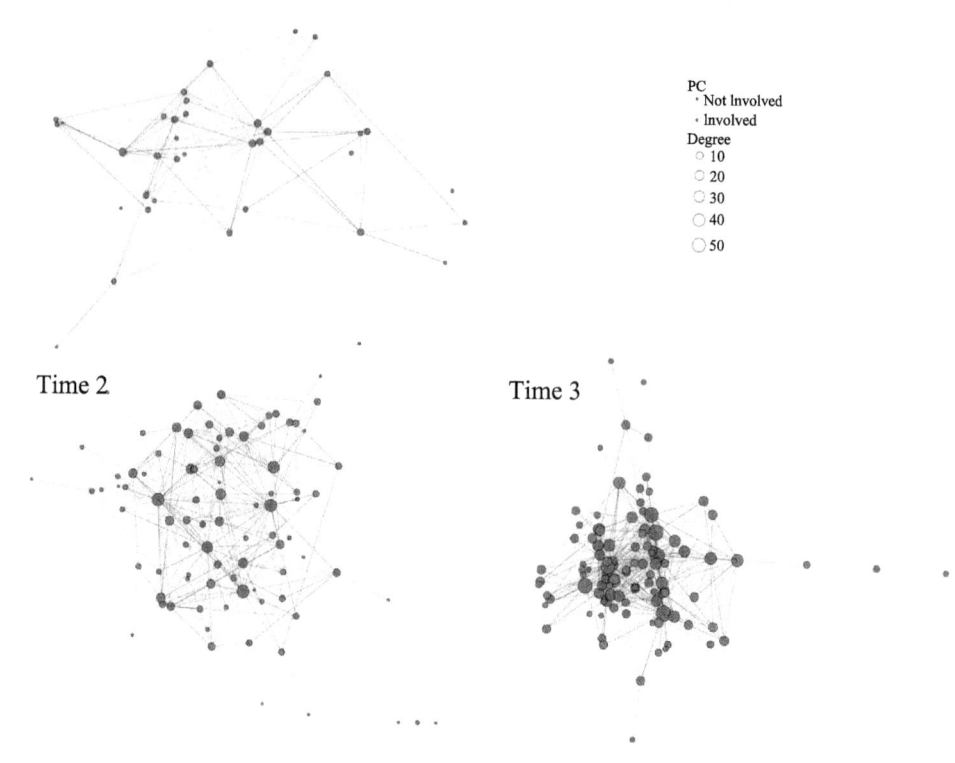

图 3-3　主题学习阶段学习者交互关系网络

表 3-2 为动态交互关系网络的描述性统计信息，具体包括交互关系网络的密度、平均度、总边数以及 Jaccard 指数。由表 3-2 可知，三个时间点下社会网络的密度、平均度、总边数依次增大。此外，Jaccard 指数能够反映网络的稳定性，值越接近 1 表示网络越稳定，反之则越不稳定。Time 1—Time 2 和 Time 2—Time 3 时间区间的交互关系网络 Jaccard 指数逐渐增大，说明网络随时间发展而变得稳定，且两个时间区间的 Jaccard 值均大于 0.3，说明本研究的网络数据在拟合随机行动者模型时有较高置信度。[①]

[①] Snijders, T. A. B., van de Bunt, G. G., & Steglich, C. E. G., "Introduction to Stochastic Actor-Based Models for Network Dynamics," *Social Networks*, 2010, 32(1), pp. 44-60.

表 3-2 动态交互关系网络的描述统计信息

时间点	网络密度	网络平均度	网络总边数
Time 1	0.009	1.297	188
Time 2	0.022	3.179	461
Time 3	0.031	4.524	656
时间区间	Jaccard	—	—
Time 1—Time 2	0.408	—	—
Time 2—Time 3	0.703	—	—

(二)二次指派程序的相关分析

本研究基于学习者在三个时间点的交互关系网络,构建了协作前的三个交互关系矩阵(T0 Interactive Relationship Matrix、T1 Interactive Relationship Matrix、T2 Interactive Relationship Matrix),并基于问题解决阶段的协作关系数据构建了协作关系矩阵(Collaboration Relationship Matrix)。接下来,采用 UCINET 6.730 的 QAP 相关分析功能对四个关系矩阵进行非参数检验,探究关系矩阵的两两相关关系。如表 3-3 所示,协作前的交互关系矩阵与协作关系矩阵之间均具有显著的正相关关系,这一结果支持了假设 H1。分别比较 T0 Interactive Relationship Matrix、T1 Interactive Relationship Matrix、T2 Interactive Relationship Matrix 与 Collaboration Relationship Matrix 的相关系数发现,学习者协作前的交互关系与协作关系的相关性逐渐增强。由此可得,随着时间的推移,主题学习阶段的交互关系逐步地为学习者在问题解决阶段中形成协作关系奠定了基础。换言之,学习者协作前的交互特征能在一定程度上预测其是否会参与协作,因此可以通过建立 SAOM 来探究协作者的交互特征。

表 3-3 关系矩阵间的 QAP 相关分析结果

	1	2	3	4
1 T0 Interactive Relationship Matrix				
2 T1 Interactive Relationship Matrix	0.634***			
3 T2 Interactive Relationship Matrix	0.529***	0.834***		
4 Collaboration Relationship Matrix	0.038**	0.136***	0.266***	

注:** $p<0.01$;*** $p<0.001$;5000 permutations。

(三)随机行动者模型的构建与分析

本研究使用 R 语言 RSiena 1.3.0 包构建了基于协作前学习者交互关系网络的 SAOM，共包括四个模型。具体地，模型 1 用来检验假设 H2.1；模型 2 用来检验假设 H2.2、H2.3、H2.4、H2.5；模型 3 用来检验假设 H3.1、H3.2、H3.3。模型 4 用来检验假设 H4.1、H4.2、H4.3。各模型统计参数和显著性检验结果如表 3-4 所示，其中，β 指模型中自变量和协变量对因变量的影响效应参数，S.E. 指模型中各效应对应的标准误。在后续分析中，δ 指在前一模型基础上引入新变量后（如个人属性、网络结构），原有变量统计参数绝对值的变化大小，它反映了新加入变量对前一模型原有变量的影响。

表 3-4　各模型统计参数和显著性检验结果

	Model 1		Model 2		Model 3		Model 4	
	β	S.E.	β	S.E.	β	S.E.	β	S.E.
协作参与效应								
同质性(Same PC)	−0.03	0.11	0.18†	0.11	0.18	0.12	0.19†	0.11
主动性(PC Ego)			23.49***	0.47	37.38†	21.92	26.83***	0.67
吸引力(PC Alter)			1.96***	0.11	2.12***	0.12	1.58***	0.12
个人属性效应								
Similarity Age					−0.94*	0.40		
Age Ego					5.97	7.97		
Age Alter					0.24***	0.07		
Same Gender					0.12	0.10		
Gender Ego					7.59	11.28		
Gender Alter					0.41***	0.11		
Same Occupation					0.35*	0.16		
Occupation Ego					−0.09	0.57		
Occupation Alter					0.08†	0.04		
Same PE					0.05	0.10		
PE Ego					3.36	3.94		
PE Alter					−0.05	0.10		
Same DI					−0.01	0.12		
DI Ego					−0.05	0.57		
DI Alter					0.00	0.03		

续表

	Model 1		Model 2		Model 3		Model 4	
	β	S.E.	β	S.E.	β	S.E.	β	S.E.
网络结构效应								
Reciprocity							2.89***	0.17
Transitivity (Transitive Triplets)							0.28***	0.04
Popularity (indegree square root)							0.29***	0.06

注：†$p<0.10$；* $p<0.05$；** $p<0.01$；*** $p<0.001$(two-sided tests)。Model 1 overall maximum convergence ration＝0.0263；Model 2 overall maximum convergence ratio＝0.0722；Model 3 overall maximum convergence ratio＝0.1582；Model 4 overall maximum convergence ratio＝0.1635。

1. 模型1：协作者之间的交互同质性

模型1仅检验Same PC效应，即协作组队前，协作者之间交互的同质性情况。结果表明，协作者间交互没有同质性（$\beta_1^{Same\ PC}=-0.03$，$p=0.822$），因此模型1的分析结果不支持假设H2.1。此外，本研究还假设协作者间交互的同质性可能受到协作者交互主动性和交互吸引力的间接影响，接下来将通过模型2进一步探究协作者的交互同质性。

2. 模型2：协作者交互主动性和吸引力及其对交互同质性的影响

模型2在模型1的基础上引入了PC Ego效应和PC Alter效应。PC Ego效应反映在协作前，协作者的交互主动性；PC Alter效应反映在协作前，协作者的交互吸引力。模型2结果表明，协作者在协作前的交互趋势表现出一定的规律。具体地，PC Ego效应和PC Alter效应均具有非常强的统计显著性，且统计参数均为正，说明协作者在协作前的交互关系网络中具有越来越强的主动性（$\beta_2^{PC\ Ego}=23.49$，$p<0.001$）和交互吸引力（$\beta_2^{PC\ Alter}=1.96$，$p<0.001$），这为假设H2.2和H2.3提供了支持依据。

值得注意的是，在模型1的基础上引入PC Ego效应和PC Alter效应后，Same PC效应由不显著转变为边缘显著（$\beta_2^{Same\ PC}=0.18$，$p=0.094$），说明协作者间的交互同质性受到其交互主动性和交互吸引力的影响，这支持了假设H2.4和H2.5。并且，其统计参数由负数转变为正数，绝对值增大（$\delta_{|\beta_2|\,|\beta_1|}^{Same\ PC}=0.15$），这一结果为假设H2.1提供了支持依据，即协作者之间的交互具有一定程度的同质性。进一步分析可知，模型1的Same PC效应分析结果为不显著，可能是因为协作者所具有的强主动性和强吸引力掩盖了协作者交互同质性的效应显著性。

3. 模型 3：个人属性对协作者交互同质性、主动性和吸引力的影响

为探究个人属性对协作者交互同质性、主动性和吸引力的影响，本研究在模型 2 的基础上引入个人属性协变量，从而得到模型 3。从模型 3 的分析结果可知，大多数代表学习者个人属性的协变量表现出显著性，说明多数个人属性会影响学习者交互关系网络中交互关系的维持和改变。具体地，对于年龄，Age Alter 效应显著且统计参数为正（$\beta_3^{Age\ Alter}=0.24$，$p<0.001$），说明年龄段越大的学习者在协作前的交互关系网络中越受欢迎；Similarity Age 效应显著且统计参数为负（$\beta_3^{Similarity\ Age}=-0.94$，$p=0.019$），说明年龄相似的学习者在协作前的交互关系网络中不容易产生交互。对于性别，Gender Alter 效应显著且统计参数为正（$\beta_3^{Gender\ Alter}=0.41$，$p<0.001$），说明在协作前的交互关系网络中，男性更受欢迎。对于职业，Same Occupation 效应显著且统计参数为正（$\beta_3^{Same\ Occupation}=0.35$，$p=0.027$），说明学习者在协作前更愿意和相同职业的学习者交互。

对于协作者交互特征而言，模型 3 结果表明，Same PC 效应不显著（$\beta_3^{Same\ PC}=0.18$，$p=0.128$），且相比于模型 2 其统计参数的绝对值没有变化（$\delta_{|\beta_3||\beta_2|}^{Same\ PC}=0$）。考虑到交互同质性效应在模型 2 中的边缘显著情况和该效应在模型 3 的标准误增加，我们没有充足的证据支持假设 H3.1，即无法证明个人属性会影响协作者的交互同质性。对于交互主动性，模型 3 的 PC Ego 效应因其标准误较大幅度的增加而从模型 2 的非常显著变为边缘显著（$\beta_3^{PC\ Ego}=37.38$，$p=0.088$）。而较大的标准误可能是由于 cMOOC 场景中学习者背景的多样性，学习者个人属性具有较大差异性。因此，我们也没有充足的证据支持假设 H3.2，即无法证明个人属性会影响协作者的交互主动性。对于交互吸引力，模型 3 的 PC Alter 效应依然显著（$\beta_3^{PC\ Alter}=2.12$，$p<0.001$）；并且，PC Alter 效应的统计参数绝对值有所增大（$\delta_{|\beta_3||\beta_2|}^{PC\ Alter}=0.16$），说明当引入个人属性变量时，协作者吸引力对因变量的解释力增强了，这为假设 H3.3 提供了支持依据。换言之，个人属性与协作者的交互吸引力存在交互效应，部分个人属性可能会削弱协作者的交互吸引力。

4. 模型 4：网络结构对协作者交互同质性、主动性和吸引力的影响

为探究学习者交互关系网络结构对协作者交互同质性、主动性和吸引力的影响，本研究在模型 2 的基础上进一步引入反映学习者交互关系网络结构的协变量，如互惠性、传递性和累积优势，从而得到模型 4。从模型 4 的分析结果可知，网络结构效应均表现出较强的显著性，即学习者之间交互具有显著的互惠性、传递性、累积优势。在交互网络演化过程中，Reciprocity 效应的分析结果为学习者更愿意与那些曾经与他们有交互行为的学习者交互（$\beta_4^{Reciprocity}=2.89$，$p<0.001$）。Transitivity 效应的分析结果为学习者之间的交互具有传递性（$\beta_4^{Transitivity}=0.28$，$p<0.001$）。此外，Popularity 效应的分析结果表明（$\beta_4^{Popularity}=0.29$，$p<0.001$），在交互网络中越受欢迎的学习者越容易与他人建立和维持交互关系。

对于协作者交互特征而言，模型 4 分析结果表明，Same PC 效应仍然保持边缘显著（$\beta_4^{Same\ PC}=0.19$，$p=0.086$），其统计参数绝对值增加幅度较小（$\delta^{Same\ PC}_{\beta_{14}||\beta_2|}=0.01$），这表明模型 2 观察到的协作者交互同质性受网络结构的间接影响较小，由此我们没有充足的证据支持假设 H4.1。PC Ego 效应仍然非常显著（$\beta_4^{PC\ Ego}=26.83$，$p<0.001$），其统计参数绝对值增加（$\delta^{PC\ Ego}_{|\beta_4||\beta_2|}=3.34$），这表明模型 2 中的协作者的交互主动性还受到网络结构的间接影响，学习者交互网络结构会降低协作者的交互主动性，这为假设 H4.2 提供了支持依据。此外，PC Alter 效应在模型 4 中仍表现出非常强的显著性（$\beta_4^{PC\ Alter}=1.58$，$p<0.001$），并且其统计参数绝对值有所降低（$\delta^{PC\ Alter}_{|\beta_4||\beta_2|}=-0.38$），说明模型 2 中的协作者的交互吸引力还受到网络结构的间接影响，学习者交互网络结构会增强协作者交互吸引力，这为假设 H4.3 提供了支持依据。

五、研究发现与讨论

(一) 强交互主动性和吸引力是协作者的主要特征

首先，本研究通过 QAP 相关分析，验证了学习者协作前交互特征可以在一定程度上预测其是否会参与协作。其次，研究通过构建 SAOM 分析了协作者在组队前的主要交互特征。模型结果表明，协作者在前期交互网络中具备较强的交互主动性和吸引力。从内容贡献和情感交流角度来看，强交互主动性代表行动者有较强的意愿去分享自身观点、给予他人情感支持，强交互吸引力代表行动者所分享的内容质量更高、更受欢迎，相应地也会得到更多的情感支持。[1] 在本研究所关注的联通主义学习情境中，强交互主动性和吸引力是协作者前期教学交互的主要特征。一方面，在网络中拥有更高的社会声望和更多的情感支持，能够使学习者有更强烈的意愿和动机去参与组建队伍，

---

[1] Castellanos-Reyes, D., "The Dynamics of a MOOC's Learner-Learner Interaction over Time: A Longitudinal Network Analysis," *Computers in Human Behavior*, 2021, 123, p. 106880.

通过协作问题解决进行更深层次的教学交互。另一方面，在前期交互网络中拥有较高交互主动性和吸引力，可以促使学习者看见更多"节点"，同时也被更多"节点"注意到①②，进而能够在更广泛的范围内与其他学习者建立联系，并因占据网络资源优势而在协作组队环节有更高的效率。前人研究指出这种累积的交互优势会产生"富者越富"的分化特征，不利于边缘学习者的参与③；本研究则认为动态交互网络的这一演化特征能够作为一种自然的筛选机制，有助于潜在协作者相互识别。

此外，本研究还发现在前期交互网络中，协作者的强交互主动性和吸引力掩盖了其交互同质性，即协作者之间实际上是存在一定的交互同质性的。前人研究指出在 xMOOC 情境中，学习者之间的交互同质性并不显著。④⑤ 本研究则发现相比于教师主导或以资源学习为主的 xMOOC 情境，在以教学交互、网络构建为主的 cMOOC 情境中，特定特征学习者之间具备交互同质性，即潜在协作者之间更容易相互吸引，在课程前期展开主动教学交互，并随着课程推进逐渐形成基于深度交互开展协作问题解决的小群体。

(二) 部分个人属性会削弱协作者的前期交互吸引力

通过在原有模型中引入包括年龄、性别、职业、往期课程学习经历、兴趣领域等个人属性协变量，本研究发现个人属性会影响协作者在前期交互网络中的交互吸引力，但模型结果未能证明个人属性会对其交互同质性和主动性起作用。具体地，年龄、性别、职业等个人属性会削弱协作者的前期交互吸引力，即影响主题学习阶段学习者间的交互倾向。

首先，年龄越大的学习者在网络中更受欢迎，而且学习者更愿意和与自

---

① 吴江、李姗姗、周露莎等：《基于随机行动者模型的在线医疗社区用户关系网络动态演化研究》，载《情报学报》，2017，36(2)。

② Joksimović, S., Dowell, N., Poquet, O., et al., "Exploring Development of Social Capital in a cMOOC Through Language and Discourse," *The Internet and Higher Education*, 2018(36), pp.54-64.

③ 杨业宏、张婧婧、郑瑞昕：《联通主义学习中社会交互与话题交互的网络化特征》，载《现代远距离教育》，2020(1)。

④ Zhang, J. J., Skryabin, M., & Song, X. W., "Understanding the Dynamics of MOOC Discussion Forums with Simulation Investigation for Empirical Network Analysis (SIENA)," *Distance Education*, 2016, 37(3), pp.270-286.

⑤ Castellanos-Reyes, D., "The Dynamics of a MOOC's Learner-Learner Interaction over Time: A Longitudinal Network Analysis," *Computers in Human Behavior*, 2021(123), p.106880.

己年龄差距大的个体交互。前人研究也发现网络社群中年龄越大越容易与他人建立朋友关系[1]，学习者也更愿意和比自己经验丰富的个体进行交互。[2] 而大部分协作者(57.69%)处于 21～30 岁的年龄段，即协作者相较于整体学习者的平均年龄更低，因而可以认为低年龄特征会在一定程度上削弱协作者的前期交互吸引力。

其次，男性学习者在网络中更受欢迎。整体学习者中男性占比为 32.64%，协作者中男性占比为 25%，协作者男性占比低于整体学习者男性占比，由此可以认为性别这一个人属性削弱了协作者的前期交互吸引力。

最后，学习者更倾向于与自身职业相同的学习者进行交互，换言之，协作者的职业属性可能会削弱他对其他职业个体的前期交互吸引力。对于学习者在前期交互网络中所体现出的在职业类型上的交互同质性，这与前人研究结果相似。[3] 其原因主要在于，相同职业的个体有更相近的话语体系和共同话题，交互成本相对较低，同时，个体间的多元经验背景和专业领域，有助于促进同一话题不同角度的知识生长。此外，学生(57.69%)和教师(23.08%)是协作者的主要职业类型，对比整体学习者的职业分布(学生45.83%，教师 29.17%)可知，学生比教师更容易成为问题解决阶段的协作者；并且，12 个协作小组中有 1/3 为全员学生型。结合职业属性的交互同质性可得，学生身份会在一定程度上削弱协作者对其他职业个体的前期交互吸引力。

总的来说，尽管部分个人属性会削弱协作者在前期交互网络中的交互吸引力，但随着时间的推移，学习动机与学习投入更高的个体仍能够被他人注意到，并通过持续交互发展出自身网络优势，弥补部分个人属性前期交互吸引力的劣势。

(三)网络结构使协作者交互吸引力增强、主动性降低

互惠性、传递性、累积优势等网络结构效应能够揭示动态网络演化的基本特征。本研究发现在 cMOOC 情境中，学习者在主题学习阶段的交互关系

---

[1] 吴江、李姗姗、周露莎等：《基于随机行动者模型的在线医疗社区用户关系网络动态演化研究》，载《情报学报》，2017，36(2)。

[2] Zhang, J.J., Skryabin, M., & Song, X.W., "Understanding the Dynamics of MOOC Discussion Forums with Simulation Investigation for Empirical Network Analysis (SIENA)," *Distance Education*, 2016, 37(3), pp. 270-286.

[3] 吴江、李姗姗、周露莎等：《基于随机行动者模型的在线医疗社区用户关系网络动态演化研究》，载《情报学报》，2017，36(2)。

网络具有显著的互惠性、传递性、累积优势特征，这与前人的研究结果一致。①②③ 本研究进一步证实了，无外部干预的情况下行动者通过自发交互形成的社会网络，普遍存在互惠性、传递性、累积优势等动态网络演化特征。进一步地，本研究还发现随着时间的推移，网络结构的这些属性不仅降低了最终选择参与协作的个体在网络中的交互主动性，还增强了这部分个体的交互吸引力。结合先前分析可知，协作者在前期交互网络中所具备的强交互主动性和交互吸引力，还受到网络结构效应的间接影响。

首先，讨论网络结构对协作者交互吸引力的强化作用。从互惠性角度来说，学习者之间的交互具有"礼尚往来"特征。④ 由于协作者本身具有较强的交互主动性，因而他们在网络中对他人从内容和情感等维度的回复会持续获得"回报"，即网络的互惠性增强了协作者的交互吸引力。从传递性角度来说，学习者在网络中的行动具有"传染性"，学习发生在学习者有意识或无意识地模仿他人行动的社会化环境中。⑤ 三元传递结构会将协作者的交互吸引力传递给原本没有和协作者建立交互关系的其他个体，即网络的传递性增强了协作者的交互吸引力。从累积优势角度来说，网络中入度较高的学习者会吸引越来越多的学习者与之交互。⑥ 协作者的强交互主动性和吸引力会使其在网络中被更多的个体关注到，随着时间的推移其交互吸引力逐渐被所在网络强化，即网络的累积优势增强了协作者的交互吸引力。

其次，讨论网络结构对协作者交互主动性的抑制作用。从前面对网络结构互惠性、传递性、累积优势对协作者交互吸引力的强化作用可知，协作者

---

① Schaefer, D. R., Kornienko, O., & Fox, A. M., "Misery Does Not Love Company," *American Sociological Review*, 2011, 76(5), pp. 764-785.

② Zhang, J. J., Skryabin, M., & Song, X. W., "Understanding the Dynamics of MOOC Discussion Forums with Simulation Investigation for Empirical Network Analysis (SIENA)," *Distance Education*, 2016, 37(3), pp. 270-286.

③ Eberle, J., Stegmann, K., Barrat, A., et al., "Initiating Scientific Collaborations Across Career Levels and Disciplines—A Network Analysis on Behavioral Data," *International Journal of Computer-Supported Collaborative Learning*, 2021, 16(2), pp. 151-184.

④ Lerner, J., Bussmann, M., Snijders, T. A. B., et al., "Modeling Frequency and Type of Interaction in Event Networks," *Corvinus Journal of Sociology and Social Policy*, 2013, 4(1), pp. 3-32.

⑤ Bandura, A., "Social Cognitive Theory of Self-Regulation," *Organizational Behavior and Human Decision Processes*, 1991, 50(2), pp. 248-287.

⑥ Shin, B., "Exploring Network Measures of Social Capital: Toward More Relational Measurement," *Journal of Planning Literature*, 2021, 36(3), pp. 328-344.

在网络中逐渐占据更为主要的网络地位和更多的社会资本。前人研究表明，学习者网络地位的构建与维系，不仅需要广泛地开展主动社会情感交互，还需要识别并基于关键话题和资源进行小范围深度对话。① 由此可以认为案例课程网络结构对协作者交互主动的抑制作用，可能是由于协作者在主题学习阶段网络演化的后期更加重视认知层面的交互，而非社会情感层面的交互。也有研究发现，最有可能离开社群的个体类型就是情感寻求者。② 换言之，协作者的主动交互倾向可能逐渐从对情感广度的扩展转变为对认知深度的挖掘。这一发现回应了有的研究者的研究中情感交互对网络演化的非显著性作用，为该研究发现提供了新的解释角度。③

六、本章小结

本章基于二次指派程序和随机行动者模型的动态网络分析方法，探究了协作者的交互特征以及个人属性和网络结构效应对交互特征的间接影响。本章的主要研究发现有：①强交互主动性和吸引力是成为协作者前期教学交互的主要特征，并且协作者之间存在一定的交互同质性；②学习者更愿意与经验丰富且职业相近的个体进行交互，年龄小、学生身份等个人特征会在一定程度上削弱协作者的前期交互吸引力；③网络结构所具有的互惠性、传递性和累积优势特征会逐渐增强协作者的交互吸引力，同时也会对协作者的交互主动性产生一定的抑制作用。

在理论层面，研究结果有助于从动态网络视角理解协作者在前期社群学习阶段所具备的网络交互特征，进而揭示联通主义学习情境中协作行为的发生规律。在实践层面，研究发现能够为促进更多个体参与深度协作提供教学实践参考，如识别潜在协作者并为他们推送待探究的协作问题，鼓励他们在自由组队环节建立或加入小组等。需要指出的是，鉴于所用模型的局限性，

---

① Gašević, D., Joksimović, S., Eagan, B. R., et al., "SENS: Network Analytics to Combine Social and Cognitive Perspectives of Collaborative Learning," *Computers in Human Behavior*, 2019(92), pp.562-577.

② 孙冰、毛鸿影、尹程顺：《基于社会支持视角的虚拟技术社区用户角色识别与演变》，载《系统工程》，2020，38(6)。

③ Castellanos-Reyes, D., "The Dynamics of a MOOC's Learner-Learner Interaction over Time: A Longitudinal Network Analysis," *Computers in Human Behavior*, 2021(123), p.106880.

本研究未能将交互内容和质量纳入分析中，无法全面揭示协作者的认知特征①。除了动态网络分析方法，在线教育领域学者开始探索采用多层网络分析方法来揭示学习者的社群学习规律。相关研究表明，社群的认知网络和社会网络的交互结构并不相同，部分学习者在多层中占据不同的位置。② 未来研究应结合多层网络分析方法，进一步探索协作者的交互行为特征和认知参与特征。

---

① Bai, Y., & Xiao, J., "The Impact of cMOOC Learners' Interaction on Content Production," *Interactive Learning Environments*, 2023, 31(7), pp. 4464-4475.

② Liu, S., Hu, T., Chai, H., et al., "Learners' Interaction Patterns in Asynchronous Online Discussions: An Integration of the Social and Cognitive Interactions," *British Journal of Educational Technology*, 2022, 53(1), pp. 23-40.

第四章　谁会结成同伴

互联网环境中的学习者具有多样化的经验背景、学习目标、社会职业。[1]与传统课堂环境的协作学习不同,开放网络环境中的学习者需要更高的学习自主权,传统协作学习的分组策略可能无法满足学习者的个性化探究兴趣与自由式同伴选择的需求。认识网络学习中协作同伴选择的自然规律,是进行课程实践与干预设计的重要基础。挖掘同伴关系建立的规律,将有助于课程设计者优化同伴推荐策略,进而促进协作问题解决和群体知识创生。个体的社会互动和内容生产是协作学习投入的重要维度[2],年龄、身份等个人属性也是同伴交互的影响因素[3]。基于此,本章将探索协作前学习者的社会互动、内容生产以及个人属性对协作同伴选择的作用,以期揭示复杂开放网络环境下同伴选择的内在规律。

---

[1] Wang, Z. J., Anderson, T., & Chen, L., "How Learners Participate in Connectivist Learning: An Analysis of the Interaction Traces from a cMOOC," *International Review of Research in Open and Distributed Learning*, 2018, 19(1), pp. 44-67.

[2] Gašević, D., Joksimović, S., Eagan, B. R., et al., "SENS: Network Analytics to Combine Social and Cognitive Perspectives of Collaborative Learning," *Computers in Human Behavior*, 2019(92), pp. 562-577.

[3] Zhang, J. J., Skryabin, M., & Song, X. W., "Understanding the Dynamics of MOOC Discussion Forums with Simulation Investigation for Empirical Network Analysis (SIENA)," *Distance Education*, 2016, 37(3), pp. 270-286.

一、理论基础

(一)传统协作学习的成组策略

小组是协作学习的基本单位,成组(group formation)是协作学习的关键环节之一。①② 成组方式与成员结构会影响协作学习的效率与结果,合理的分组被认为是协作学习获得成功的前提。③ 传统课堂学习环境中协作学习的成组方式主要有三种:随机分组、教师设组和自由成组。④ 随机分组,指根据一定的小组规模,将全体学生平均分成若干小组。随机分组的优点是成组效率高,缺点是小组成员构成难以把控,组间差异较大,无法保证小组间竞争的公平性。⑤ 教师设组,指教师根据自身教学经验、教学目标以及学生特质,指派特定学生组成小组。教师指派的优点是能够根据教学需求进行灵活分组,缺点是教师对学生特质的把握可能不够全面,主要根据性别和学习成绩进行分组⑥,容易忽视学生兴趣、协作技能等因素。自由成组,指学生根据自身的学习目标与偏好自由选择同伴建立小组。自由成组的优点是能够充分尊重学生选择同伴的自主性,缺点是课堂环境下自由成组的小组成员兴趣爱好或社会关系更近,可能会导致组内成员同质性较强⑦,不利于多样化协作问题

---

① Moreno, J., Ovalle, D. A., & Vicari, R. M., "A Genetic Algorithm Approach for Group Formation in Collaborative Learning Considering Multiple Student Characteristics," *Computers & Education*, 2012, 58(1), pp. 560-569.

② 谢涛、农李巧、高楠:《智能学习分组:从通用模型到大数据框架》,载《电化教育研究》,2022, 43(2)。

③ Revelo-Sánchez, O., Collazos, C. A., & Redondo, M. A., "Group Formation in Collaborative Learning Contexts Based on Personality Traits: An Empirical Study in Initial Programming Courses," *Interaction Design and Architecture(s)*, 2021(49), pp. 29-45.

④ Krouska, A., & Virvou, M., "An Enhanced Genetic Algorithm for Heterogeneous Group Formation Based on Multi-Characteristics in Social-Networking-Based Learning," *IEEE Transactions on Learning Technologies*, 2020, 13(3), pp. 465-476.

⑤ Sadeghi, H., & Kardan, A. A., "A Novel Justice-Based Linear Model for Optimal Learner Group Formation in Computer-Supported Collaborative Learning Environments," *Computers in Human Behavior*, 2015(48), pp. 436-447.

⑥ Krouska, A., & Virvou, M., "An Enhanced Genetic Algorithm for Heterogeneous Group Formation Based on Multi-Characteristics in Social-Networking-Based Learning," *IEEE Transactions on Learning Technologies*, 2020, 13(3), pp. 465-476.

⑦ Srba, I., & Bielikova, M., "Dynamic Group Formation as an Approach to Collaborative Learning Support," *IEEE Transactions on Learning Technologies*, 2015, 8(2), pp. 173-186.

解决思路的产生[1]。

从成组结果来看，小组成员的特征，包括个人属性、社会关系、群体文化、认知风格、先前知识等，决定了不同的小组类型。[2] 根据成员特征的差异程度，传统学习环境的成组结果通常有四种：同质小组、异质小组、混合小组和均衡小组[3][4]。同质小组，指小组成员具有较多的共同特征。异质小组，指小组成员具有较多不同的特征。混合小组，指小组成员在某些特征上表现相近，或在某些特征上表现不同。均衡小组，指各小组中具有某些特征的学习者分布均衡。以上四种小组类型中，同质与异质分组的协作效果被研究者广泛探讨。一些研究表明，尽管同质小组在取得特定目标时有较好的结果，但异质小组的表现更具创新性。[5] 也有研究表明，异质小组的协作表现和知识获得均优于同质小组。[6]

成组不仅应考虑小组内部的成员特征，还需考虑整个群体中小组之间的公平性。对此，组间同质组内异质的成组方式已被传统协作学习领域普遍认可。[7][8]

---

[1] Moreno, J., Ovalle, D. A., & Vicari, R. M., "A Genetic Algorithm Approach for Group Formation in Collaborative Learning Considering Multiple Student Characteristics," *Computers & Education*, 2012, 58(1), pp. 560-569.

[2] Haq, I. U., Anwar, A., Rehman, I. U., et al., "Dynamic Group Formation with Intelligent Tutor Collaborative Learning: A Novel Approach for Next Generation Collaboration," *IEEE Access*, 2021(9), pp. 143406-143422.

[3] Sadeghi, H., & Kardan, A. A., "A Novel Justice-Based Linear Model for Optimal Learner Group Formation in Computer-Supported Collaborative Learning Environments," *Computers in Human Behavior*, 2015(48), pp. 436-447.

[4] Krouska, A., Troussas, C., & Virvou, M., "Applying Genetic Algorithms for Student Grouping in Collaborative Learning: A Synthetic Literature Review," *Intelligent Decision Technologies*, 2020, 13(4), pp. 395-406.

[5] Sadeghi, H., & Kardan, A. A., "A Novel Justice-Based Linear Model for Optimal Learner Group Formation in Computer-Supported Collaborative Learning Environments," *Computers in Human Behavior*, 2015(48), pp. 436-447.

[6] Manske, S., Hecking, T., Chounta, I., et al., "Using Differences to Make a Difference: A Study on Heterogeneity of Learning Groups," 11th International Conference on Computer Supported Collaborative Learning, Gothenburg, Sweden, 2015.

[7] Moreno, J., Ovalle, D. A., & Vicari, R. M., "A Genetic Algorithm Approach for Group Formation in Collaborative Learning Considering Multiple Student Characteristics," *Computers & Education*, 2012, 58(1), pp. 560-569.

[8] Garshasbi, S., Mohammadi, Y., Graf, S., et al., "Optimal Learning Group Formation: A Multi-Objective Heuristic Search Strategy for Enhancing Inter-Group Homogeneity and Intra-Group Heterogeneity," *Expert Systems with Applications*, 2019(118), pp. 506-521.

组内异质，能够通过聚合小组成员不同的优势特征增强小组自身的竞争力；组间同质，即前面提到的均衡小组，能够保证小组之间有相近的技能配置，使每个小组都具有获得成功的公平条件。总的来说，上述成组策略的首要目的是帮助传统学习环境的教学者实现特定教学目标，但对于开放网络环境的灵活、自主协作学习活动，单一固定的成组策略可能难以适用。

(二) 开放网络环境的同伴选择

与传统课堂学习环境不同，网络学习环境能够记录学习者与学习资源和同伴的交互行为。这些交互行为被研究者广泛应用于在线协作学习的自动化分组中。[1][2] 例如，有研究者基于在线学习者的成绩、学习风格、沟通技能、协作技能、领导力、社交特征等指标设计了异质分组算法。[3] 再如，有研究者通过在线学习平台采集学习者信息，获得学习者发文、提问、评论等协作行为特征，以及学习风格、知识水平、偏好等特征，进而计算协作者相似度，将同一类型的学习者分为小组，即生成同质小组。然而，该研究也指出机器分组属于协作脚本（collaboration script）的功能之一，本质上是由教学方规定学习者的成组方式。[4] 这种成组方式限制了学习者成组的自由度和自主权，容易导致过度脚本化（over-scripting）的后果[5]，如引起学习者较高的认知负荷和降低其学习体验[6]。也有研究者指出，网络环境是交互式的、以学习者为

---

[1] Ramos, I. M. M., Ramos, D. B., Gadelha, B. F., et al., "An Approach to Group Formation in Collaborative Learning Using Learning Paths in Learning Management Systems," *IEEE Transactions on Learning Technologies*, 2021, 14(5), pp. 555-567.

[2] Chen, C. M., & Kuo, C. H., "An Optimized Group Formation Scheme to Promote Collaborative Problem-Based Learning," *Computers & Education*, 2019(133), pp. 94-115.

[3] Li, X., Ouyang, F., & Chen, W. Z., "Examining the Effect of a Genetic Algorithm-Enabled Grouping Method on Collaborative Performances, Processes, and Perceptions," *Journal of Computing in Higher Education*, 2022, 34(3), pp. 790-819.

[4] Srba, I., & Bielikova, M., "Dynamic Group Formation as an Approach to Collaborative Learning Support," *IEEE Transactions on Learning Technologies*, 2015, 8(2), pp. 173-186.

[5] Dillenbourg, P., "Over-Scripting CSCL: The Risks of Blending Collaborative Learning with Instructional Design," in P. A. Kirschner (Ed.), *Three Worlds of CSCL, Can We Support CSCL*, Heerlen, Open Universiteit Nederland, 2002, pp. 61-91.

[6] Dillenbourg, P., & Jermann, P., "Designing Integrative Scripts" in F. Fischer, I. Kollar, H. Mandl, et al., *Scripting Computer-Supported Collaborative Learning*, New York, Springer, 2007, pp. 275-301.

中心的学习环境，学习者应能够与他人不受时空限制地进行交互、建立联结、自发地生成观点内容、自主地构建社会关系网络。① 在这一过程中，学习者通过生生交互建立起社会形象（social profile），也逐渐了解现实生活中不相识的其他个体的学习兴趣与知识背景，而这些才是网络小组建立的重要因素。② 由此可见，开放网络环境中的协作学习更重视协作者个性化需求的满足，相应的成组策略也不应以他人计划或控制的、事先确定的分组条件为标准，而应该遵循多元的成组策略和价值导向。

联通主义是数字时代的代表性学习理论，该理论强调学习是网络中节点主动建立联结的过程。③ 学习者在联通主义课程社区中开展持续性的对话、共享、贡献，逐渐形成对相关话题的认识和社会资源的积累。④ 开放网络环境中的学习者具有多样化的经验背景、学习目标、社会职业⑤，对课程某一话题或真实问题拥有共同兴趣，这是学习者开展在线协作的主要原因。在这样的情境下，协作学习领域出现了一种名为机遇性协作（opportunistic collaboration）的更符合现实世界群体协作的成组方式。⑥ 机遇性协作是一种生成性的、动态的成组设计，学习者先在课程社区中开展交互，逐渐生成自己的学习目标，并根据兴趣和需求自由选择同伴建立小组，共同参与讨论与问题解决。⑦ 选择参与协作的学习者往往具有更为明确的探究问题，因而学习兴趣

---

① Krouska, A., & Virvou, M., "An Enhanced Genetic Algorithm for Heterogeneous Group Formation Based on Multi-Characteristics in Social-Networking-Based Learning," *IEEE Transactions on Learning Technologies*, 2020, 13(3), pp. 465-476.

② Krouska, A., & Virvou, M., "An Enhanced Genetic Algorithm for Heterogeneous Group Formation Based on Multi-Characteristics in Social-Networking-Based Learning," *IEEE Transactionson Learning Technologies*, 2020, 13(3), pp. 465-476.

③ Siemens, G., "Connectivism: A Learning Theory for the Digital Age," *International Journal of Instructional Technology and Distance Learning*, 2005, 2(1), pp. 3-10.

④ Skrypnyk, O., Joksimović, S., Kovanović, V., et al., "Roles of Course Facilitators, Learners, and Technology in the Flow of Information of a cMOOC," *The International Review of Research in Open and Distributed Learning*, 2015, 16(3), pp. 188-217.

⑤ Wang, Z. J., Anderson, T., & Chen, L., "How Learners Participate in Connectivist Learning: An Analysis of the Interaction Traces from a cMOOC," *International Review of Research in Open and Distributed Learning*, 2018, 19(1), pp. 44-67.

⑥ Zhang, J. W., Scardamalia, M., Reeve, R., et al., "Designs for Collective Cognitive Responsibility in Knowledge-Building Communities," *Journal of the Learning Sciences*, 2009, 18(1), pp. 7-44.

⑦ Siqin, T., van Aalst, J., & Chu, S. K. W., "Fixed Group and Opportunistic Collaboration in a CSCL Environment," *International Journal of Computer-Supported Collaborative Learning*, 2015, 10(2), pp. 161-181.

与认知参与程度更高，进而集体认知责任感也更强。①② 由此可见，互联网学习环境更加重视学习者的生成性目标，应鼓励学习者在广泛交互的基础上进行机遇性协作。个体决定与谁建立同伴关系的过程是协作学习的重要环节，自主选择的同伴关系正是联通主义学习所倡导的成组方式。

对于协作者的同伴选择偏好，先前研究表明，开放网络环境下相同个人属性（如年龄、职业等）的学习者具有一定的交互同质性③，即年龄或职业相近的个体更倾向于产生交互关系。社会关系网络分析的相关研究也表明，在线学习社区的学习者交互具有互惠性、传递性和累积优势④，但这并不意味着社会声望高的学习者之间会结成同伴。此外，前人研究表明，个体在社会互动和内容生产维度上有着差异化表现⑤⑥；话题相似度也会影响个体之间的交互倾向，个体有时更愿意与话题相近的个体交互⑦。然而，现有研究较少将学习者生成性内容和社会关系等同时纳入协作同伴关系的分析中，针对开放网络环境下的成组规律研究也较为缺乏。在本研究中，学习者话题相似度与其协作兴趣密切相关，因而可能也会影响其同伴选择偏好。学习者在进行机遇性协作时会如何选择同伴，前期交互所形成的社会关系、话题相似度以及学习者的个人属性是否会影响协作关系的建立，还有待进一步探究。

---

① Zhang, J. W., Scardamalia, M., Reeve, R., et al., "Designs for Collective Cognitive Responsibility in Knowledge-Building Communities," *Journal of the Learning Sciences*, 2009, 18(1), pp. 7-44.

② Siqin, T., van Aalst, J., & Chu, S. K. W., "Fixed Group and Opportunistic Collaboration in a CSCL Environment," *International Journal of Computer-Supported Collaborative Learning*, 2015, 10(2), pp. 161-181.

③ Castellanos-Reyes, D., "The Dynamics of a MOOC's Learner-Learner Interaction over Time: A Longitudinal Network Analysis," *Computers in Human Behavior*, 2021 (123), p. 106880.

④ Zhang, J. J., Skryabin, M., & Song, X. W., "Understanding the Dynamics of MOOC Discussion Forums with Simulation Investigation for Empirical Network Analysis (SIENA)," *Distance Education*, 2016, 37(3), pp. 270-286.

⑤ Xu, Y. B., & Du, J. L., "What Participation Types of Learners are There in Connectivist Learning: An Analysis of a cMOOC from the Dual Perspectives of Social Network and Concept Network Characteristics," *Interactive Learning Environments*, 2021, pp. 1-18.

⑥ Gašević, D., Joksimović, S., Eagan, B. R., et al., "SENS: Network Analytics to Combine Social and Cognitive Perspectives of Collaborative Learning," *Computers in Human Behavior*, 2019(92), pp. 562-577.

⑦ Liu, S., Hu, T., Chai, H., et al., "Learners' Interaction Patterns in Asynchronous Online Discussions: An Integration of the Social and Cognitive Interactions," *British Journal of Educational Technology*, 2022, 53(1), pp. 23-40.

总之，开放网络环境中协作同伴关系的建立更强调个体的自主性和选择性，传统学习环境中教学者主导的成组策略不再适用于互联网环境的协作问题解决。探究互联网学习者自主建立协作关系的影响因素，不仅能够促进对开放网络环境中协作问题解决成组规律的理解，还能够间接反映联通主义协作学习的特殊性，更有助于在未来研究中探索基于成组规律的协作同伴与团队推荐机制。

二、研究框架与假设

本研究的主要目的是探究开放学习环境中学习者自主建立协作同伴关系的影响因素。研究假设协作前学习者之间的社会化交互、学习者生成性内容的相近程度、学习者的个人属性（如年龄、职业、兴趣领域、往期课程学习经历）会对协作同伴关系产生影响。具体研究问题如下：①协作前的社会关系是否会影响同伴选择？②协作前的话题关系是否会影响同伴选择？③协作者的个人属性（年龄、职业、兴趣领域、往期课程学习经历）是否会影响同伴选择？本研究的研究框架如图 4-1 所示。

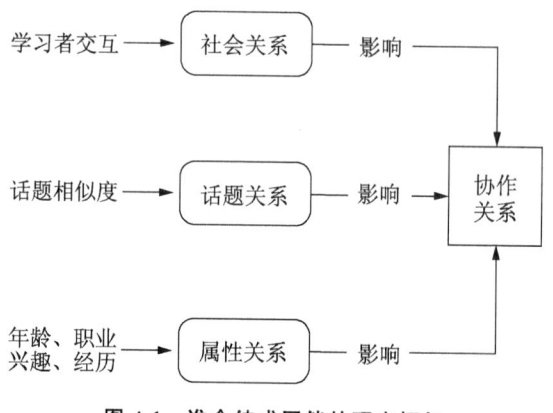

图 4-1 谁会结成同伴的研究框架

协作者之间的属性关系为原始关系，由课程平台采集的学习者信息决定，在某一属性具有相同取值的个体被认为在该属性上具有关联关系。社会关系、话题关系为主题学习阶段建立的生成关系。社会关系由协作者之间的交互行为构建而得，话题关系则根据协作者生成性内容的话题相似度建立。协作关系是问题解决阶段的最终关系，同一小组的协作者具备协作关系。研究假设协作问题解决发生之前协作者之间的社会关系、话题关系、属性关系均会影响协作同伴关系的建立。基于此，本研究期望通过建立社会、话题、属性关系网络，运用网络分析方法探究这些关系网络对最终协作关系网络的具体作用。

三、研究方法与工具

本研究主要采用二次指派程序进行网络分析，进而揭示社会、话题、属性关系对协作关系的影响。数据分析包括基于社会关系、话题关系、属性关系以及协作关系的网络构建，以及基于网络关系的 QAP 相关分析与 QAP 回归分析。

(一)关系网络构建

1. 社会关系网络

首先，本研究使用第五期课程 52 名协作者在正式协作问题解决前(2020 年 10 月 12 日至 2020 年 11 月 30 日)的平台交互行为数据构建社会关系网络，具体包括点赞、评论、回帖、关注四种交互行为。考虑到关注关系具有延续性，即往期课程中建立的关注关系会在第五期课程中依然发挥作用，因此本研究将往期课程运行期间 52 名协作者之间产生的关注关系也纳入社会关系网络数据集中，最终用于社会关系网络构建的数据合计 643 条。构建原则如下：以协作者为节点，以交互行为为连边，以行为发出者为源(source)节点，以行为接收者为目标(target)节点构建有向网。本研究使用 Gephi 0.9.2 工具进行社会关系网络的可视化，并运用基于模块度的 Louvain 算法，将社会关系网络划分为多个子群，并确定每个成员所属子群。基于此，本研究构建了基于社会关系的子群网络(无向网)，即将同一子群的成员建立关系连边，以实现对社会关系网络的简化。

2. 话题关系网络

话题关系网络以协作者为节点，以协作者之间的话题相似度决定连边关系。首先，本研究分五个阶段进行话题相似度计算。第一阶段，整理第五期课程主题周阶段的 145 名学习者生成的交互内容数据，包括发帖、评论、回复等文本数据合计 992 条，每条数据作为一个内容单元。第二阶段，为生成适用于主题聚类算法(latent dirichlet allocation，LDA)的数据集，需要删除评论和回复数据中少于 100 字的数据 425 条，剩余有效文本数据 567 条。第三阶段，将 567 条文本数据输入 LDA 主题聚类模型，依据困惑度(perplexity)曲线分别输出聚类数为 5，7，10 的 LDA 模型结果；根据结果可解释性选取 7 个话题的聚类结果，并输出各条文本数据包含的关键词数以及对应的话题分布概率(见表 4-1)。第四阶段，依据 User ID、Keyword Counts 和 Distribution Probability 分别计算个体的话题向量；具体地，个体的话题向量能够表征个体发布的所有文本内容在 7 个话题上的分布概率，由 7 个实数组成，即

$$V = (x_1, x_2, x_3, x_4, x_5, x_6, x_7) \tag{1}$$

个体话题向量 V 的计算分为两步：第一步计算个体话题分布的绝对值向量 V'。

$$V' = (x'_1, x'_2, x'_3, x'_4, x'_5, x'_6, x'_7), \quad x'_i = \frac{\sum_{1}^{J}(P_j(T_i) \cdot NK_j)}{J} \tag{2}$$

V' 公式中，i 取值为 1～7，代表第 1 个至第 7 个话题，J 代表个体发布的内容单元总数，j 代表个体发布的第 j 个内容，取值 1 到 j，$P_j(T_i)$ 代表个体发布的第 j 个内容在第 i 个话题的分布概率，NK_j 代表第 j 个内容包含的关键词数。

第二步将 V' 标准化，使 x_1、x_2、x_3、x_4、x_5、x_6、x_7 的值相加为 1，用来反映个体对不同话题关注的相对概率。

第五阶段，依据个体的话题向量，利用余弦相似度分别计算两两之间的话题相似度；余弦相似度的计算公式为：

$$\text{Cosine Similarity}(V_1, V_2) = \frac{V_1 \cdot V_2}{||V_1|| \cdot ||V_2||} \tag{3}$$

表 4-1 各条文本数据包含的关键词数及对应的话题分布概率(LDA)

Post ID	User ID	Keyword Counts	Distribution Probability						
			Topic 1	Topic 2	Topic 3	Topic 4	Topic 5	Topic 6	Topic 7
31212	2409	135	0.1498	0.3289	0.0722	0.0013	0.1138	0.3326	0.0013
31213	2409	23	0.0110	0.0110	0.0110	0.0110	0.2812	0.5430	0.1317
31221	1866	27	0.0068	0.0068	0.0068	0.0068	0.0068	0.8659	0.1001
31238	3201	256	0.7178	0.0942	0.0790	0.0283	0.0007	0.0793	0.0007
31242	5932	86	0.8035	0.0018	0.0018	0.0017	0.0017	0.1878	0.0017
……	……	……	……	……	……	……	……	……	……

接下来，构建话题关系网络确定其子群网络。协作者话题相似度矩阵示例如表 4-2 所示。本研究认为如果两个个体的话题相似度大于等于 0.8，则两者关注的话题相似，可以建立话题关系连边，且连边权重为二者话题相似度的取值；如果两个个体间的话题相似度小于 0.8，则两者关注的话题不相似，

不建立话题关系连边，即连边权重取值为 0。基于协作者话题相似度矩阵，本研究以 52 名协作者为节点，以话题相似关系为连边，运用 Gephi 工具构建了基于话题相似度的无向加权关系网络。同样地，本研究运用 Louvain 算法，将话题关系网络划分为多个子群，并确定每个成员所属子群。进一步地，将同一子群成员建立关系连边，最终生成话题关系网络的子群网络（无向网）。

表 4-2　协作者话题相似度矩阵示例

	95	164	183	……	437	797	931	1393
95	—	0	0	……	0.9356	0	0.8592	0
164	0	—	0	……	0	0	0	0
183	0	0	—	……	0	0	0.8487	0
……	……	……	……	—	……	……	……	……
437	0.9356	0	0	……	—	0	0.9262	0
797	0	0	0	……	0	—	0	0.9423
931	0.8592	0	0.8487	……	0.9262	0	—	0
1393	0	0	0	……	0	0.9423	0	—

3. 属性关系网络

属性关系网络以协作者为节点，以协作者个体某一属性取值是否相同为依据来建立连边关系。协作者各属性的人数分布如表 2-4 所示。基于协作者的个人属性数据，生成协作者的年龄关系矩阵、职业关系矩阵、兴趣关系矩阵以及学习经历关系矩阵。关系矩阵构建规则为：当某两名协作者属于同一年龄段时，这两名协作者所代表的节点间建立一条连边；其他个人属性关系网络同理。基于四类属性矩阵，运用 Gephi 工具构建并可视化四类无向关系网络：年龄关系网络、职业关系网络、兴趣关系网络、学习经历关系网络。

4. 协作关系网络

协作关系网络以协作者为节点，以问题解决阶段是否同组为依据建立连边关系。具体地，协作关系网络是由 52 名协作者构成的 12 个全耦合网络，即小组内部各节点间均有连边，且小组之间无连边。

（二）二次指派程序

二次指派程序是分析矩阵或网络变量间相关与回归关系的随机化检验方法。该方法以重抽样和矩阵数据的置换为基础，对两个或多个矩阵进行非参数检验①，进而揭示网络之间的关系。本研究将使用 UCINET 6 工具中的 QAP 相关分析和回归分析功能②，检验协作前社会、话题、属性关系网络对问题解决阶段协作网络关系的影响。QAP 相关分析能够揭示单一自变量网络与因变量网络之间的相关关系，是开展 QAP 回归分析的基础。QAP 回归分析是在控制其他变量的前提下，对单一自变量网络的影响效应的检验，有利于进一步挖掘关键的影响因素。

QAP 相关分析的具体计算过程为：首先，基于原有变量矩阵生成 n 阶方阵，将各矩阵的所有取值看作一个长向量，忽略对角线的 0 数值，长向量共包含 $n(n-1)$ 个数值；其次，计算任意两个长向量之间的相关系数，判断相关系数在统计学意义上的显著性；最后，对其中一个矩阵的行和相应的列同时进行随机置换，进而计算置换后的矩阵与未置换矩阵的相关系数，重复此过程几百次甚至几千次，会得到一个相关系数的分布，通过观察最开始计算出来的相关系数在分布中所处的位置，即落入拒绝域还是接受域。一般而言，若低于 0.05 的显著性水平，则在统计学意义上认为两个矩阵之间存在强相关关系。

QAP 回归分析的具体计算过程为：首先，对自变量矩阵和因变量矩阵对应元素进行标准的多元回归分析；其次，对因变量矩阵的各行和各列进行随机置换，重新计算回归，保存所有的系数值和判定系数 r^2 值，重复这种步骤几百次，以便估计统计量的标准误。由于关系数据各个观察值之间不独立，因而运用多元回归分析等一般统计方法时会存在多重共线性问题，而 QAP 回归方法能够通过随机化检验（randomization test）解决这一问题。

四、数据分析结果

(一)关系网络构建

1. 社会关系网络及其子群网络

由于 52 名协作者中，11 名协作者未在主题学习阶段产生四类交互行为，3 名协作者的交互对象为 52 名协作者之外的其他学员，因此基于主题学习阶段的交互行为数据，本研究最终生成了包含 38 个节点、227 条边的社会关系

---

① Krackhardt, D., "QAP Partialling as a Test of Spuriousness," *Social Networks*, 1987, 9(2), pp. 171-186.

② Borgatti, S. P., Everett, M. G., & Freeman, L. C., *Ucinet for Windows: Software for Social Network Analysis*, Harvard, Analytic Technologies, 2002, p. 18.

网络[图 4-2(a)]。该网络为有向加权网络，节点大小由度决定，度最大为 38，最小为 1。边的粗细由边的入度权重和出度权重之和决定，权重最大值为 18，最小值为 1。

通过 Louvain 算法可以发现，52 名协作者共形成了 5 个社会关系子群。假定同一子群的协作者之间具有连边关系，可以构建出社会关系的子群网络[图 4-2(b)]，虚线圈出的若干节点代表各个子群。社会关系子群网络由 5 个全耦合网络和 14 个孤立节点构成。最大的全耦合网络包含 15 个节点，最小的全耦合网络包含 2 个节点。孤立节点意味着该协作者在前期主题学习阶段未与其他协作者建立交互关系。后续用于 QAP 分析的社会关系网络均为该子群网络。

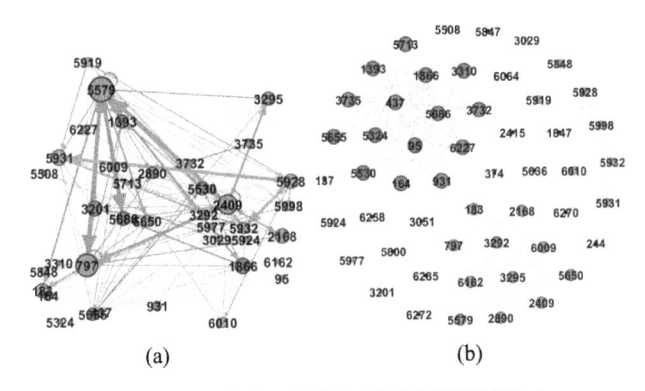

图 4-2 社会关系网络(a)及其子群网络(b)

2. 话题关系网络及其子群网络

表 4-2 展示了 52 名协作者话题相似度矩阵，其中 11 名协作者未在主题学习阶段产生交互内容数据，3 名协作者与其他协作者的话题相似度均低于 0.8，因此这 14 名协作者与其他协作者之间无法建立连边。最终，本研究生成了包含 38 个节点、253 条边的话题关系网络[图 4-3(a)]。该网络为无向加权网络，节点大小由度决定，度最大为 26，最小为 1。边的粗细由边的权重（话题相似度）决定，权重最大值为 0.996 5，最小值为 0.800 04。

通过 Louvain 算法可以发现，52 名协作者共形成了 4 个基于话题相似度关系的子群（话题子群）。假定同一子群的协作者之间具有连边关系，可以构建出话题关系的子群网络[图 4-3(b)]，虚线圈出的若干节点代表各个子群。话题子群图由 4 个全耦合网络和 14 个孤立节点构成。最大的全耦合网络包含 14 个节点，最小的全耦合网络包含 5 个节点。孤立节点意味着该协作者在前期主题学习阶段与其他协作者关注的话题相似度较低。后续用于 QAP 分析的话题关系网络均为该子群网络。

(a)　　　　　　　　　　(b)

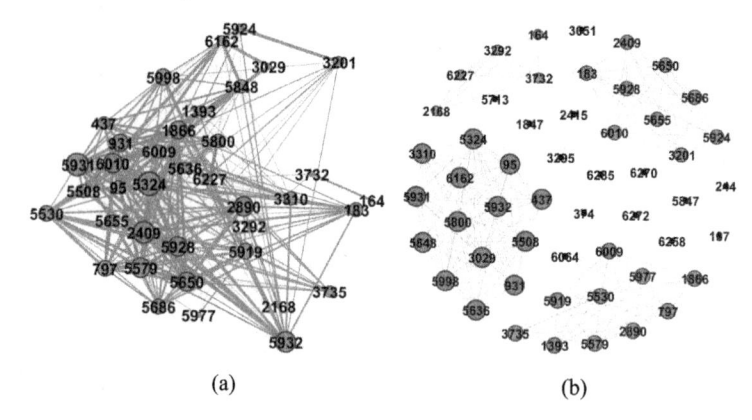

图 4-3　话题关系网络(a)及其子群网络(b)

3. 属性关系网络

依据四类属性关系确立的网络构建规则，本研究构建了基于年龄、职业、兴趣领域、学习经历的四类属性关系网络。各属性关系网络均以 52 名协作者为节点。年龄关系网络[图 4-4(a)]由 3 个全耦合网络和 4 个孤立节点构成，最大的全耦合网络包含 30 个节点，最小的全耦合网络包含 6 个节点，孤立节点为年龄信息未知的协作者。职业关系网络[图 4-4(b)]由 4 个全耦合网络构成，最大的全耦合网络包含 30 个节点，最小的全耦合网络包含 3 个节点。兴趣关系网络[图 4-4(c)]由 5 个全耦合网络构成，最大的全耦合网络包含 28 个节点，最小的全耦合网络包含 2 个节点。学习经历关系网络[图 4-4(d)]由包含 24 个节点的往期学习者全耦合网络以及 28 个新手学习者节点(孤立节点)构成。

4. 协作关系网络

52 名协作者通过自由组队形成了 12 个问题解决小组。依据组内关系构建了如图 4-5 所示的协作关系网络图。协作关系网络为无向关系网络，由 12 个全耦合网络组成，最大的全耦合网络包含 7 个节点，最小的全耦合网络包含 3 个节点。

(二)QAP 相关分析

本研究对社会子群网络，话题子群网络，属性关系网络(年龄、职业、兴趣、学习经历)与协作关系网络进行了 QAP 相关分析。如表 4-3 所示，相关矩阵呈现的相关系数能够反映各自变量网络与协作网络结构的关联程度。

由表 4-3 可知，社会关系网络($r=0.255$，$p<0.000$)与协作关系网络的相关系数为正值，且通过了 0.01 的显著性水平检验。年龄关系网络($r=0.073, p=0.009<0.01$)与协作关系网络的相关系数为正值，且通过了 0.01 的

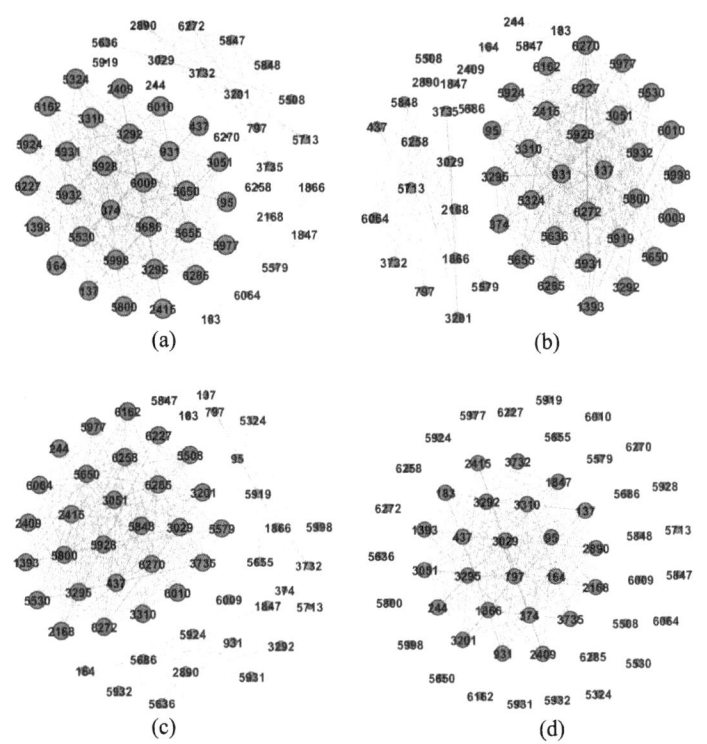

注：(a)年龄关系网络;(b)职业关系网络;(c)兴趣关系网络;(d)学习经历关系网络。

图 4-4　四类属性关系网络

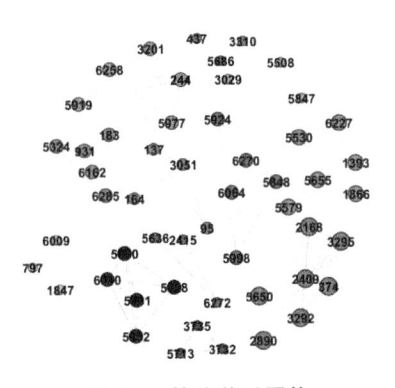

图 4-5　协作关系网络

显著性水平检验。话题关系网络($r=0.056$，$p=0.037<0.05$)、学习经历关系网络($r=0.049$，$p=0.043<0.05$)与协作关系网络的正相关关系在 0.05 水平上显著。

从相关系数大小来看，社会关系网络与协作关系网络的相关强度最高，年龄关系网络次之；职业关系网络、兴趣关系网络与协作关系网络的相关系数最低，且相关分析结果并不显著。这说明协作者之间在问题解决阶段是否会结成同伴关系，与前期社会交互、话题关注以及个体年龄、是否为往期学习者有显著正相关关系，但与其职业和兴趣领域相关性较弱。

表 4-3 QAP 相关分析结果

	SocialNet	TopicNet	AgeNet	OccuNet	IntereNet	PreLNet	CollaNet
SocialNet	1	0.086*	0.076†	−0.023	−0.054†	0.099*	0.255***
TopicNet	0.086*	1	0.064†	0.018	−0.031	−0.048	0.056*
AgeNet	0.076†	0.064†	1	0.475***	−0.023	−0.032	0.073**
OccuNet	−0.023	0.018	0.475***	1	0.038	−0.116*	0.036
IntereNet	−0.054†	−0.031	−0.023	0.038	1	−0.054	−0.012
PreLNet	0.099*	−0.048	−0.032	−0.116*	−0.054	1	0.049*
CollaNet	0.255***	0.056*	0.073**	0.036	−0.012	0.049*	1

注：†$p<0.10$；*$p<0.05$；**$p<0.01$；***$p<0.001$。

此外，由表 4-3 可以发现，各关系网络之间也存在显著相关关系，如社会关系网络和话题关系网络、兴趣关系网络、学习经历关系网络之间的显著相关关系，话题关系网络与年龄关系网络、年龄关系网络与职业关系网络、职业关系网络与学习经历关系网络之间的显著相关关系。这说明以上网络变量之间存在明显的多重共线性问题，传统的计量模型难以通过统计检验，建模结果可靠性降低，易造成研究误差。QAP 回归分析能够有效避免该问题，分析结果较为准确、可靠。接下来，本研究将采用该方法对协作前各关系网络与协作关系网络的关系进行分析。

(三) QAP 回归分析

QAP 回归分析结果报告了两类回归系数：未标准化系数与标准化系数。如表 4-4 所示，经过 5000 次随机置换，得出调整后的 R^2 为 0.068，说明社会关系网络子群、话题关系网络子群、年龄关系网络、职业关系网络、兴趣关系网络以及学习经历关系网络能够有效解释协作成组关系的 6.80%。

表 4-4 QAP 回归分析结果

Independent	Unstandized Coefficient	Standized Coefficient	p value	Proportion as Large	Proportion as Small
SocialNet	0.185	0.246***	0.000	0.000	1.000
TopicNet	0.025	0.034	0.102	0.102	0.898
AgeNet	0.022	0.041†	0.092	0.092	0.908

续表

Independent	Unstandized Coefficient	Standized Coefficient	p value	Proportion as Large	Proportion as Small
OccuNet	0.002	0.025	0.190	0.190	0.811
IntereNet	0.043	0.004	0.419	0.419	0.581
PreLNet	0.019	0.030	0.127	0.127	0.874
Intercept	0.025				
R^2	0.070				
Adjust R^2	0.068				

注：†$p<0.10$；*** $p<0.001$。

其中，社会关系网络所得的标准化回归系数为0.246，在0.001的水平上显著（$p<0.000$），说明主题学习阶段属于同一交互社群的个体在协作前建立了更为紧密的交互关系，彼此在开放陌生的网络环境中更为熟悉和信任，因而更有可能在协作环节结成同伴。年龄关系网络的标准化回归系数为0.041，在0.1的水平上显著（$p=0.092<0.1$），意味着年龄相近的个体更可能组成协作小组。话题关系网络和学习经历关系网络尽管在相关分析时表现出与协作关系网络具有显著的正相关关系，但当控制了其他变量进行回归分析时，两者对协作关系网络的作用不显著。这说明话题相似和学习经历相似并不是影响协作关系的关键因素。此外，回归分析结果进一步证明了兴趣和职业对协作关系网络的作用不显著。

由上述回归分析可知，社会关系网络对协作关系网络具有显著正向影响，但话题关系网络对协作关系网络的影响并不显著。有研究者曾指出社会关系和话题兴趣是网络环境中个体间建立联系的两大因素。[1] 基于此，本研究假设话题关系网络在社会关系网络对协作关系网络的影响中起到调节作用。为检验这一调节效应，本研究构建了社会关系网络与话题关系网络的交互效应矩阵。交互效应矩阵的构建规则为：倘若个体i与个体j同属一个社会关系网络子群，且个体i与个体j同属一个话题关系网络子群，则交互效应矩阵中个体i与个体j的关系为1，反之则为0。交互效应矩阵的回归分析结果能够判定高话题相似度对社会关系紧密的个体间建立协作关系的影响。

如表4-5所示，加入调节变量话题关系网络后，主效应社会关系网络的系

---

[1] Gašević, D., Joksimović, S., Eagan, B. R., et al., "SENS: Network Analytics to Combine Social and Cognitive Perspectives of Collaborative Learning," *Computers in Human Behavior*, 2019(92), pp.562-577.

数依然显著为正,话题关系网络与社会关系网络的交互效应矩阵系数为 0.051,且在 0.1 的水平上显著($p=0.068<0.1$),说明调节变量话题关系网络强化了社会关系网络对协作关系的影响,具有显著的正向调节作用。换言之,当两个个体同属于一个社会关系网络子群时,倘若他们的话题也更相近,那么他们更有可能在问题解决阶段建立同伴关系。

表 4-5 QAP 回归分析结果(话题关系网络对社会关系网络的调节效应检验)

Independent	Unstandized Coefficient	Standized Coefficient	p value	Proportion as Large	Proportion as Small
SocialNet	0.170	0.227***	0.000	0.000	1.000
TopicNet	0.010	0.013	0.314	0.314	0.686
AgeNet	0.022	0.041†	0.088	0.088	0.912
OccuNet	0.014	0.026	0.183	0.183	0.817
IntereNet	0.002	0.004	0.415	0.415	0.585
PreLNet	0.018	0.029	0.147	0.147	0.854
SocialNet * TopicNet	0.078	0.051†	0.068	0.068	0.932
Intercept	0.027				
R^2	0.072				
Adjust R^2	0.070				

注:†$p<0.10$;***$p<0.001$。

五、研究发现与讨论

(一)社会关系、话题内容、年龄和学习经历影响协作关系

相关分析结果表明,社会关系网络、话题关系网络、年龄关系网络、学习经历关系网络与协作关系网络呈现显著正相关关系,但兴趣领域、职业与协作关系无显著相关关系。这一发现说明社会关系和话题相似度均会对协作同伴的选择产生影响。从社会关系来看,前期主题学习阶段,紧密的交互个体能够在陌生的课程社区中相互熟悉,进而建立良好的信任关系[1];而同伴

---

[1] Feng, C., & Xu, Y. Q., "Case Study of Collaborative Learning in a Massive Open Online Course," 2020 Ninth International Conference of Educational Innovation through Technology (EITT), Porto, Portugal, IEEE, 2020, pp. 47-51.

之间相互信任是开展协作的重要条件之一。①② 从话题相似度来看，网络环境下的协作需要小组成员围绕共同兴趣、学习目标、问题领域展开③，尤其是在强调生成性学习目标的联通主义课程中。话题相似度越高，表明个体间越容易对同一协作问题产生兴趣，进而在问题解决组队环节选择结成同伴关系。前人研究也表明具有相近探究兴趣的个体更容易建立同伴关系。④ 本研究还发现，课程注册阶段学习者原本的兴趣领域并不会直接影响协作同伴关系的建立，社群学习过程中所生成的话题兴趣才是同伴选择的影响因素。从个人属性视角出发，年龄相近的个体具有相似的社会文化背景，人际距离感更小，在交流方面可能更加顺畅、放松、平等，因而更容易在组队环节建立联系；往期课程学习者作为"熟面孔"再次参与社区型课程的学习，在问题解决阶段更容易获得彼此的信任感，因而有助于建立协作关系。总的来说，以上积极因素共同促进了协作者同伴关系的建立。此外，本研究在第三章发现"协作者在前期交互网络中体现出职业类型的交互同质性"，即前期主题学习阶段，相同职业的个体有更相近的专业背景，更愿意展开社群互动。本章则进一步发现在协作问题解决阶段，开放网络环境中的协作者更倾向于与不同职业身份的个体建立小群体协作关系，以实现不同领域经验智慧的汇聚。

(二)社会关系紧密、年龄相近是同伴选择的关键驱动因素

控制其他变量影响的回归分析发现，只有社会关系网络和年龄关系网络对协作关系网络具有显著影响，即在四个正相关因素中，社会关系紧密、年龄相近是促进协作成组的关键驱动因素。尤其是社会关系网络子群，其标准化回归系数远高于其他变量。协作问题解决活动与前期主题学习紧密衔接，且协作本身就是社会化、深度联通的过程，个体在主题学习阶段与他人建立

---

① Johnson, D. W., & Johnson, R. T., *Learning Together and Alone: Cooperative, Competitive, and Individualistic Learning* (2nd ed.), New Jersey, Prentice-Hall Inc., 1987, pp.92-110.

② Wegerif, R., "The Social Dimension of Asynchronous Learning Networks," *Journal of Asynchronous Learning Networks*, 1998, 2(1), pp.34-49.

③ Simpson, A., Bannister, N., & Matthews, G., "Cracking Her Codes: Understanding Shared Technology Resources as Positioning Artifacts for Power and Status in CSCL Environments," *International Journal of Computer-Supported Collaborative Learning*, 2017, 12(3), pp.221-249.

④ Siqin, T., van Aalst, J., & Chu, S. K. W., "Fixed Group and Opportunistic Collaboration in a CSCL Environment," *International Journal of Computer-Supported Collaborative Learning*, 2015, 10(2), pp.161-181.

了良好、紧密、相互信任的社会互动关系。相比于其他关系，社会关系对个体而言是更加外显的，能够在数周的主题学习中被切身感知到。从网络交互关系的互惠性角度来看，学习者更愿意与已经同自身建立联结的个体进行交互。① 紧密的社会关系作为外显的正向反馈，能够促进个体间产生持续深度交互的意向。② 前人研究将社会互动水平纳入小组协作质量的评价指标，用以分析成组策略的作用效果。③ 本研究则认为对于机遇性协作，协作前的强社会互动关系有助于促进更大规模协作的发生。具体地，课程设计者可以在组队环节为学习者推荐与其社会关系紧密的同伴，促进更多学习者参与协作问题解决，提升课程的成组数量。此外，同龄人的相互吸引也是协作关系建立的关键驱动因素。同龄人拥有更为相近的社交风格、话语体系，在自由组队环节更容易达成共识。同时，案例课程大部分协作者(57.69%)处于21～30岁年龄段，该年龄段大部分为在读学生，来自工作和家庭的压力相对较小，有更多精力投入和参与协作问题解决活动，也更容易因具有共同话题而创建小组。

(三)话题相近进一步推动社会关系紧密的个体间结成同伴

本研究发现话题相似关系能够显著调节社会关系对协作关系建立的作用。换言之，对于社会关系紧密的个体而言，话题相似度越高，越有可能在问题解决阶段建立协作关系。这一发现与已有研究的结论一致，即个体的社会互动和内容生产是协作学习的两个关键方面。④ 协作是持续对话的过程，良好的社会互动关系是开展协作的先决条件，同时基于劣构问题的小组协作又是

---

① Lerner, J., Bussmann, M., Snijders, T. A. B., et al., "Modeling Frequency and Type of Interaction in Event Networks," *Corvinus Journal of Sociology and Social Policy*, 2013, 4(1), pp. 3-32.

② Castellanos-Reyes, D., "The Dynamics of a MOOC's Learner-Learner Interaction over Time: A Longitudinal Network Analysis," *Computers in Human Behavior*, 2021, 123, p. 106880.

③ Li, X., Ouyang, F., & Chen, W. Z., "Examining the Effect of a Genetic Algorithm-Enabled Grouping Method on Collaborative Performances, Processes, and Perceptions," *Journal of Computing in Higher Education*, 2022, 34(3), pp. 790-819.

④ Gašević, D., Joksimović, S., Eagan, B. R., et al., "SENS: Network Analytics to Combine Social and Cognitive Perspectives of Collaborative Learning," *Computers in Human Behavior*, 2019(92), pp. 562-577.

知识创生的过程①；社会交互紧密可能源于志趣相投，也可能源于不涉及内容的、频繁的社会交往和情感互动②，后者并不能保证更有效的合作。③ 而个体间话题相似度高，意味着他们有共同关注的问题，进而成为助推社会互动关系向协作关系转变的积极驱动力。在本研究中，社会关系更容易被学习者感知，话题关系则隐含在分布式的学习者生成的内容中，不容易被直观地发现。但在组队环节，话题相似度起到了关键作用，帮助社会关系紧密的个体更加坚定地投入共同感兴趣的探究问题中。已有研究主要通过分析学习者的行为类型与频次进行小组划分④⑤，少有研究基于学习者的生成性内容进行分组。对于开放网络环境中的机遇性协作，课程设计者可以综合运用学习者的社会关系和话题关系，为其推荐协作同伴。在充分尊重个体交互主体性和参与自主权的基础上，帮助更多个体寻找到志同道合的同伴。

六、本章小结

本章通过构建社会、话题、属性、协作关系网络，运用二次指派程序的网络相关与回归分析方法，探究了个体前期的社会互动、内容生产以及个人属性（如职业、年龄、兴趣领域、往期课程学习经历等）对自主选择协作同伴、在网络环境下开展机遇式协作的影响。本章的主要研究发现有：①社会关系、话题内容、年龄和学习经历会影响协作同伴关系的建立，而职业和兴趣领域不是协作同伴选择的主要考虑因素；②社会关系紧密和年龄相近是影响协作

---

① Teo, H. J., Johri, A., & Lohani, V., "Analytics and Patterns of Knowledge Creation: Experts at Work in an Online Engineering Community," *Computers and Education*, 2017(112), pp. 18-36.

② Du, Y. J., Zhou, Q. Y., Luo, J. X., et al., "Detection of Key Figures in Social Networks by Combining Harmonic Modularity with Community Structure-Regulated Network Embedding," *Information Sciences*, 2021(570), pp. 722-743.

③ Wang, C. X., & Li, S. L., "The Trade-off Between Individuals and Groups: Role Interactions Under Different Technology Affordance Conditions," *International Journal of Computer-Supported Collaborative Learning*, 2021, 16(4), pp. 525-557.

④ Ramos, I. M. M., Ramos, D. B., Gadelha, B. F., et al., "An Approach to Group Formation in Collaborative Learning Using Learning Paths in Learning Management Systems," *IEEE Transactions on Learning Technologies*, 2021, 14(5), pp. 555-567.

⑤ Chen, C. M., & Kuo, C. H., "An Optimized Group Formation Scheme to Promote Collaborative Problem-Based Learning," *Computers & Education*, 2019(133), pp. 94-115.

同伴选择的关键驱动因素，个体间更容易因先前建立起的信任关系和较为相近的社交风格而结成同伴；③话题相似度越高越能进一步推动社会关系紧密的个体选择共同感兴趣的探究问题，进而建立协作关系。

  在理论层面，本研究从社会交互、内容产出和个人属性三个维度，揭示了联通主义学习中协作成组的主要动因，能够帮助研究者进一步理解开放网络环境中的机遇式协作规律。在实践层面，研究结果能够为联通主义课程中的同伴推荐机制设计、机遇式协作的分组支持机制设计提供依据，课程设计者可以综合考虑交互关系、内容产出、个人属性三方面优化推荐机制，如以社会交互子群关系、年龄相近为主要因素，辅以话题相似度，为其推荐协作同伴列表，在充分尊重个体交互主体性和参与自主权的基础上，帮助更多个体更高效地寻找到志同道合的同伴。本研究在个人属性数据采集方面还存在局限性，仅考虑了年龄、职业、兴趣领域和学习经历四种属性。未来研究应综合平台数据和问卷采集更多学习者个人属性数据，进一步完善网络环境中个体自主选择协作同伴的影响因素模型，并将研究方法和理论框架迁移至更多学习情境中。

第五章　谁会成为组长

结构洞理论认为在社会网络中占据结构洞位置的个体具有较强的信息和资源优势[1]，选择担任组长的学习者可能会占据着协作前教学交互网络中的结构洞。为探究联通主义学习情境中小组协作的发生机制，本章基于结构洞理论探索了问题解决组长所具备的多维特征。本章以案例课程主题学习阶段学习者的教学交互行为和课程问卷数据为研究对象，运用社会网络分析法构建课程学习者社会交互网络并计算学习者的有效规模、效率、限制度、等级度四个结构洞指标。接下来，采用聚类算法基于结构洞指标得出学习者占据结构洞的三种类型：深结构洞、浅结构洞、无结构洞。根据不同协作身份（组长、组员、未参与）占据结构洞的差异情况，从课程学习动机、教学交互行为、内容生产水平三方面进一步探究问题解决的组队规律。

---

[1] Burt, R. S., "Structural Holes and Good Ideas," *American Journal of Sociology*, 2004, 110(2), pp. 349-399.

一、理论基础

(一)社会网络与结构洞理论

经济学与人类行为科学的研究表明,同时拥有多种领域知识的人更容易获得成功。[1][2] 而对于并不擅长多领域技能的普通人来说,协作是获得更高成就的较优选择。[3][4] 为了探究社会生活中什么样的人能够在协作中占据先机,研究者基于社会网络的性质与结构展开了大量的研究,如格兰诺维特的"弱关系的强度"理论[5]和库克的网络交换理论[6]。美国社会学家罗纳德·伯特在这些理论的基础上,进一步追问理性行动者如何在其所嵌入的社会结构中"创造价值",进而提出了结构洞理论。[7]

结构洞被用于描述网络中个体间存在无直接联系或联系间断的现象,类似于网络结构中出现的"洞穴"。[8] 具体而言,如果两个人在网络中没有直接联系,那么这两个人之间就存在结构洞,而同时与二者有联系的第三个人被认为在网络中占据了这个结构洞,能够起到桥梁作用,将二者建立联系。[9]

---

[1] Weinberger, C. J., "The Increasing Complementarity Between Cognitive and Social Skills," *The Review of Economics and Statistics*, 2014, 96(5), pp. 849-861.

[2] Fiore, S. M., Graesser, A., & Greiff, S., "Collaborative Problem-Solving Education for the Twenty-First-Century Workforce," *Nature Human Behaviour*, 2018, 2(6), pp. 367-369.

[3] Szell, M., Ma, Y., & Sinatra, R., "A Nobel Opportunity for Interdisciplinarity," *Nature Physics*, 2018, 14(11), pp. 1075-1078.

[4] Carletti, T., Guarino, A., Guazzini, A., et al., "Problem Solving: When Groups Perform Better than Teammates," *Journal of Artificial Societies and Social Simulation*, 2020, 23(3).

[5] Granovetter, M. S., "The Strength of Weak Ties," *American Journal of Sociology*, 1973, 78(6), pp. 1360-1380.

[6] Cook, K. S., Emerson, R. M., Gillmore, M. R., et al., "The Distribution of Power in Exchange Networks: Theory and Experimental Results," *American Journal of Sociology*, 1983, 89(2), pp. 275-305.

[7] Burt, R. S., *Structural Holes: The Social Structure of Competition*, Cambridge, Harvard University Press, 1992, pp. 1-7.

[8] Burt, R. S., *Structural Holes: The Social Structure of Competition*, Cambridge, Harvard University Press, 1992, pp. 18-29.

[9] Burt, R. S., *Structural Holes: The Social Structure of Competition*, Cambridge, Harvard University Press, 1992, p. 28.

基于这样的结构特性，结构洞能够为其占据者获取"信息利益"和"控制利益"提供机会，从而比网络中其他位置上的成员更具有竞争优势，并且在网络信息资源流动方向上有更高的控制权。①② 然而，仅仅从关系缺失的角度并不能完全说明个体是否占据结构洞。为了更好地发现和表征网络中的结构洞，研究者提出了结构洞洞深概念系列指标作为判断结构洞的参考依据。

伯特认为结构洞有深浅之分，网络中两个人或两个群体之间的结构洞越深，占据这个结构洞的第三方从两方获得的信息利益和控制利益越高。③ 结构洞指数则通常作为测量结构洞的量化指标。④ 如表 5-1 所示，测量结构洞的指标有四个：有效规模(effective size)、效率(efficiency)、限制度(constraint)和等级度(hierarchy)。有效规模指个体网络规模与网络冗余度的差值，计算非冗余因素的大小。有效规模越大，越有可能存在结构洞。效率指有效规模与个体网络实际规模的比值。一般来说，处于结构洞的节点效率较高。限制度用来表征行动者在网络中对结构洞的运用能力，以对其他行动者的依赖程度为衡量标准，限制度越小，依赖性越小。等级度指的是限制性在多大程度上集中在一个行动者身上。等级度越高，意味着该行动者领域内的约束性越大程度地集中在该行动者身上。一般来说限制度小于 0.5 且有效规模和等级度数值越大的个体，越有可能成为社会网络中的意见引导者。⑤⑥

表 5-1　结构洞指标

指标	公式	说明
有效规模	$\sum_{j}\left(1-\sum_{q}p_{iq}m_{jq}\right)$，$q\neq i,j$	j 代表与自我点 i 相连的所有点，q 是除了 i 或 j 之外的每个第三者。$p_{iq}m_{jq}$ 代表在自我点和特定点 j 之间的冗余度。

---

① Di Vincenzo, F., Hemphälä, J., Magnusson, M., et al., "Exploring the Role of Structural Holes in Learning: An Empirical Study of Swedish Pharmacies," *Journal of Knowledge Management*, 2012, 16(4), pp. 576-591.

② 刘军：《整体网分析：UCINET 软件实用指南（第二版）》，255～305 页，上海，格致出版社，上海人民出版社，2014。

③ Burt, R. S., *Structural Holes: The Social Structure of Competition*, Cambridge, Harvard University Press, 1992, pp. 43-44.

④ 戴心来、刘聪聪：《基于结构洞理论的虚拟学习社区信息交互中介性研究》，载《现代远距离教育》，2018(3)。

⑤ 王陆：《虚拟学习社区社会网络位置与知识建构的关系研究》，载《中国电化教育》，2010(8)。

⑥ 刘敏、胡凡刚、李兴保：《教师虚拟社区意见领袖的社会网络位置及角色分析》，载《中国电化教育》，2014(2)。

续表

指标	公式	说明
效率	$\dfrac{n-2t/n}{n}$	t 是 i 的个体网络中的关系数(不包括与中心点相连的关系数),n 是 i 的个体网络规模(不包括自我点)。
限制度	$C_{ij}=\left(p_{ij}+\sum\limits_{q}p_{iq}p_{qj}\right)^{2}$	p_{ij} 是在行动者 i 的全部关系中,投入 q 的关系占总关系的比例。
等级度	$H=\dfrac{\sum\left(\dfrac{C_{ij}}{C/N}\right)\ln\left(\dfrac{C_{ij}}{C/N}\right)}{N\ln N}$	N 是点 i 的个体网规模。C/N 是各个点的限制度均值,公式的分母代表最大可能的总和值。

(二)协作者身份的影响因素

在知识更新快速和信息资源过载的互联网时代,学习者从传统课堂教学中获得的知识与社会发展对学习者能力提出的新要求逐渐呈现脱节状态。[①]在此背景下,基于联通主义学习理论的社区型在线课程为互联网时代的学习者提供了在网络中与他人建立联系、共同解决现实世界问题的协作机会。通过这样一种新型教学实践形式,学习者将能够逐渐发展自身的问题解决、终身学习和持续创新的能力,以应对复杂社会的机遇和挑战。在众多的教学策略中,协作问题解决为联通主义教学实践提供了可行的思路。协作问题解决活动通过设计开放的、非良构的实践问题,为学习者创设了真实的问题解决情境[②],也对学习者参与协作问题解决的身份提出了新挑战。协作者需要贡献智慧,有实际的内容产出,才能共同推动问题解决进程[③][④];成为问题解决组长的学习者需要有更强的学习动机、与他人交互的共享意愿以及更大程度的心智投入。

---

① 陈丽、逯行、郑勤华:《"互联网+教育"的知识观:知识回归与知识进化》,载《中国远程教育》,2019(7)。

② Savery, J. R., "Overview of Problem-Based Learning: Definitions and Distinctions," *Interdisciplinary Journal of Problem-Based Learning*, 2006, 1(1), pp. 9-20.

③ 琳达·哈拉西姆、肖俊洪:《协作学习理论与实践——在线教育质量的根本保证》,载《中国远程教育》,2015(8)。

④ Jamshed, S., & Majeed, N., "Relationship Between Team Culture and Team Performance Through Lens of Knowledge Sharing and Team Emotional Intelligence," *Journal of Knowledge Management*, 2019, 23(1), pp. 90-109.

学习动机对学习者以何种程度的认知投入参与在线课程有很大影响。[1]例如，有研究者通过调查10 726名MOOC学习者发现，内在动机导向的个体比外在动机导向的个体有更好的学习表现。[2] 再如，学习者是否会参与协作以及在协作过程中扮演何种角色，也与他们对课程的学习动机有关。[3][4] 此外，不同职业类型在线学习者的学习动机在认知兴趣、职业发展、人际关系、摆脱常规、外界影响、社会服务维度上有不同倾向[5]，这都会影响他们参与协作问题解决的认知投入和协作身份。开放网络学习环境中，担任自由组建小组的组长，不仅要协调经验背景完全不同的小组成员，还可能会面对小组成员放弃协作离开队伍的风险。因此，成为开放式协作问题解决组长的学习者需要具备更强的内在驱动力和责任心。[6]

教学交互是联通主义学习中形成和发展网络的关键，学习者通过教学交互持续优化网络。[7][8] 学习者在协作过程中扮演何种角色还与他们在前期社会网络中的知识和资源积累密切相关。[9] 在联通主义学习中，这种积累主要通过教学交互来实现。进入小群体协作之前，学习者需要在整个课程社群中开展一定的教学交互，形成对相关话题的认识和社会资源的积累。在此过程中，

---

[1] Jones, A., & Issroff, K., "Learning Technologies: Affective and Social Issues in Computer-Supported Collaborative Learning," *Computers and Education*, 2005, 44(4), pp. 395-408.

[2] Moore, R. L., & Wang, C., "Influence of Learner Motivational Dispositions on MOOC Completion," *Journal of Computing in Higher Education*, 2020, 33(1), pp. 121-134.

[3] 马秀麟、梁静、李小文等：《群体感知效应促进线上协作学习成效的实证研究》，载《电化教育研究》，2019，40(5)。

[4] Schnaubert, L., & Bodemer, D., "Group Awareness and Regulation in Computer-Supported Collaborative Learning," *International Journal of Computer-Supported Collaborative Learning*, 2022, 17(1), 11-38.

[5] 吴峰、王辞晓：《五种不同模式下学习者在线学习动机测量比较》，载《现代远程教育研究》，2016(1)。

[6] Cooke, N. J., & Hilton, M. L., *Enhancing the Effectiveness of Team Science*, Washington, National Academies Press, 2015, pp. 125-135.

[7] Kop, R., & Hill, A., "Connectivism: Learning Theory of the Future or Vestige of the Past?" *The International Review of Research in Open and Distance Learning*, 2008, 9(3), pp. 1-13.

[8] 王志军、陈丽：《联通主义学习中教学交互研究的价值与关键问题》，载《现代远程教育研究》，2015(5)。

[9] 斯琴图亚：《在线协作学习中的集体责任与个体生成角色》，载《现代教育技术》，2020，30(3)。

学习者之间通过对话、共享、贡献逐渐形成网络地位和身份层次。① 处于网络核心地位的学习者拥有更高的社会声望和更多的情感支持。② 这些正向外部反馈对学习者的参与度和认知投入会产生持续的正向影响③，进而影响学习者在小群体协作中担任更加重要角色的意愿。此外，作为团队的领导者，组长需要通过支持和鼓励团队成员的想法来推进团队进程④，这意味着他们在生生交互中可能会表现得更积极。

除了课程学习动机和教学交互水平，学习者在协作过程中扮演何种角色还与他们自身的知识建构水平相关。⑤ 协作问题解决的组长需要提出有针对性的、以任务为导向的策略和方法来推进团队进程。⑥⑦ 学习者前期的内容生产水平体现了他们对课程主题内容的积极程度和理解深度⑧，能够说明他们在多大程度上为小组做出知识内容和思路方案方面的贡献。此外，在关注学习者前期内容生产时，我们不仅应关注学习者发文的数量，还应关注其内容生产的质量。例如，有研究者在研究联通主义课程学习者的交互行为对其内容生产水平的影响时，具体采用了学习者发文的数量和字数来共同表征内容生产水平。⑨

---

① Skrypnyk, O., Joksimović, S., Kovanović, V., et al., "Roles of Course Facilitators, Learners, and Technology in the Flow of Information of a cMOOC," *The International Review of Research in Open and Distributed Learning*, 2015, 16(3), pp. 188-217.

② 徐亚倩、陈丽:《生生交互为主的在线学习复杂性规律探究》，载《中国远程教育》，2021(10)。

③ Castellanos-Reyes, D., "The Dynamics of a MOOC's Learner-Learner Interaction over Time: A Longitudinal Network Analysis," *Computers in Human Behavior*, 2021, 123, p. 106880.

④ Jamshed, S., & Majeed, N., "Relationship Between Team Culture and Team Performance Through Lens of Knowledge Sharing and Team Emotional Intelligence," *Journal of Knowledge Management*, 2019, 23(1), pp. 90-109.

⑤ Wang, C. X., & Li, S. L., "The Trade-off Between Individuals and Groups: Role Interactions under Different Technology Affordance Conditions," *International Journal of Computer-Supported Collaborative Learning*, 2021, 16(4), pp. 525-557.

⑥ Cooke, N. J., & Hilton, M. L., *Enhancing the Effectiveness of Team Science*, Washington, National Academies Press, 2015, pp. 141-150.

⑦ Gerbeth, S., Stamouli, E., & Mulder, R. H., "The Relationships Between Emotional Competence and Team Learning Behaviours," *Educational Research Review*, 2022 (36), p. 100439.

⑧ 徐亚倩:《cMOOC个体网络地位与其概念网络特征水平的关系探究》，112~114页，北京，北京师范大学，2020。

⑨ Bai, Y., & Xiao, J., "The Impact of cMOOC Learners' Interaction on Content Production," *Interactive Learning Environments*, 2023, 31(7), pp. 4464-4475.

在众多社会网络相关理论中,伯特的结构洞理论①为分析教育场景中的领导力和协作提供了独特的理论指导。② 传统社会的信息获得和控制具有明显的垂直结构与权力关系,但网络社会的信息传播方式使信息的等级程度逐渐弱化,信息获得和控制呈现为更加公平的扁平化结构。③ 在网络社会中决定信息控制的不再是传统的等级地位,而是网络节点本身的能动性。结构洞理论认为占据结构洞位置的个体具有较强的信息优势和资源优势④,正是这些优势重塑了个体在网络社会以及小群体中的身份和职能。例如,有研究者发现占据结构洞的学习者维系着小组内各子群间的弱联结,承担促进组内成员之间信息交换的角色,自组织小组中结构洞数量比非自组织小组(任务驱动)结构洞数量更多。⑤ 还有研究者发现占据结构洞位置的个体能够促进小组间的知识生产与传播。⑥ 综上所述,学习者在开放式社区型课程中的动机、行为和产出均可能会影响其在小群体协作过程中扮演的角色,探究学习者结构洞占据情况对其协作身份的影响,还需要结合学习者多种主客观因素展开综合分析。

二、研究框架与假设

基于结构洞理论基础和相关在线教学交互规律,本研究拟构建协作问题解决前的静态交互网络,并尝试将结构洞指标与协作身份建立联系。本研究假设前期主题学习阶段的个体学习驱动力、社会交互行为、内容生产情况会

---

① Burt, R. S., *Structural Holes: The Social Structure of Competition*, Cambridge, Harvard University Press, 1992, pp.115-116.
② Miller, P., Wills, N., & Scanlan, M., "Educational Leadership on the Social Frontier: Developing Promise Neighborhoods in Urban and Tribal Settings," *Educational Administration Quarterly*, 2013, 49(4), pp.543-575.
③ 谢维和:《镜子的寓意——网络社会与教育变革》,69~70页,北京,教育科学出版社,2020。
④ Burt, R. S., "Structural Holes and Good Ideas," *American Journal of Sociology*, 2004, 110(2), pp.349-399.
⑤ Yoshida, M., Xiong, C., Liu, Y., et al., "An Investigation into the Formation of Learning Groups on Social Media and Their Growth," *Interactive Learning Environments*, 2020, 31(1), pp.299-312.
⑥ Hernández-Nanclares, N., García-Muñiz, A. S., & Rienties, B., "Making the Most of 'External' Group Members in Blended and Online Environments," *Interactive Learning Environments*, 2017, 25(4), pp.467-481.

对其协作身份产生影响，因此拟从动机、行为、产出三个方面进一步探索组长在协作开始前所具备的特征。具体研究问题如下：①学习者的结构洞指标与他们在问题解决阶段的协作身份有什么联系？②不同结构洞类型及协作身份的学习者在课程学习动机、教学交互行为、内容生产水平方面有什么差异？图 5-1 为本研究的研究框架，指出了具体研究内容。

```
              结构洞类型×协作身份
        ┌──────────┼──────────┐
     课程学习动机   教学交互行为   内容生产水平
      外在动机      主动交互      生产频度
      内在动机      被动交互      生产强度
```

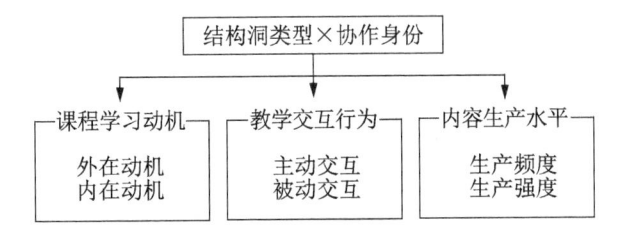

图 5-1　谁会成为组长的研究框架

课程学习动机，指学习者开展 cMOOC 课程学习的驱动力，根据驱动力来源具体分为外在动机和内在动机。本研究参考前人研究①设计了包含外在动机和内在动机两个维度的课程学习动机量表，每个维度各 5 道题目，均为李克特 7 等级计分，并通过课程引导对问卷进行数据采集。外在动机维度题目示例为"这门课的证书对我来说很有吸引力""这门课的学习有助于我的求职或工作""学习这门课是我所在组织的期待"。内在动机维度题目示例为"我喜欢这门课的教学组织和互动形式""参与这门课的教学活动比取得好成绩更重要""掌握这门课的知识和技能让我有成就感"。教学交互行为，指学习者在社区中与其他个体进行交互的过程，是联通主义学习的核心和关键。本研究将教学交互行为分为主动交互和被动交互两大类。主动交互包括发文、评论、回帖和点赞行为；被动交互包括被评论、被回复和被点赞行为。内容生产水平，指学习者在问题解决阶段开始之前的内容生产表现，具体分为内容生产频度和内容生产强度两方面。参考前人研究②，内容生产频度用学习者内容生产的总数量表示，即发文、评论、回帖的总条数；内容生产强度则用学习者生成的全部内容的总字数表示。

---

① Glynn, S. M., & Koballa, T. R. J., "*Motivation to Learn in College Science Handbook of College Science Teaching,*" Arlington, National Science Teachers Association Press, 2006, pp. 25-32.

② Bai, Y., & Xiao, J., "The Impact of cMOOC Learners' Interaction on Content Production," *Interactive Learning Environments*, 2023, 31(7), pp. 4464-4475.

三、研究方法与工具

(一)结构洞指标聚类

本研究使用基于课程平台的交互数据构建案例课程中 160 名参与者之间的社会网络。研究采集了包括正式协作问题解决前(2020 年 10 月 12 日至 2020 年 11 月 30 日)参与者之间点赞、评论、回帖、关注等类型的平台学习行为数据。依据数据产生时间,纳入社会网络的交互数据可分成两部分:第一部分,案例课程学习期间参与者之间共计 2048 条交互行为数据;第二部分,往期课程学习期间案例课程参与者的 367 条关注行为数据,这些关注行为代表的是能够延续到案例课程中的持续性社会关系,因而也被纳入社会网络中。首先,基于所构建的社会网络,研究采用 UCINET 6.730 的"Network-Ego Networks-Structural Holes"功能①,计算了 160 名参与者的四个结构洞指标:有效规模、效率、限制度、等级度。其次,以四个结构洞指标为聚类特征,研究采用 K-means 聚类算法提取了 145 名学习者所占据的结构洞类型。最后,研究统计了各结构洞类型学习者中三种协作身份(组长、组员、未参与)的频数分布,进而揭示结构洞类型与协作身份的联系。

(二)双因素方差分析

为探究不同结构洞类型学习者成为组长所具备的特征,本研究运用双因素方差分析(two-way ANOVA)和箱型图进行计算和可视化分析。自变量为结构洞类型和协作身份,因变量分别为课程学习动机、教学交互行为、内容生产水平。课程学习动机量表中外部动机和内部动机维度的克隆巴赫系数(Cronbach's α)分别为 0.761 和 0.908,表明该量表具有较高的可信度,可以采用各题项的均值来表示相应维度的动机水平。教学交互行为中的主动交互行为由发文、评论、回帖和点赞行为次数相加而得;被动交互行为由被评论、被回复和被点赞行为次数相加而得。学习者的生成性内容包括发文、评论、回帖等文本类内容。内容生产水平使用学习者内容生产的频度和强度两个指标进行表征。频度为内容生产的总数量,强度为学习者生成的全部内容的总字数。由于发文字符数的个体间差异较大,在进行双因素方差分析前,本研

---

① Borgatti, S. P., Everett, M. G., & Freeman, L. C., *Ucinet for Windows: Software for Social Network Analysis*, Harvard, Analytic Technologies, 2002, p.18.

究需要将内容生产的频度和强度进行标准化处理：首先，计算内容生产频度和强度正态化的标准分数，即 Z 分数（Z-score）；其次，对 Z 分数进行线性变换（$T=50+10Z$），得到 T 分数（T-score）。此外，在报告显著性结果时，本研究还同时报告了相应的效应值（effect size），即使用偏 eta 方（partial η^2）来代表效果大小。当 partial η^2 为 0.01 左右时，代表自变量具有较小影响；当 partial η^2 为 0.06 左右时，代表自变量具有中等影响；当 partial η^2 为 0.15 时，代表自变量具有较大影响。[①]

四、数据分析结果

（一）结构洞聚类结果

为避免结构洞相关的四个指标量不统一对合并聚类结果的影响，研究先将有效规模、效率、限制度、等级度四个指标利用 SPSS 进行标准化处理。接下来，研究采用 K-means 聚类方法对结构洞指标进行聚类。为确定聚类系数 K，研究运用 Python 3.8 工具计算和比较了不同 K 值对应的簇内误差（亦称簇惯性，缩写为 SSE）和平均轮廓系数。由图 5-2 聚类轮廓系数可知，当聚类数目 K 为 3 时，SSE 折线坡度骤减，平均轮廓系数为 $0.7238>0.5$，与其他聚类结果相比质量更高、可解释性更强。

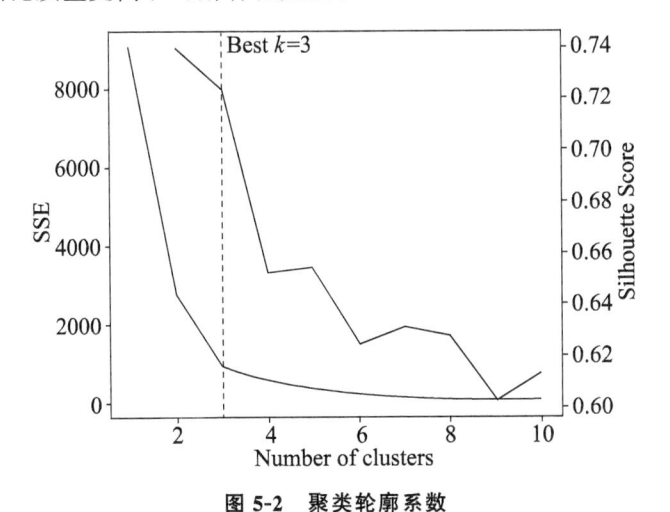

图 5-2 聚类轮廓系数

---

① Cohen, J., "Statistical Power Analysis for the Behavioral Sciences (2nd ed)," *Journal of the American Statistical Association*, 1989(84), pp. 1096-1097.

最终聚类结果如表 5-2 所示。依据最终聚类中心值水平，结构洞可以划分为深结构洞（聚类 3）、浅结构洞（聚类 1）和无结构洞（聚类 2）三类。

表 5-2　K-means 结构洞聚类结果

结构洞指标	最终聚类中心		
	聚类 1（浅结构洞）	聚类 2（无结构洞）	聚类 3（深结构洞）
Z-score of Effsize	−0.459±0.161	−0.635±0.082	1.040±1.132
Z-score of Efficiency	−0.935±0.410	1.400±0.176	−0.027±0.384
Z-score of Constraint	0.710±0.919	0.291±0.360	−1.057±0.321
Z-score of Hierarchy	0.092±0.831	−1.118±0.234	0.783±0.707
学习者人数（%）			
未参与	45（78.95%）	36（92.31%）	23（46.94%）
协作者	12（21.05%）	3（7.69%）	26（53.06%）
组长	2（3.51%）	1（2.56%）	9（18.37%）
组员	10（17.54%）	2（5.13%）	17（34.69%）
总计	57（100%）	39（100%）	49（100%）

注：表格中的百分数代表各参与类型人数占具有相应结构洞类别总学习者数的比例。

对比各类参与者中参与协作人数、成为组长人数和成为组员人数的占比可以看出，占据深结构洞的学习者更有可能参与协作问题解决活动，且有更大的可能成为协作小组的组长。聚类 3 的聚类中心值表明，这类群体的有效规模较大，对其他个体的依赖程度较低（限制度较低），在网络中表现出较强的协商能力，并且对邻域内个体的约束性也非常高（等级度高）。这表明该类群体成为更多无联系节点的沟通桥梁，是他们之间信息和资源流动的阀门，更容易作为组长联系其他成员共同组成协作小组。浅结构洞中也有少部分个体会加入协作问题解决活动，但其协作身份大概率为组员。对比浅结构洞和深结构洞群体的聚类中心值不难发现，相比于深结构洞，浅结构洞对邻域内个体的约束性较低（等级度低），对其他个体的依赖程度偏高（限制度高），协商能力较弱。尽管相对于无结构洞个体，占据了少部分结构洞，但大部分浅结构洞个体未能发挥结构洞优势参与后期深度协作和联通活动，少部分浅结构洞个体参与协作后，由于其协商能力和组织能力相对较低，对邻域个体的影响力较小，因此更倾向于以组员身份参与。相比于占据结构洞的个体，无结构洞个体的有效规模和等级度均更低，表明这类个体尽管参与了前期主题学习，但在社会网络中未能成为意见引导者，在信息资源流动及协商其他个体等方面影响力弱，因此难以同其他个体共同组成协作小组。

除此之外,表 5-2 也反映出占据的结构洞类型并不是一个学习者是否成为组长的决定性因素。具体地,深结构洞学习者中仍有接近一半的个体不会参与协作问题解决活动,而参与协作的深结构洞学习者中,也有约三分之一的个体最终以组员身份参与而非成为组长。接下来,本研究将以结构洞类型和协作身份为自变量,以课程学习动机、教学交互行为、内容生产水平为因变量,运用双因素方差分析方法进一步探究占据不同结构洞的组长所具备的特征。

(二)结构洞与课程学习动机

表 5-3 为不同协作身份和结构洞聚类群体的课程学习动机描述性统计信息。为直观呈现教学交互行为的组间差异,本研究还运用箱型图比较了不同结构洞聚类中不同协作身份个体的课程学习动机(见图 5-3),包括各组别外部动机和内部动机的最大值、上四分位数、平均值、中位数、下四分位数、最小值及异常值。

表 5-3 课程学习动机描述性统计信息

协作身份	结构洞聚类	外在动机 Mean	SD	内在动机 Mean	SD	N
未参与	1	5.218	1.169	5.867	1.177	33
	2	5.000	1.468	5.650	0.808	16
	3	5.300	1.443	6.417	0.624	12
	总计	5.177	1.289	5.918	1.021	61
组员	1	5.460	1.143	5.840	1.127	10
	2	6.100	1.273	5.800	0.000	2
	3	5.338	0.998	6.225	0.835	16
	总计	5.436	1.043	6.057	0.922	28
组长	1	5.400	0.000	6.500	0.707	2
	2	1.800	—	4.400	—	1
	3	5.022	0.913	5.400	1.095	9
	总计	4.817	1.237	5.500	1.104	12
总计	1	5.280	1.128	5.889	1.138	45
	2	4.947	1.608	5.600	0.794	19
	3	5.249	1.120	6.086	0.916	37
	总计	5.206	1.222	5.907	1.008	101

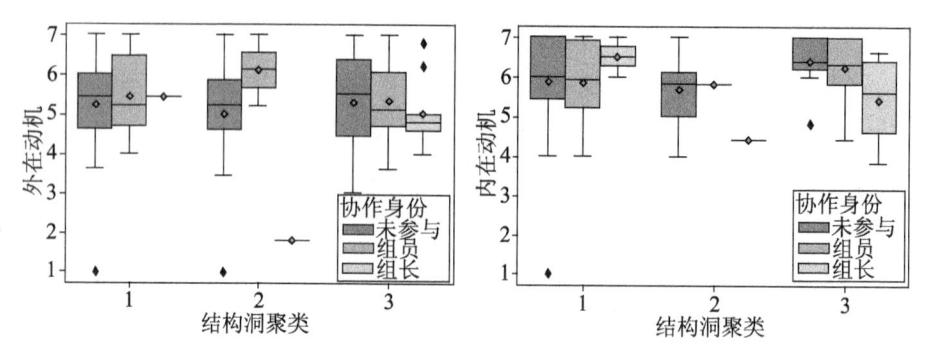

图 5-3　课程学习动机箱型图

结合双因素方差分析的课程学习动机组间效应检验结果（见表 5-4）可以看出，以协作身份为组别划分依据，外部学习动机的组间效应显著（$p=0.041<0.05$），内部学习动机的组间效应不显著（$p=0.468>0.05$）。此外，组间效应检验还发现，不同结构洞聚类个体的学习动机无显著差异，且协作身份和结构洞聚类的交互效应不显著。

表 5-4　课程学习动机组间效应检验结果

	动机成分	SS	df	MS	F	p	partial η^2
协作身份	外在动机	9.614	2	4.807	3.302	0.041*	0.067
	内在动机	1.503	2	0.752	0.765	0.468	0.016
结构洞聚类	外在动机	4.954	2	2.477	1.701	0.188	0.036
	内在动机	2.905	2	1.452	1.479	0.233	0.031
协作身份× 结构洞聚类	外在动机	10.538	4	2.635	1.810	0.134	0.073
	内在动机	4.255	4	1.064	1.083	0.370	0.045
误差	外在动机	133.946	92	1.456	—	—	—
	内在动机	90.364	92	0.982	—	—	—
总计	外在动机	2886.520	101	—	—	—	—
	内在动机	3625.640	101	—	—	—	—

注：* $p<0.05$。

对于不同协作身份的外部动机，LSD 矫正法对主效应的事后检验证明，组长的外部动机显著低于组员（Mean difference$=-1.558$，$p=0.012<0.05$）和未参与学习者（Mean difference$=-1.099$，$p=0.044<0.05$）。这是由于相比于组员而言，组长在协作问题解决活动中需要承担额外的协调、组织、引导等工作，而这些任务与成绩和证书获得、求职或职业发展等外部激励条件无直接相关，因此外部动机高的个体反而不会选择在长周期协作中担任组长。

进一步地，本研究比较了不同协作身份的深结构洞、浅结构洞和无结构洞个体在外部学习动机和内部学习动机上的分布差异(见图 5-3)。可以看出，深结构洞中最终成为组长的个体，其参与课程的外部动机和内部动机往往偏低(平均值和最高值偏低)。这反映出此类个体在课程学习之初，学习动机并不强烈，但随着课程的开展，他们在社会网络中占据越来越多的结构洞，成为影响力大的意见引导者，在整个学习社区享有更大的话语权和更高的声望[1][2]，这种声望高、影响力大的社区身份很可能成为他们在后续问题协作中选择承担组长角色的重要驱动力。

(三)结构洞与教学交互行为

表 5-5 为不同协作身份和结构洞聚类群体的教学交互行为描述性统计信息。为直观呈现教学交互行为的组间差异，本研究还运用箱型图比较了不同结构洞聚类中不同协作身份个体的教学交互行为差异情况(见图 5-4)。

表 5-5　教学交互行为描述性统计信息

协作身份	结构洞聚类	主动交互 Mean	SD	被动交互 Mean	SD	N
未参与	1	5.467	5.303	1.400	2.060	45
	2	1.167	1.276	0.000	0.000	36
	3	15.783	20.152	4.304	4.517	23
	总计	6.260	11.353	1.558	2.952	104
组员	1	6.200	4.417	2.900	2.644	10
	2	6.500	7.778	4.000	5.657	2
	3	51.235	44.582	26.235	25.667	17
	总计	32.621	40.652	16.655	22.685	29
组长	1	9.000	7.071	3.000	2.828	2
	2	2.000	—	0.000	—	1
	3	37.222	33.056	27.556	24.875	9
	总计	29.583	31.515	21.167	24.184	12
总计	1	5.719	5.157	1.719	2.234	57
	2	1.462	2.126	0.205	1.281	39
	3	32.020	35.957	16.184	21.441	49
	总计	13.462	24.949	6.200	14.395	145

---

[1]　王陆：《虚拟学习社区的社会网络分析》，载《中国电化教育》，2009(2)。
[2]　徐亚倩、陈丽：《生生交互为主的在线学习复杂性规律探究》，载《中国远程教育》，2021(10)。

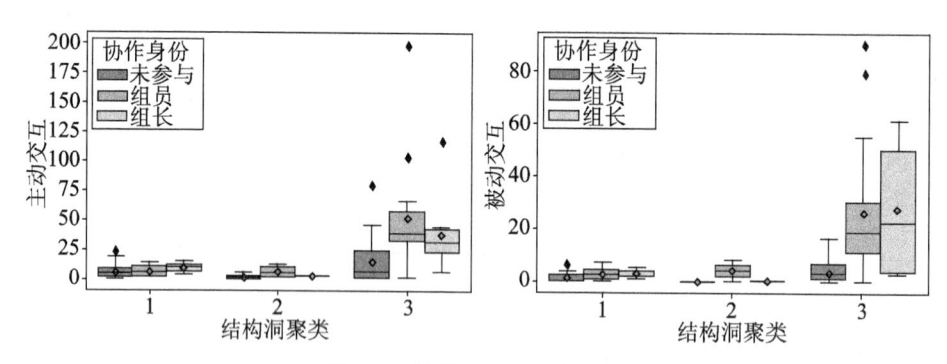

图 5-4　教学交互行为箱型图

结合双因素方差分析的教学交互行为的组间效应检验结果（见表 5-6）可以看出，协作身份和结构洞聚类对主动交互和被动交互的组间效应均显著（$p<0.05$），即不同类型教学交互频次会影响不同结构洞类别个体最终的协作身份。此外，协作身份和结构洞聚类对主动交互和被动交互频次均有显著的交互效应（$p<0.05$）。

表 5-6　教学交互行为的组间效应检验结果

	教学交互行为	SS	df	MS	F	p	partial η^2
协作身份	主动交互	2543.253	2	1271.627	3.387	0.037*	0.047
	被动交互	1271.794	2	635.897	5.329	0.006**	0.073
结构洞聚类	主动交互	11537.696	2	5768.848	15.366	0.000***	0.184
	被动交互	4090.252	2	2045.126	17.137	0.000***	0.201
协作身份×结构洞聚类	主动交互	5909.840	4	1477.460	3.936	0.005**	0.104
	被动交互	2554.193	4	638.548	5.351	0.000***	0.136
误差	主动交互	51056.827	136	375.418			
	被动交互	16229.851	136	119.337			
总计	主动交互	115910.000	145				
	被动交互	35413.000	145				

注：*$p<0.05$，**$p<0.01$，***$p<0.001$。

对于不同协作身份个体的教学交互水平，利用 LSD 矫正法对主效应进行事后检验发现，组员的主动交互频次（Mean difference=13.840，$p=0.015<0.05$）和被动交互频次（Mean difference=9.144，$p=0.004<0.01$）均显著高于未参与学员。此外，组长与组员或未参与学员的主动交互和被动交互水平均无显著差异，还需要结合个体所占据的具体结构洞类型进行后续分析。

对于不同结构洞聚类个体的教学交互水平，LSD 事后检验发现，深结构洞学员的主动交互数量显著高于浅结构洞学员（Mean difference＝27.858，$p<0.001$）和无结构洞学员（Mean difference＝31.524，$p<0.001$）；深结构洞学员的被动交互数量也显著高于浅结构洞学员（Mean difference＝16.932，$p<0.001$）和无结构洞学员（Mean difference＝18.032，$p<0.001$）。这说明深结构洞个体在主题学习阶段的交互更积极主动，其观点能够显著吸引他人的注意，既能主动与有价值的个体建立联结，同时也吸引其他个体与自己建立联结，为后期协作问题解决的组队积累了强有力的社会资本。

协作身份和结构洞聚类的显著交互效应有助于本研究进一步探究组长在教学交互水平上的特征。同一结构洞类别中不同协作身份的教学交互水平差异，可以反映不同类型的交互频次对同一类型结构洞个体参与协作的影响。具体地，对于深结构洞群体而言，LSD 事后检验发现，未参与协作的学员，不仅主动交互行为频次显著低于组员（Mean difference＝－35.453，$p<0.001$）和组长（Mean difference＝－21.440，$p=0.006<0.01$），而且其被动交互行为频次也显著低于组员（Mean difference＝－21.931，$p<0.001$）和组长（Mean difference＝－23.251，$p<0.001$），即能够参与后期协作问题解决的深结构洞个体，其交互行为频次往往更高。换言之，只有交互更积极、吸引被动交互更多的深结构洞个体，才有可能参与后期协作活动；并且，结合箱型图对比组长与组员的主动交互行为和被动交互行为差异可以看出，在交互中更积极主动的深结构洞个体更容易成为组员（Mean difference＝14.013，$p=0.082$，边缘显著），而在交互中吸引他人关注，即被动交互行为更高的深结构洞个体更可能成为组长（组长被动交互行为的平均值、四分位数、中位数、最高值更高）。尽管具有强号召力和影响力的深结构洞个体具备了组长的先发优势，但在实际组队过程中，吸引力更大的深结构洞个体在队伍中具有更高的声望，与更多的个体建立了信任关系，因此更倾向于担任组长角色；而更积极主动的深结构洞个体，善于输出观点和发表态度，更倾向于作为组员贡献智慧。此外，从箱型图（见图 5-3）可以看出，无论是主动交互还是被动交互，当个体占据浅结构洞时，组长比组员有更高的平均交互频次；而同样担任组长时，占据浅结构洞的组长比没有占据结构洞的组长有更高的平均交互频次。这一发现进一步说明了高教学交互频次对浅结构洞个体成为协作组长的助益作用。

（四）结构洞与内容生产水平

表 5-7 为不同协作身份和结构洞聚类群体在前期主题学习阶段内容生产水平的描述性统计信息（频度和强度均用 T 分数表示）。图 5-5 为各结构洞聚类

中各协作身份的内容生产水平箱型图，用于比较协作问题解决前学员内容生产的频度和强度。

表 5-7 内容生产水平的描述性统计信息

协作身份	结构洞聚类	生产频度 Mean	SD	生产强度 Mean	SD	N
未参与	1	47.039	2.734	47.000	2.624	45
	2	45.122	0.786	45.473	0.696	36
	3	48.867	5.434	48.271	6.104	23
	总计	46.780	3.417	46.753	3.490	104
组员	1	47.561	2.036	47.381	2.522	10
	2	47.160	2.837	49.004	4.597	2
	3	65.956	17.455	65.162	16.399	17
	总计	58.317	16.166	57.916	15.286	29
组长	1	48.306	3.647	47.154	2.687	2
	2	45.154	—	45.724	—	1
	3	61.329	14.132	63.124	16.190	9
	总计	57.811	13.696	59.013	15.708	12
总计	1	47.175	2.620	47.072	2.565	57
	2	45.227	0.994	45.660	1.274	39
	3	57.085	14.560	56.860	14.749	49
	总计	50.000	10.000	50.000	10.000	145

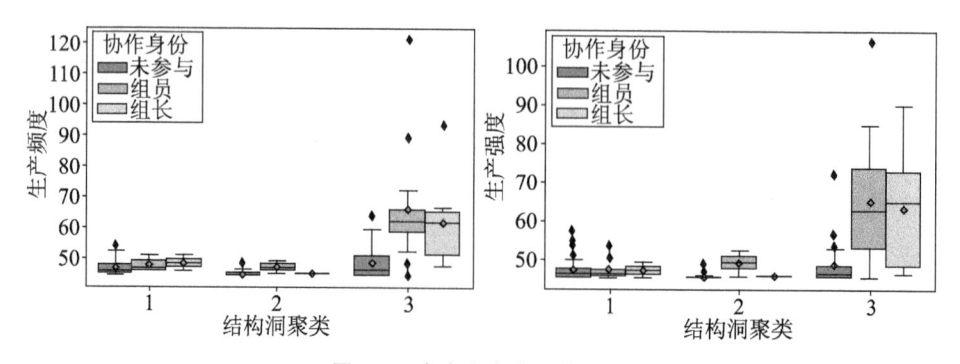

图 5-5 内容生产水平箱型图

结合双因素方差分析的内容生产水平的组间效应检验结果(见表 5-8)可以看出,协作身份对内容生产水平有显著影响(频度:$p=0.006<0.01$。强度:$p=0.003<0.01$),结构洞聚类对内容生产水平有显著影响(频度:$p<0.001$;强度:$p<0.001$)。此外,协作身份与结构洞聚类对内容生产水平具有显著的交互作用(频度:$p<0.001$;强度:$p<0.001$)。

表 5-8 内容生产水平的组间效应检验结果

	内容生产水平	SS	df	MS	F	p	partial η^2
协作身份	频度	588.891	2	294.445	5.317	0.006**	0.073
	强度	670.125	2	335.062	5.976	0.003**	0.081
结构洞聚类	频度	1864.329	2	932.165	16.833	0.000***	0.198
	强度	1913.324	2	956.662	17.063	0.000***	0.201
协作身份× 结构洞聚类	频度	1422.844	4	355.711	6.423	0.000***	0.159
	强度	1484.685	4	371.171	6.62	0.000***	0.163
误差	频度	7531.315	136	55.377			
	强度	7625.031	136	56.066			
总计	频度	376900.000	145				
	强度	376900.000	145				

注:** $p<0.01$,*** $p<0.001$。

对于不同结构洞聚类个体的内容生产水平,LSD 事后检验发现,深结构洞内容生产的频度和强度均显著高于浅结构洞(频度:Mean difference=11.082,$p<0.001$;强度:Mean difference=11.674,$p<0.001$)和无结构洞(频度:Mean difference=12.905,$p<0.001$;强度:Mean difference=12.119,$p<0.001$),说明深结构洞个体在主题学习阶段更高产,表现为更高频次的内容输出和更高强度的输出量,反映出深结构洞个体在主题学习阶段深度且积极参与,贡献了更多内容,也在一定程度上表征了其知识生产的能力水平。而课程中用于小组协作的问题与主题学习内容息息相关,因此前期内容生产能够为后期参与更深层次的知识创生奠定坚实的知识基础,这也从侧面解释了为何占据深结构洞的个体更容易参与后期协作。

结构洞聚类和协作身份的显著交互效应可以反映前期内容生产水平对同一类型结构洞个体参与协作的影响。LSD 事后检验发现,对于深结构洞而言,未参与协作的个体的内容生产水平显著低于组长(频度:Mean difference=−12.462,$p<0.001$;强度:Mean difference=−16.891,$p<0.001$)与组员(频度:Mean difference=−17.089,$p<0.001$;强度:Mean difference=−14.853,$p<0.001$),即内容生产水平更高的深结构洞个体,更有可能参与

后期协作问题解决。这是因为内容贡献频度和强度更高的个体，在前期主题学习阶段深度参与更多，对主题内容理解更为深入，通过前期深入交互吸纳、产出了更多观点和思考，而协作问题解决活动提供了更深入对话和沟通的平台，是前期学习的进一步深入，更有可能吸引在主题学习阶段有过深入思考的个体参与。

利用箱型图（见图5-5）对比组长与组员的内容生产水平的差异可以看出，成为组员的深结构洞学员，其前期内容生产频度的最高值、上四分位数、平均值等要高于组长，但内容生产强度的上四分位数和平均值要低于组长。这可能是因为，内容生产频度高，且内容生产强度低的深结构洞个体更倾向于输出碎片化的观点和想法，更适合作为组员贡献智慧；而内容生产频度较低但内容生产强度高的深结构洞个体善于整合碎片化观点，输出系统的学习制品，因此更适合作为组长发挥汇聚群体智慧的作用。相反，在浅结构洞群体中，组长前期内容生产频度和强度的上四分位数和平均值高于组员（见图5-5），这是因为协作问题解决的组长，需要对问题解决的思路本身有一定的思考，需要在协作过程中给予更多问题解决的方案和启发，此时前期内容生产水平更高的浅结构洞个体便更可能成为组长。此外，占据浅结构洞的组长比没有占据结构洞的组长表现出更高的内容生产频度和强度。这一发现进一步说明了前期学习阶段的内容生产水平对浅结构洞个体成为协作组长的助益作用。

五、研究发现与讨论

（一）结构洞深浅可预测个体参与协作的可能性

结构洞理论提出者伯特使用凝聚性和对等性来描述关系双方之间结构洞的深浅。本研究则借助于有效规模、效率、限制度和等级度四个结构洞指标，运用聚类方法探索了整体网络中个体结构洞类型的划分。研究发现，深结构洞个体的有效规模较大，限制度较低，等级度较高，说明这类个体在信息传播方面对网络中其他个体的依赖程度低，但具有对临近个体信息传播与交换的控制权，属于网络中在控制信息和资源流动方面具有极强优势的意见引导者。[1][2] 换言之，占据深结构洞的个体在前期主题学习周便表现出高水平的协

---

[1] 刘敏、胡凡刚、李兴保：《教师虚拟社区意见领袖的社会网络位置及角色分析》，载《中国电化教育》，2014(2)。

[2] Du, Y. J., Zhou, Q. Y., Luo, J. X., et al., "Detection of Key Figures in Social Networks by Combining Harmonic Modularity with Community Structure-Regulated Network Embedding," *Information Sciences*, 2021(570), pp. 722-743.

商能力和组织能力，这使得他们在组队环节中更容易产生号召力，更愿意参与问题解决活动，也更有可能成为组长。浅结构洞个体尽管占据了少部分结构洞，但有效规模和等级度均低于深结构洞个体，且限制度也较高，即这类个体的协商能力和信息交互中介作用一般，尚需要依赖其他个体开展复杂信息处理与交换，因而更倾向于作为组员参与问题解决活动。而几乎没有占据结构洞的个体，处于较为被动的社会网络地位[1]，在网络中持续开展信息交换的意愿较低，参与复杂问题解决活动的可能性也随之降低。总的来说，深结构洞更易出现组长，浅结构洞更易出现组员。需要指出的是，结构洞的深浅仅能够在一定程度上预测个体参与协作问题解决的可能性，学习者最终是否会成为组长还受到其他因素的影响。

（二）深结构洞个体凭借吸引力和声望成为组长

通过比较结构洞深浅与后期协作身份的分布情况发现，尽管课程中75%的组长个体源于前期的深结构洞群体，但深结构洞群体中仍有接近一半的个体不会参与后期协作，即使参与，也有约1/3的个体成为组员而非组长。本研究通过进一步分析发现，前期主题学习中声望更高、吸引力更大的深结构洞个体更容易成为组长。一方面，最终成为组长的深结构洞个体初始动机并不高，即参与学习后的其他因素激励了其参与协作并成为组长，比如联通形成的影响力大、声望高的社区身份对后期学习的促进作用[2]；另一方面，最终成为组长的深结构洞个体，其被动交互行为频次相对更高，反映了他在前期学习中收获了更多或更高的他人信任，在组队时有更大的号召力和更高的声望，即在交互中更有吸引力的深结构洞个体更有可能成为组长。此外，本研究还发现，深结构洞中前期内容生产水平更高的个体更可能成为组员，这是因为在协作过程中，组长不仅需要参与内容贡献，还需要兼顾组织、引导、联系、沟通、协商等工作，因此对内容生产本身过于关注的深结构洞个体，反而因需要承担额外任务而不会选择成为组长。此发现也与先前研究一致。例如，有研究者基于学习者自报告数据发现组长在协作中需要通过承担与内容生产无关的工作，如表扬和激励团队成员来推动协

---

[1] 戴心来、刘聪聪：《基于结构洞理论的虚拟学习社区信息交互中介性研究》，载《现代远距离教育》，2018(3)。

[2] 徐亚倩、陈丽：《生生交互为主的在线学习复杂性规律探究》，载《中国远程教育》，2021(10)。

作进程。① 又如,王哲、张鹏翼发现社群中的内容提供者较少承担交流沟通职责,而是专注于内容提供。②

(三)浅结构洞个体投入更多心理努力成为组长

浅结构洞中也有极少数个体会在协作问题解决环节担任组长。相比于其他浅结构洞和无结构洞个体,能够成为组长的浅结构洞个体的主动交互频次和被动交互频次往往更高。组长这一角色相当于整个协作小组的领路者和组织者③,对于浅结构洞个体而言,由于他们未能拥有深结构洞个体的大的号召力和高的受关注度,因此更需要保持足够高的积极状态,更加主动地联系其他个体建立信任关系。已有研究也指出,同伴相互信任是小组协作学习的必要条件,在MOOC课程中,与陌生人建立信任关系是非常困难的,因此需要更加积极的联系和反馈。④ 高声望和大的吸引力也会给深结构洞个体带来更高的效能感⑤,而中等效能感的浅结构洞个体通常认为自己需要投入更多的心理努力才能实现学习目标⑥,在本研究中这种心理努力主要体现在协作问题解决前的社会网络关系建立和内容生产上。相比于其他浅结构洞个体,能够成为组长的浅结构洞个体前期的内容生产频度和强度相对更高,这意味着他们对主题本身有更深入的理解,而组长在组队时需要提供问题解决的初步思路⑦,对问题本身有自己的理解和思考,有能力组织大家共同完成问题解决任务,因此前

---

① Selcuk, H., Jones, J., & Vonkova, H., "The Emergence and Influence of Group Leaders in Web-Based Collaborative Writing: Self-Reported Accounts of EFL Learners," *Computer Assisted Language Learning*, 2021, 34(8), pp. 1040-1060.

② 王哲、张鹏翼:《学习小组在线知识协作中的用户角色与行为》,载《图书情报工作》,2018,62(7)。

③ Wang, C. X., & Li, S. L., "The Trade-off Between Individuals and Groups: Role Interactions under Different Technology Affordance Conditions," *International Journal of Computer-Supported Collaborative Learning*, 2021, 16(4), pp. 525-557.

④ Feng, C., & Xu, Y. Q., "Case Study of Collaborative Learning in a Massive Open Online Course," 2020 Ninth International Conference of Educational Innovation through Technology (EITT), Porto, Portugal, IEEE, 2020, pp. 47-51.

⑤ Bandura, A., "Self-Efficacy: Toward a Unifying Theory of Behavioral Change," *Psychological Review*, 1977, 84(2), pp. 191-215.

⑥ Wang, Z. J., Anderson, T., Chen, L., et al., "How Learners Participate in Connectivist Learning: An Analysis of the Interaction Traces from a cMOOC," *International Review of Research in Open and Distance Learning*, 2018, 19(1), pp. 44-67.

⑦ Henriksen, T. D., & Børgesen, K., "Can Good Leadership Be Learned Through Business Games?" *Human Resource Development International*, 2016, 19(5), pp. 388-405.

期高水平的内容生产成为浅结构洞个体担任组长角色的重要助力。

六、本章小结

本章借助于前人提出的结构洞理论及其指标，将开放网络环境中学习者所占据的结构洞分为三种类型：深结构洞、浅结构洞、无结构洞。根据问题解决阶段不同协作身份（组长、组员、未参与）个体占据结构洞的差异情况，并结合课程学习动机、教学交互行为、内容生产水平进一步探讨了影响个体成为组长的多种因素。探讨个体网络构建对其动机、声望的作用以及对后续协作意愿和身份的影响，有助于拓展对在线协作问题解决发生规律的理解。本章的主要研究发现有：①结构洞深浅可预测个体参与协作的可能性，深结构洞更易出现组长，浅结构洞更易出现组员；②深结构洞个体具有较强的协商能力和信息交互中介作用，能够凭借吸引力和声望成为组长；③浅结构洞个体需要在教学交互和内容生产方面投入更多心理努力才能成为组长。

在方法层面，本研究明确提出深、浅、无三种结构洞类型，细化了各类型结构洞在有效规模、效率、限制度、等级度的指标的阈值，为结构洞类型划分提供了实证依据。在实践层面，发现潜在问题并解决的活动参与者，尤其是拥有较强协商能力和信息中介作用的个体，对于促进在线学习社区的高水平生生互动具有重要作用。在主题学习阶段识别可能成为组长或组员的个体，从资源、话题、活动等方面进行个性化内容推荐，将有助于提高课程学习者的问题解决活动参与率。课程促进者的针对性组队引导和策略建议，将有助于发挥占据深结构洞个体的意见引导者优势，提高占据浅结构洞个体的资源利用水平。本研究也存在不足之处。例如，没有对学习者的文本的具体内容进行分析，而使用与之较为相关的社会网络指标来表征内容生产水平。未来研究将结合学习者前期的内容关注与产出情况，进一步分析协作问题设计与兴趣匹配度、相似度对协作身份的影响。

第六章　组间认知差异

联通主义作为数字网络时代催生的新型学习理论，强调以生生交互为主要形式的学习。为促进网络学习者的深层交互和协作创新，联通主义课程为学习者提供了有助于创新思考、深层交互的问题解决情境。会话是进行意义建构和问题解决的基础，基于文本的会话是互联网环境下主体间进行信息交互的有效方式之一。[1]本章将以案例课程问题解决阶段各小组的协作会话文本为研究对象，深入探讨联通主义学习中协作问题解决的教学交互规律。在联通主义学习教学交互模型的基础上，本章设计了适用于联通主义问题解决情境中协作学习的认知编码框架。本章还将基于量化民族志的认知网络分析方法，对不同问题类型、成员构成、协作质量小组的认知网络差异和对质心位移路径的比较分析，以期揭示联通主义情境下不同类型小组的认知发展规律与差异。

---

[1] Zhang, S., Liu, Q., & Cai, Z., "Exploring Primary School Teachers' Technological Pedagogical Content Knowledge (TPACK) in Online Collaborative Discourse: An Epistemic Network Analysis," *British Journal of Educational Technology*, 2018, 50 (6), pp. 3437-3455.

一、理论基础

(一)教学交互及协作式问题解决

由乔治·西蒙斯提出的联通主义学习理论为研究互联网环境下开放、灵活、复杂的学习提供了重要支撑。联通主义认为学习是特定的节点和信息源建立联结的过程,学习者需要关注信息的流通性和网络的持续优化。[①] 在联通主义学习中交互是形成网络的关键,学习者通过互动形成新观点、与环境建立联结并开展持续性学习。[②] 联通主义学习具有多样、自主、联通、开放的特点,相应的教育教学实践具有与传统教学不同的交互规律。

我国学者王志军等人基于远程学习教学交互层次塔和真实联通主义学习情境下的教学交互数据,以认知参与度模型[③]为分层标准,构建了联通主义教学交互与参与(CIE)框架,该框架又被称为联通主义学习的教学交互理论模型。[④] 该模型将联通主义学习分为操作交互、寻径交互、意会交互和创生交互四个交互层次,分别对应操作支持、网络联结、讨论共享和创造生成等不同类型与层次的交互内容;各层教学交互相互影响,低层教学交互支撑高层教学交互,高层教学交互又作用于低层教学交互的扩展。该模型已被相关实证研究验证了它对联通主义情境中教学交互分析的有效性[⑤][⑥],能够为揭示互联网环境下联通主义学习的教学交互与认知规律提供重要的理论基础。

联通主义在线开放课程中的学习者由来自不同区域、文化背景、学习经

[①] Siemens, G., "Connectivism: A Learning Theory for the Digital Age," *International Journal of Instructional Technology and Distance Learning*, 2005, 2(1), pp.3-10.

[②] Kop, R., & Hill, A., "Connectivism: Learning Theory of the Future or Vestige of the Past?" *The International Review of Research in Open and Distance Learning*, 2008, 9(3), pp.1-13.

[③] Anderson, L. W., "Rethinking Bloom's Taxonomy: Implications for Testing and Assessment," *Education*, 1999, pp.1-25.

[④] Wang, Z., Chen, L., & Anderson, T., "A Framework for Interaction and Cognitive Engagement in Connectivist Learning Contexts," *International Review of Research in Open and Distributed Learning*, 2014, 15(2), pp.121-141.

[⑤] 徐亚倩、陈丽:《联通主义学习中个体网络地位与其概念网络特征的关系探究——基于cMOOC第1期课程部分交互内容的分析》,载《中国远程教育》,2019(10)。

[⑥] 黄洛颖、陈丽、田浩等:《联通主义学习教学交互的关系及其特征研究》,载《中国远程教育》,2020(9)。

历的社会大众构成，具有多样性、规模化和异质性等特点。[①] 学习者对各自领域的认识、经验和待解决的问题都是联通主义学习社区与课程的宝贵资源。如何调动学习者已有的知识与经验，使他们在联通主义理论指导的社区型课程(cMOOCs)中开展深度的教学交互，是联通主义教学设计需要重点关注的内容。协作学习强调成员间参与共同活动来引发社会化认知过程和深度交互。在网络环境中开展协作学习有助于学习者从更大的范围中寻找并建立小组或共同体，能够促进学习者之间的信息交换和资源共享。[②] 在cMOOCs中嵌入协作学习活动，需要创设真实的问题情境，以使具有相同兴趣的学习者能够汇集在一起进行深度交互和问题解决。

  问题类型及其表征是协作式问题解决活动设计的核心。前人研究指出，相比于计算求解、规则应用等良构问题，诊断问题、决策问题、设计问题和案例分析问题等劣构问题更适用于基于问题的学习。[③] 除了问题类型，组内个体差异也是影响问题解决效果的重要因素[④]，即对于具有多样化背景和经验的cMOOCs学习者，问题解决小组成员构成的异质程度也应当被纳入影响教学交互的因素中。总的来说，揭示联通主义协作问题解决的教学交互规律需要综合考虑问题类型、情境创设、成员异质性等因素。此外，目前协作学习领域主要把协作作为一种理解和提升个体长期学习结果的手段，这种观念使得大部分研究仍以个体为分析单元，忽视了集体在协作中的表现。[⑤] 实际上，在问题解决活动中，小组的交互质量与问题解决结果密切相关，个体能力并不是影响协作结果的决定性因素。[⑥] 因此，我们需要更多地关注小组作

  [①] 王志军、陈丽：《联通主义学习的教学交互理论模型建构研究》，载《开放教育研究》，2015，21(5)。

  [②] Jeong, H., & Hmelo-Silver, C. E., "Seven Affordances of Computer-Supported Collaborative Learning: How to Support Collaborative Learning? How Can Technologies Help?" *Educational Psychologist*, 2016, 51(2), pp. 247-265.

  [③] Jonassen, D. H., & Hung, W., "All Problems Are Not Equal: Implications for Problem-Based Learning," *Interdisciplinary Journal of Problem-Based Learning*, 2008, 2(2), pp. 6-28.

  [④] Jonassen, D. H., "Toward a Design Theory of Problem Solving," *Educational Technology Research and Development*, 2000, 48(4), pp. 63-85.

  [⑤] [美]诺埃尔·埃涅迪、[美]里德·史蒂文斯：《协作学习研究》，见[美]R. 基恩·索耶(Ed.)：《剑桥学习科学手册(第2版)》，徐晓东、杨刚、阮高峰等译，北京，教育科学出版社，2021。

  [⑥] Barron, B., "When Smart Groups Fail," *Journal of the Learning Sciences*, 2003, 12(3), pp. 307-359.

为一个整体是如何协调其信息、资源、能力和经验的，而不是仅仅在个体水平上分析单个成员的能力、表现与贡献。

(二)基于协作会话的量化民族志

学习者通过在线课程平台的博客、论坛以及即时通信工具进行基于文本的会话，进而开展基于信息和资源的联通学习。对真实情境的在线会话数据进行分析能够揭示在线学习的基本过程、学习行为和学习质量。[1] 关注在线协作会话数据，有助于理解联通主义学习情境中协作式问题解决的教学交互和认知参与情况。认知民族志(cognitive ethnography)是一种融合了人类学和心理学的基于实地考察的研究方法(field-based approach)，旨在通过关注参与者在情境活动中的行为来分析其认知过程。[2]

认知民族志的认知框架理论(theory of epistemic frames)[3]有如下观点：第一，学习者总是嵌入在文化中，文化体现在行动、谈话、协作和制造中；第二，学习者总是嵌入在文化情境的话语(discourse)中，在谈话中、在制作和操作人工制品中、在手势中、在移动中、在任何能够感知世界的事物中；第三，学习者总是嵌入在交互中，学习在本质上是与他人互动的人际过程；第四，学习者总是嵌入在时间中，文化的构建与表达是通过一系列具有时序关系的行动和回应展开的。认知框架理论认为活动发生在邻近时间的上下文中，先前的事件为行动的诠释提供了共同基础(common ground)，即在对话或活动流中人们的行动与回应是接连发生的。[4]

基于认知民族志相关理论和网络建模技术，美国威斯康星大学麦迪逊分校的大卫·谢弗提出了一种量化民族志(quantitative ethnography)方法——认

---

[1] 李海峰、王炜：《在线学习内容分析法的基本研究范式》，载《开放教育研究》，2018，24(2)。

[2] Kaur, G. D., "Situated and Distributed Cognition in Artifact Negotiation and Trade-Specific Skills: A Cognitive Ethnography of Kashmiri Carpet Weaving Practice," *Theory & Psychology*, 2018, 28(4), pp. 451-475.

[3] Shaffer, D., "Epistemic Network Analysis: Understanding Learning by Using Big Data for thick description," in F. Fischer, C. E. Hmelo-Silver, S. R. Goldman, & P. Reimann (Eds.), *International Handbook of the Learning Sciences Routledge*, 2018, pp. 520-531.

[4] Shaffer, D. W., *Quantitative Ethnography*, Madison, Cathcart Press, 2017, pp. 186-223.

知网络分析。① ENA 是一种对质性数据进行量化转换和网络建模分析的方法，为分析与评价协作学习提供了新的思路，被广泛地应用于在线协作学习的实证研究中。② ENA 将学习刻画为认知框架的发展，认知框架具体指知识、技能、思维、习惯等认知元素所连接而成的模式，或者是一个群组分析、调查、解决复杂问题时的共同方法。③ ENA 通过对个体或群体行为的量化编码和关联建模而形成认知网络模型，来描述个体或群体在分析、调查、解决复杂问题时的认知表现。④ 联通主义学习强调内部神经网络、概念网络和外部社会网络之间的联结，ENA 能够作为生物层面认知神经网络的替代性分析方法，实现对个体和群体的复杂认知网络进行可视化表征与对比分析。⑤

对协作者的认知表现进行量化分析，需要借助于符合相应学习情境的认知编码框架。前人研究大多在建构主义学习理论的指导下设计分析社会化知识建构过程的互动分析工具，最为常见的是交互分析模型（interaction analysis model，IAM）。⑥ 该模型将社会知识建构过程分为信息分享与比较、差异发现与探索、意义协商与共建、知识检验与修正、结论共识与应用五个阶段。然而，IAM 编码框架主要面向基于博客或论坛的异步在线讨论，并不适用于同步在线讨论所涉及的操作、寻径等基础交互的分析。基于同步讨论的社会交

---

① Shaffer, D. W., "Models of Situated Action: Computer Games and the Problem of Transfer," in C. Steinkuehler, K. D. Squire, & S. A. Barab (Eds.), *Games, Learning, and Society: Learning and Meaning in the Digital Age*, Cambridge, Cambridge University Press, 2012, pp. 403-433.

② 吴忭、王戈：《协作编程中的计算思维发展轨迹研究——基于量化民族志的分析方法》，载《现代远程教育研究》，2019(2)。

③ Shaffer, D. W., "Models of Situated Action: Computer Games and the Problem of Transfer," in C. Steinkuehler, K. D. Squire, & S. A. Barab (Eds.), *Games, Learning, and Society: Learning and Meaning in the Digital Age*, Cambridge, Cambridge University Press, 2012, pp. 403-433.

④ Shaffer, D. W., Collier, W., & Ruis, A. R., "A Tutorial on Epistemic Network Analysis: Analyzing the Structure of Connections in Cognitive, Social, and Interaction Data," *Journal of Learning Analytics*, 2016, 3(3), pp. 9-45.

⑤ 王志军、刘璐、杨阳：《联通主义学习行为分析方法体系研究》，载《开放教育研究》，2019, 25(4)。

⑥ Gunawardena, C. N., Lowe, C. A., & Anderson, T., "Analysis of a Global Online Debate and the Development of an Interaction Analysis Model for Examining Social Construction of Knowledge in Computer Conferencing," *Journal of Educational Computing Research*, 1997, 17(4), pp. 397-431.

互特征，有研究者在 IAM 编码框架的基础上增加了与组员间识别、领导、协调等互动行为相关的编码维度。① 进一步地，针对同步互动信息交换速度快、形式简洁、内容精练等行动特征，有研究者设计了包含学术相关、社交联结、偏离主题三个一级维度的"行动引导的同步互动"编码框架。② 以上编码工具探索了异步和同步协作的互动特征，但仅适用于传统建构主义指导的协作学习，未能体现联通主义学习所强调的资源汇聚、网络节点联结。换言之，探索联通主义情境中协作问题解决规律需要发展出新的交互分析工具。前文介绍的联通主义教学交互理论模型包括操作、寻径、意会和创生四个与网络环境下的会话建立与深度发展密切相关的交互维度，有助于发展相应的认知编码框架，为探究联通主义情境中的协作问题解决规律提供研究工具设计基础。

二、研究框架与假设

本研究拟基于联通主义学习的教学交互理论模型，设计适用于协作问题解决情境的认知编码框架，运用认知网络分析方法，对问题解决阶段各小组的协作会话数据进行编码与认知网络建模，以揭示联通主义协作式问题解决的认知发展规律。本研究的具体研究问题包括：①协作问题解决各周的认知网络有什么不同，认知网络质心有怎样的位移路径？②不同问题类型的小组，在认知网络和质心位移上有怎样的差异？③不同成员构成的小组，在认知网络和质心位移上有怎样的差异？④不同协作质量的小组，在认知网络和质心位移上有怎样的差异？

问题解决阶段共形成 12 个小组，各小组可以从问题类型、成员构成、协作质量进行类型划分。本研究假设小组类型和问题解决阶段均会影响小组的认知网络结构。本研究的研究框架如图 6-1 所示。

---

① Hou, H., & Wu, S., "Analyzing the Social Knowledge Construction Behavioral Patterns of an Online Synchronous Collaborative Discussion Instructional Activity Using an Instant Messaging Tool: A Case Study," *Computers & Education*, 2011, 57(2), pp. 1459-1468.

② Wang, C., Fang, T., & Gu, Y., "Learning Performance and Behavioral Patterns of Online Collaborative Learning: Impact of Cognitive Load and Affordances of Different Multimedia," *Computers & Education*, 2020(143), p. 103683.

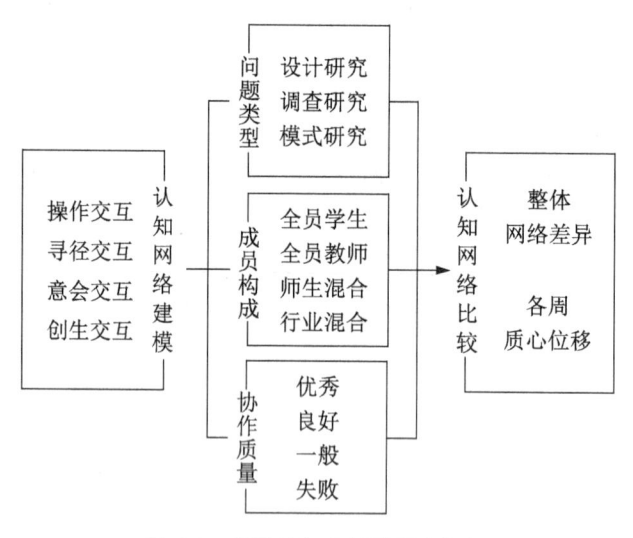

图 6-1　组间认知差异的研究框架

三、研究方法与工具

(一)认知编码框架设计

认知网络分析方法需要根据特定研究情境设计认知编码框架，并基于认知编码框架对协作会话文本进行编码。基于联通主义与协作学习相关理论和实证研究[1][2][3]，以及对研究情境与协作会话数据的深度分析，本研究设计了适用于联通主义协作学习的认知编码框架(见表6-1)。认知编码框架主要包含四个与协作任务相关的交互层次，分别是操作交互、寻径交互、意会交互、创生交互，另外还有一个无关交互。结合联通主义学习情境的小组协作特征，本研究对认知编码框架的四个主要交互层次进行如下内涵界定：操作交互，指小组成员为了创设共同的协作空间而进行的操作及相关技术支持；寻径交互，指小组成员为了开展任务而进行的人际联结与信息共享；意会交互，指小组成员为了解决问题而进行的集体内容加工与总结；创生交互，指小组成员为了产出成果而进行的内容观点综合和学习制品创造。

---

[1]　王志军、陈丽：《cMOOCs中教学交互模式和方式研究》，载《中国电化教育》，2016(2)。

[2]　徐亚倩、陈丽：《联通主义学习中个体网络地位与其概念网络特征的关系探究——基于cMOOC第1期课程部分交互内容的分析》，载《中国远程教育》，2019(10)。

[3]　黄洛颖、陈丽、田浩等：《联通主义学习教学交互的关系及其特征研究》，载《中国远程教育》，2020(9)。

认知编码框架共包含 10 个认知元素。操作交互包含两个认知元素：空间创设（O1）和技术操作（O2）。寻径交互包含三个认知元素：社交联结（W1）、内容关联（W2）、任务对接（W3）。意会交互包含三个认知元素：思路建议（S1）、差异协商（S2）、计划决策（S3）。创生交互仅包含一个认知元素：综合创造（C）。此外，无关交互也仅包含一个认知元素，即无关信息（I）。对于操作交互，以往研究通常关注技术使用[1][2]，本研究在技术操作（O2）的基础上，还提出了空间创设（O1）这一认知元素，用以突出开放环境下小组协作空间的形成和扩展。寻径交互中的认知元素分别参考了有关学者[3][4]的学术相关、任务协调、社会交互编码维度，提供、提问、回应和检查维度，以及王志军等人的间接和直接的寻径维度。相比于建构主义指导下的交互分析编码表，认知编码框架的寻径交互维度更关注社群网络和小组任务之间的关联，具体包括关于人的寻径（社交联结）、关于信息的寻径（内容关联）以及关于任务的寻径（任务对接）。意会交互的认知维度参考了有关研究者提出的 IAM 编码中"差异发现与探索""意义协商与共建"[5]，以及王志军等人的协商、决策的意会维度[6]。对于创生交互，与短时段的基于文本的小组协作知识建构不同，长周期问题解决的创生交互结果通常以阶段性的文档或博文链接为主，因此本研究将综合和创造统一合并为一个认知元素（C）。

---

[1] Hou, H., & Wu, S., "Analyzing the Social Knowledge Construction Behavioral Patterns of an Online Synchronous Collaborative Discussion Instructional Activity Using an Instant Messaging Tool: A Case Study," *Computers & Education*, 2011, 57(2), pp. 1459-1468.

[2] Wang, C., Fang, T., & Gu, Y., "Learning Performance and Behavioral Patterns of Online Collaborative Learning: Impact of Cognitive Load and Affordances of Different Multimedia," *Computers & Education*, 2020(143), p. 103683.

[3] Hou, H., & Wu, S., "Analyzing the Social Knowledge Construction Behavioral Patterns of an Online Synchronous Collaborative Discussion Instructional Activity Using an Instant Messaging Tool: A Case Study," *Computers & Education*, 2011, 57(2), pp. 1459-1468.

[4] Wang, C., Fang, T., & Gu, Y., "Learning Performance and Behavioral Patterns of Online Collaborative Learning: Impact of Cognitive Load and Affordances of Different Multimedia," *Computers & Education*, 2020(143), p. 103683.

[5] Gunawardena, C. N., Lowe, C. A., & Anderson, T., "Analysis of a Global online Debate and the Development of an Interaction Analysis Model for Examining Social Construction of Knowledge in Computer Conferencing," *Journal of Educational Computing Research*, 1997, 17(4), pp. 397-431.

[6] 王志军、陈丽：《cMOOCs 中教学交互模式和方式研究》，载《中国电化教育》，2016(2)。

表 6-1　联通主义协作学习的认知编码框架

交互层次	认知元素	编码	说明	示例
无关交互	无关信息	I	无实际含义的操作或与问题解决任务无关的交互（撤回等操作；无关的文本、链接、表情符号等）。	"×××撤回一条消息" "新年快乐！"
操作交互	空间创设	O1	通过发起群聊、邀请他人进群、创建线上视频会议/协作文档等方式来创设小组讨论空间。	发起群聊；邀请问题指导教师或其他人员进群；发起腾讯会议/石墨文档。
操作交互	技术操作	O2	询问或提供课程平台操作、软件/工具使用等技术方面的指导和建议。	"打开这个链接看看，是否能进入咱们的队伍页面呢？"
寻径交互	社交联结	W1	表示打招呼、欢迎、赞同等社交情感类互动； 询问或回应是否能够建立联结（进行在线同步讨论）。	"9点大家方便吗？" "好的，我的时间可以。" "[强]" "下午有会无法参加。" "会议可以进来了吗？"
寻径交互	内容关联	W2	转发或补充说明课程通知、社群消息、活动时间等信息； 分享和推荐课程资源（博客、网站、个人学习成果）以及其他相关资源（论文、书籍等）（无点评和分析）； 寻求或提供路径/信息获取、软件/工具选择等策略层面的帮助（简单性提问和回复）。	转发课程某直播信息： "[链接]这是问题解决阶段的具体流程" 分享相关博客链接、文献等学习资料 "没有链接地址" "在老师群里发一下"
寻径交互	任务对接	W3	询问或报告小组任务、个人分工进度情况； 通过鼓励等行为推动小组任务的进展； 对任务计划或分工表示支持。	"最好安排一下计划和具体分工，方便实施" "汇报准备得怎么样？" "我们这周需要找个时间讨论一下" "看到你们的成果，非常棒！" "（回应分工）好的"
意会交互	思路建议	S1	询问或回应成员个人观点或思路建议； 针对小组任务给出较为深入的个人观点或相关策略与建议； 推荐相应的文献、工具、博客等资源（带有个人理解与分析）。	"我们的问题是调查研究吗？" "我们采用问卷调查" "资源时长不同，也可以分为系统课程，比如 MOOC，还可以是微课，小知识点。" "周末听了一场报告[链接]，报告中指出居家上课期间的在线学习（针对……的学生），学生认为最大的挑战是'缺乏自律'……这是我的思考和想法，最后一个是对执行力的描述性定义。"

续表

交互层次	认知元素	编码	说明	示例
意会交互	差异协商	S2	呈现问题期待更深入的探讨； 指出或回应不一致的观点/行为（任务具体内容），展开进一步协商； 提供证据进行解释、澄清、论述。	"［文件］上次整理学科教学探究工具时，我也下载了一个相关的虚拟仿真工具，然后根据这个工具这几天我也在尝试着设计一节探究课……对于老师如何去更好地辅助学生进行探究，我想到的是：用程序编程，将结果进行可视化［视频］" A："问卷中是不是要加入高校教师这个选项呢？" B："问卷主要是针对学生设计的。" A："那教师就用访谈的方式。" "关于职业教育领域包括哪些，是我在看了职教20条后写的［文件］。这里面包括范围很广，学历教育和非学历教育（全体社会人员）。"
	计划决策	S3	进行任务协调与分配； 确定计划，进行具体任务安排； 做出协作策略或问题解决方法的选择。	"@A，@B我们这两天先把数据清理和打分工作做一下吧。" "××，你看看文档里的内容。你之前调研的学科探究工具列出来，把每一个工具的特点都写一下。""好的。" "如果分模块应该是比较容易的，我认为我们可以用不同学科的案例作为突破点，不同的人写不同的方面，既可以分又可以合，又可以按照不同人的长处？大家觉得呢？"
创生交互	综合创造	C	整合已有的碎片化资源，二次创作形成新内容； 得出一致性结论、完善共同构建的方案； 形成较为系统、深入的原创性成果。	"［文件］（调查问卷/访谈提纲/概念整合等）" "根据咱们小组成员的反馈，修改了下访谈提纲［文件］，如有意见请大家再指正。" "各位老师好，我这几天整理的……最后的结论……问题解决5.0组问题解决最终成果［文件］。"

(二)认知网络建模

认知网络分析主要分为图 6-2 所示的三个环节①,接下来将介绍该方法在本研究中的应用与建模结果。

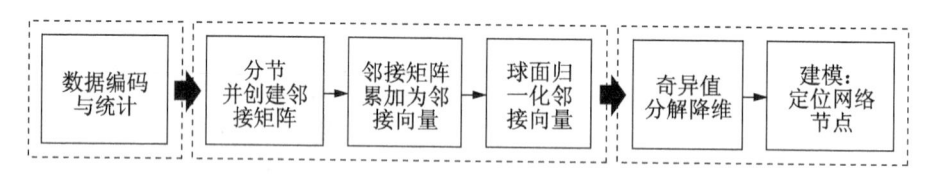

```
数据编码    →   分节          邻接矩阵        球面归      →   奇异值       建模:
与统计          并创建邻      累加为邻        一化邻          分解降维     定位网络
                接矩阵        接向量          接向量                        节点
```

图 6-2 认知网络分析的编码与建模过程

1. 数据编码与统计

在编码过程中,两名研究者通过编码训练后,对提取的 2420 条文本数据进行背对背编码。对两名研究者的编码进行内部一致性检验(inter-rater reliability),得到 Kappa 系数为 $0.830(p<0.001,N=2420)$,表明编码质量在可接受的水平上。随后,由第三名研究者与前两名研究者共同讨论并确定每条数据的最终编码。每条数据都被编码为一个及以上的认知元素,即均至少体现了一种联通主义协作学习的认知参与形式。其中,有 231 条数据被编码为两个认知元素,因此 2420 条数据共包含 2651 个认知元素。表 6-2、表 6-3、表 6-4 分别为问题类型、成员构成、协作质量分组下的认知元素编码统计结果。由统计结果可知,寻径交互三个认知元素(W1、W2、W3)的频次及占比排名前三,分别为 722(27.24%)、528(19.92%)、483(18.22%),总占比为 65.38%,说明协作者在问题解决过程中是以寻径交互为主的;其次是意会交互(总占比为 17.65%)、操作交互(总占比为 8.34%)。由于本研究关注的是长周期问题解决的创生交互,这种交互通常处于离线状态且常以阶段性的文档或博文链接为产出形式,因此创生交互的总占比相对较少(4.15%)。

表 6-2　问题类型分组下的认知元素编码统计结果

认知元素	设计研究	调查研究	模式研究	总计
I	56(7.07%)	75(5.00%)	6(1.67%)	137(5.17%)
O1	31(3.91%)	41(2.74%)	12(3.33%)	84(3.17%)
O2	47(5.93%)	49(3.27%)	23(6.39%)	119(4.49%)

---

① 王辞晓:《技术供给的动力作用:合作探究中具身参与的认知网络分析》,载《中国电化教育》,2021(2)。

续表

认知元素	设计研究	调查研究	模式研究	总计
W1	210(26.52%)	368(24.55%)	144(40.00%)	722(27.24%)
W2	216(27.27%)	258(17.21%)	54(15.00%)	528(19.92%)
W3	145(18.31%)	282(18.81%)	56(15.56%)	483(18.22%)
S1	31(3.91%)	186(12.41%)	10(2.78%)	227(8.56%)
S2	20(2.53%)	118(7.87%)	25(6.94%)	163(6.15%)
S3	12(1.52%)	48(3.20%)	18(5.00%)	78(2.94%)
C	24(3.03%)	74(4.94%)	12(3.33%)	110(4.15%)
总计	792(100%)	1499(100%)	360(100%)	2651(100%)

表 6-3　成员构成分组下的认知元素编码统计结果

认知元素	全员学生型	全员教师型	师生混合型	行业混合型	总计
I	27(3.13%)	8(2.80%)	67(6.06%)	35(8.84%)	137(5.17%)
O1	20(2.32%)	13(4.55%)	38(3.44%)	13(3.28%)	84(3.17%)
O2	24(2.78%)	16(5.59%)	60(5.42%)	19(4.80%)	119(4.49%)
W1	242(28.04%)	71(24.83%)	290(26.22%)	119(30.05%)	722(27.24%)
W2	162(18.77%)	53(18.53%)	244(22.06%)	69(17.42%)	528(19.92%)
W3	132(15.30%)	43(15.03%)	237(21.43%)	71(17.93%)	483(18.22%)
S1	96(11.12%)	39(13.64%)	64(5.79%)	28(7.07%)	227(8.56%)
S2	86(9.97%)	33(11.54%)	26(2.35%)	18(4.55%)	163(6.15%)
S3	33(3.82%)	3(1.05%)	31(2.80%)	11(2.78%)	78(2.94%)
C	41(4.75%)	7(2.45%)	49(4.43%)	13(3.28%)	110(4.15%)
总计	863(100%)	286(100%)	1106(100%)	396(100%)	2651(100%)

表 6-4　协作质量分组下的认知元素编码统计结果

认知元素	优秀	良好	一般	失败	总计
I	39(5.91%)	38(3.20%)	59(8.17%)	1(1.20%)	137(5.17%)
O1	22(3.33%)	32(2.70%)	27(3.74%)	3(3.61%)	84(3.17%)
O2	17(2.58%)	45(3.79%)	52(7.20%)	5(6.02%)	119(4.49%)
W1	230(34.85%)	288(24.28%)	177(24.52%)	27(32.53%)	722(27.24%)
W2	81(12.27%)	230(19.39%)	199(27.56%)	18(21.69%)	528(19.92%)
W3	127(19.24%)	193(16.27%)	144(19.94%)	19(22.89%)	483(18.22%)

续表

认知元素	优秀	良好	一般	失败	总计
S1	43(6.52%)	164(13.83%)	17(2.35%)	3(3.61%)	227(8.56%)
S2	35(5.30%)	115(9.70%)	11(1.52%)	2(2.41%)	163(6.15%)
S3	28(4.24%)	30(2.53%)	16(2.22%)	4(4.82%)	78(2.94%)
C	38(5.76%)	51(4.30%)	20(2.77%)	1(1.20%)	110(4.15%)
总计	660(100%)	1186(100%)	722(100%)	83(100%)	2651(100%)

2. 分节与邻接向量创建

本研究使用 ENA 网络工具(version 1.7.0)[①]来进行编码后数据的处理和分析。会话(conversation)是建立认知元素之间联结的最大有效范围,一个会话指一组人围绕一个主题进行的讨论。分析单元(unit)是由研究者选定的进行分析比较的数据单元,在本研究中能够进行分析的最小单元是某一问题解决周中某个小组的某个成员的讨论文本数据。本研究关注小组交互而形成的整体认知网络,因此,本研究将分析单元设置为某一问题解决周中某个小组的全部会话,例如第一周中 G1 组的会话。

ENA 关注邻近出现的认知元素之间的联结,即共现关系(co-occurrence),而节(stanza)是认知元素之间建立共现关系的最小单元。一个分析单元由多个节构成,每个节包含多条时间相近且内容相关的数据。一个节中的所有数据被编码为认知元素后,同一个节中的认知元素相互关联,不同节的认知元素则不相关。分节便是确定一个节应包含多少条数据,ENA 工具使用滑动窗口(Moving Stanza Window)的大小来进行分节与数据分析,具体分析邻近数据之间认知元素的共现,创建邻接矩阵。本研究将滑动窗口的大小设置为 7(Stanza Window Size=7),即进行分析时,计算特定会话中每 7 条数据的认知元素编码频次,进而创建邻接矩阵。如表 6-5 所示,1~7 行的节可生成一个邻接矩阵,2~8 行的节也能够生成一个邻接矩阵,依此类推。

表 6-5 编码矩阵与滑动窗口示例

数据编号	周次	组别	学号	I	O1	O2	W1	W2	W3	S1	S2	S3	C
1	Week 1	G1	3029	0	0	0	0	1	0	0	0	0	0
2	Week 1	G1	3029	0	0	0	0	0	1	0	0	0	0

[①] Marquart, C. L., Hinojosa, C., Swiecki, Z., et al., Epistemic Network Analysis (Version 1.7.0), 2018.

续表

数据编号	周次	组别	学号	I	O1	O2	W1	W2	W3	S1	S2	S3	C
3	Week 1	G1	5508	0	0	0	0	1	0	0	0	0	0
4	Week 1	G1	3029	0	0	0	0	1	0	0	0	0	0
5	Week 1	G1	5508	0	0	0	0	1	0	0	0	1	0
6	Week 1	G1	5508	0	0	0	1	0	0	0	0	0	0
7	Week 1	G1	3029	0	0	0	0	1	1	0	0	0	0
8	Week 1	G1	5508	0	0	0	0	1	1	0	0	0	0
9	Week 1	G1	5847	0	0	0	0	1	0	0	0	0	0
10	Week 1	G1	5508	0	0	0	1	0	0	0	0	0	0

根据滑动窗口大小，创建完全部邻接矩阵后，ENA 算法会将分析单元的每个窗口的邻接矩阵进行累积，得到累积邻接矩阵。各分析单元的累积邻接矩阵能够转换为邻接向量，每个邻接向量代表高维空间中两个认知元素共现的频次。

本研究得出的 ENA 模型共包含 10 个认知元素：I、O1、O2、W1、W2、W3、S1、S2、S3、C。ENA 得出的网络由模型中所有分析单元的编码线（coded lines）整合而成。对于一个分析单元，10 个认知元素两两相连，最多可在网络中形成共有 45 个无向编码线的高维空间。

3. 认知网络的降维与建模

在 ENA 高维空间中，邻接向量反映了分析单元中认知元素间的关联方式，为对不同分析单元的认知网络进行比较，需要进行球面归一化处理，得到归一化的向量。[①] 不同分析单元在数据中可能具有不同数量的编码线，因此 ENA 算法需对网络进行标准化处理。为进行认知网络的可视化比较，还需将高维空间网络进行降维。ENA 算法采用奇异值分解的方法进行降维处理，生成含多个维度的旋转矩阵，选择前两个能够最大化解释原始数据整体变异量（variance）的维度，以实现高维空间在平面上的二维投影。

ENA 在建模过程中会生成优化后的节点网络图，以此来实现认知网络的可视化。在节点网络图中，节点对应于认知元素，节点的位置反映了认知网络的关联结构，节点的大小反映了该认知元素出现的相对频次。边，指标准

---

① Shaffer, D. W., Collier, W., & Ruis, A. R., "A Tutorial on Epistemic Network Analysis: Analyzing the Structure of Connections in Cognitive, Social, and Interaction Data," *Journal of Learning Analytics*, 2016, 3(3), pp. 9-45.

化后的编码线，其粗细反映了两个认知元素之间共现或联结的相对频次。如图 6-3 所示，本研究认知编码框架中的 10 个认知元素分别位于二维空间各象限中，并由此形成了联通主义协作学习的认知网络模型图。其中，I 无关信息被隐藏，即认知网络模型图仅展示与任务相关的 9 个认知元素。第一维度（X 轴）占原始数据整体变异数的 23.2%，第二维度（Y 轴）占原始数据整体变异数的 13.1%。第一维度的配准（co-registration）皮尔逊相关系数为 0.94，第二维度的配准皮尔逊相关系数为 0.91。综上，可以认为 ENA 生成的可视化模型与原始模型具有较高的拟合优度。

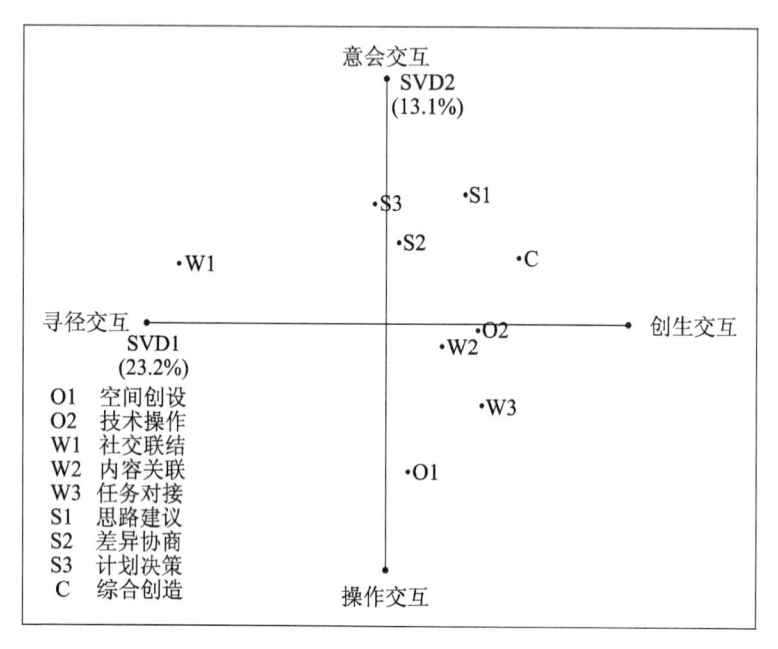

图 6-3 认知网络模型

根据生成的认知网络模型中认知元素的分布情况，X 轴（SVD1）和 Y 轴（SVD2）能够被赋予相关的含义。

靠近 X 轴的认知元素有 W1（社交联结）、W2（内容关联）、O2（技术操作）、C（综合创造）。其中，W1 和 C 距离较远，且代表了两个交互层次差异较大的认知元素；W2 和 O2 距离较近，可以理解为社交联结后、综合创造前的成员间信息交互。由此，X 轴两端分别被赋予寻径交互与创生交互的含义。

靠近 Y 轴的认知元素有 S2（差异协商）、S3（计划决策）、W2（内容关联）、W3（任务对接）、O1（空间创设）。其中，W3 和 O1 离坐标系中心较远，且可以综合理解为在合作过程中为了促进小组互动而进行的信息、资源的共享；S2 和 S3 则代表条件充分准备后的集体信息加工。由此，Y 轴两端分别被赋予意会交互与操作交互的含义。

综上，基于联通主义协作学习的编码框架，本研究对 12 个协作小组 5 周的 2420 条讨论文本数据进行编码，共得到 2651 个认知元素。随后，使用 ENA 网络工具对分析单元(单组单周的小组协作会话)以滑动窗口值为 7 进行认知网络分析，最终得到如图 6-3 所示的认知网络模型。其中，X 轴从左到右形成寻径交互与创生交互的连续统，Y 轴从下至上形成操作交互与意会交互的连续统。相应地，坐标系中第二象限和第四象限主要反映了为顺利开展协作的技术、人际、内容等方面的操作交互和寻径交互，第一象限则集中于围绕协作问题而进行的意会交互和创生交互。

四、数据分析结果

(一)整体认知网络

认知网络模型建立后，ENA 工具能够分别呈现不同层次分析单元的认知网络。图 6-4 为全部小组问题解决各周所表现出的认知网络(简称各周的整体认知网络)。认知网络图中连线的粗细和饱和度反映了认知元素间的关联程度。各周整体认知网络的置信区间如图 6-5 所示，表明各网络离散程度均在可接受范围内。

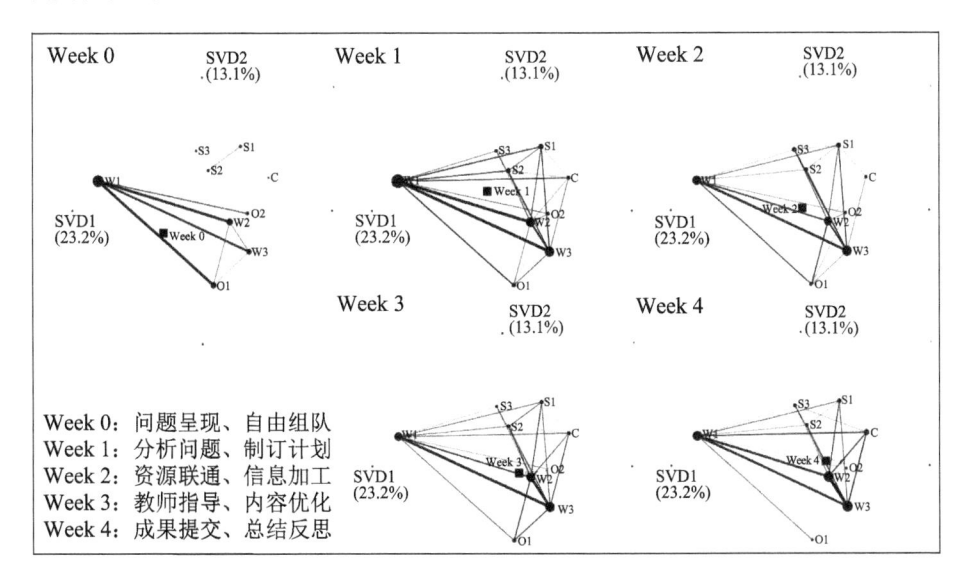

图 6-4　问题解决各周的整体认知网络

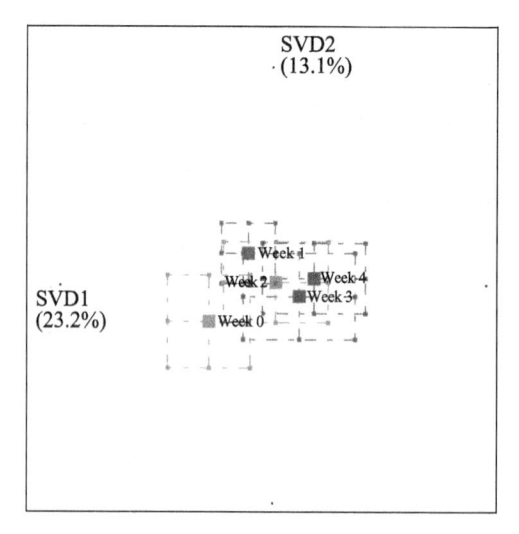

图 6-5 整体认知网络的置信区间

1. 网络差异

ENA 工具可以比较不同分析单元认知网络之间的差异。具体地，ENA 相关算法将两个认知网络中各边的权重相减生成认知网络差异图，从而揭示两个认知网络的差异。图 6-6 所示的认知网络差异图具体描绘了问题解决周每两个临近周认知网络的差异。①Week 1—Week 0：相比于 Week 1，Week 0

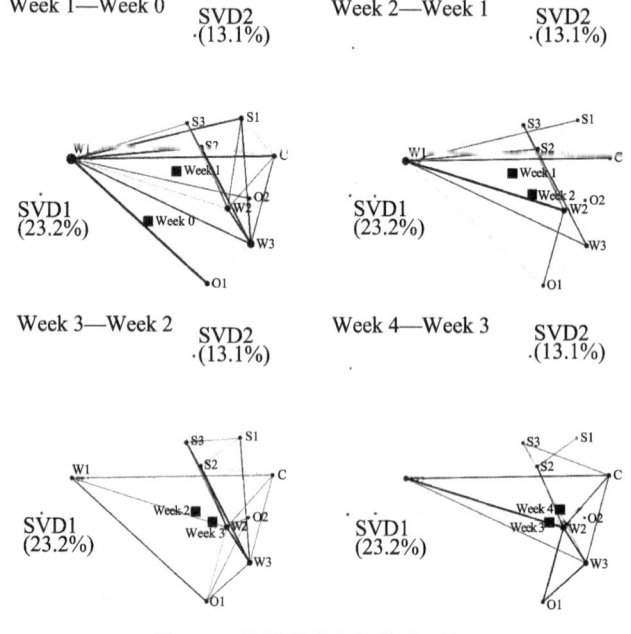

图 6-6 临近周认知网络差异图

主要集中在空间创设和社交联结的操作交互与寻径交互上，到了 Week 1 开始有更多的意会交互。②Week 2—Week 1：Week 1 的寻径交互多于 Week 2，Week 2 在意会交互上比 Week 1 更为深入。③Week 3—Week 2：相比于 Week 2，Week 3 更着力于内容关联和任务对接的寻径交互。④Week 4—Week 3：Week 4 的意会交互和创生交互多于 Week 3。总的来说，操作交互是联通主义协作学习的基础，随着协作进程的推进，寻径交互作为小组的主要交互形式与意会交互交替进行，最终推动小组实现较高水平的创生交互。

2. 质心位移

除了根据认知网络的中节点之间的联结情况来比较多个分析单元的认知网络，ENA 研究团队还定义了"质心"(centroid)这一重要概念①。认知网络既具有实物的隐喻，也相应地具有质量中心，即质心。实际的质心由高维空间中认知网络边的大小决定，反映了节点之间的联结强度。由于高维空间的质心难以计算，ENA 方法通常使用二维空间中的 ENA scores 来描述质心的近似位置。本研究认知网络模型拟合优度较高，因此能够使用 ENA scores 来表征质心的近似位置(以下简称质心)，进而用于分析多个分析单元的认知网络特征。

ENA 算法生成的问题解决各周的整体认知网络的质心在二维空间中的分布如图 6-7 所示。本研究还对整体认知网络质心随时间的位移情况进行了描绘。位移起点(实心圆点)定位于启动周的认知网络质心，连线箭头最终指向问题解决阶段最后一周的认知网络质心(以下小节均采用此标记方法)。

从质心位移情况可得，整体认知网络质心在 Y 轴方向的位移表现为在操作交互和意会交互之间循环往复，在 X 轴方向则具有从寻径交互到创生交互的稳步移动趋势。此外，通过对各周认知网络及质心位移情况进行比较分析可得，问题协作小组在经过启动周的社交联结与空间创设后，在正式问题解决阶段形成了较为明显的以寻径交互认知元素(W1、W2、W3)为核心的三元结构(triad)。该三元结构在与其他层次认知元素的共现中不断演化，并最终促使认知网络质心导向协作问题解决的创生交互。

(二)问题类型比较

问题解决协作活动的问题类型共有三种：设计研究(DS)、调查研究(SS)、模式研究(MS)。由表 6-2 问题类型分组下的认知元素编码统计结果可

---

① Shaffer, D. W., Collier, W., & Ruis, A. R., "A Tutorial on Epistemic Network Analysis: Analyzing the Structure of Connections in Cognitive, Social, and Interaction Data," *Journal of Learning Analytics*, 2016, 3(3), pp. 9-45.

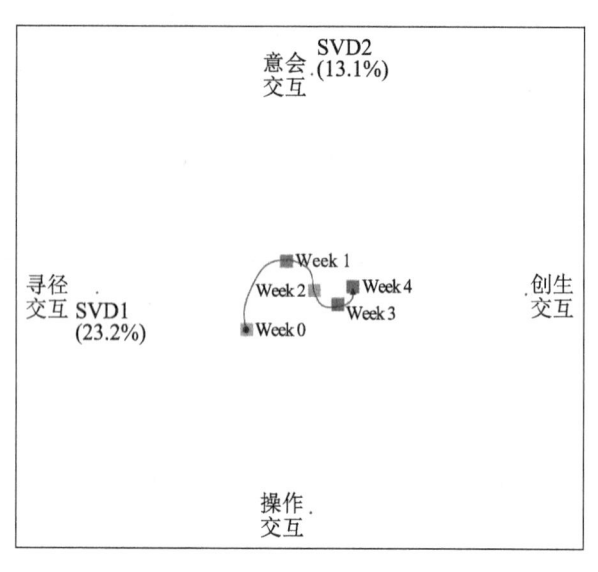

图 6-7　整体认知网络的质心在二维空间中的分布

知，相比于其他两种问题类型，调查研究更容易导向意会交互和创生交互。图 6-8 展示了不同问题类型小组的认知网络质心与置信区间。图 6-9 具体描绘了三种问题类型小组的认知网络。下面将对不同问题类型小组的认知网络进行差异分析。

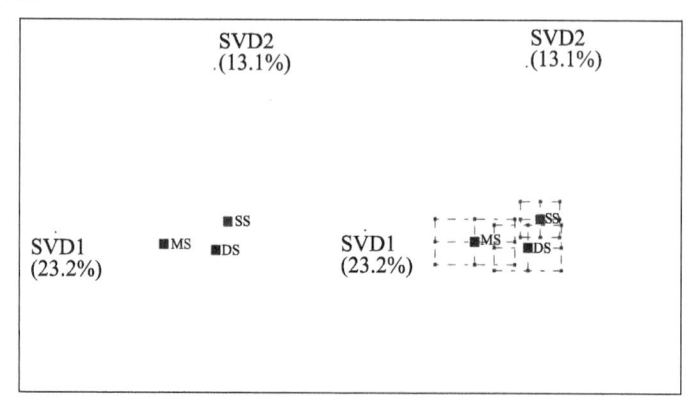

图 6-8　不同问题类型小组的认知网络质心与置信区间

1. 网络差异

图 6-10 为三对不同问题类型小组的认知网络差异。具体地，本研究对比了设计研究与调查研究(DS-SS)、调查研究与模式研究(SS-MS)、模式研究与设计研究(MS-DS)的组间认知网络差异。

设计研究与调查研究(DS-SS)的组间差异为：设计研究型小组有较多的社交联结和空间创设共现，调查研究型小组则在意会交互和创生交互层次有更

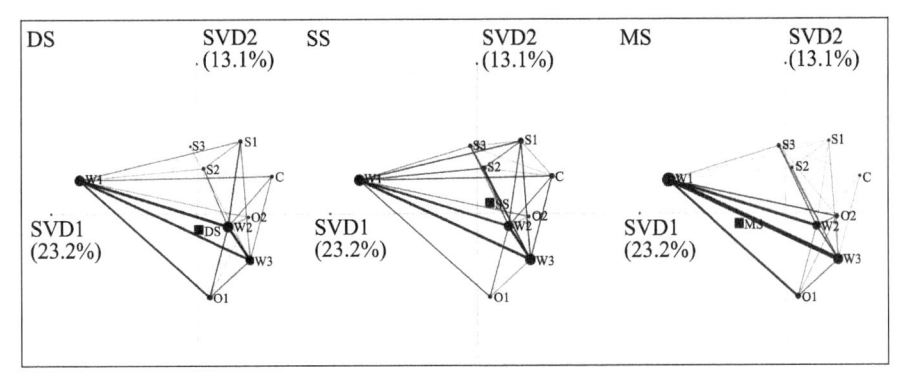

图 6-9 三种问题类型小组的认知网络

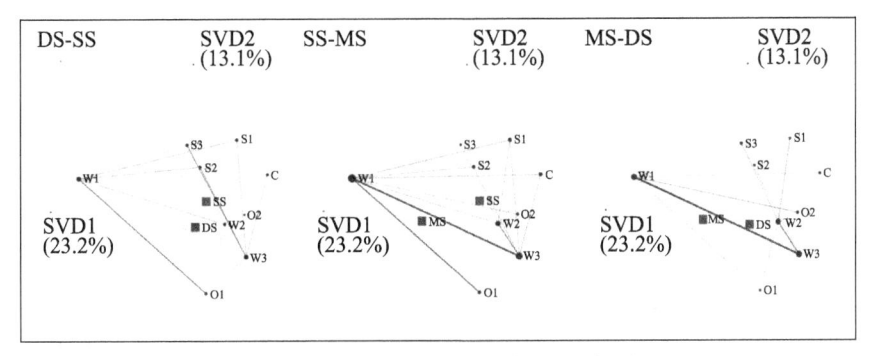

图 6-10 三对问题类型小组的认知网络差异

多共现。这说明相比于设计研究，调查研究倾向于从更丰富的操作交互和寻径交互走向较高层次的交互。

调查研究与模式研究（SS-MS）的组间差异为：模式研究型小组在操作交互和寻径交互上表现出更强的共现关系，而调查研究型小组在意会交互和创生交互上有更多共现。这说明相比于调查研究，模式研究需要进行更多的条件准备和资料积累才能够进一步推动小组任务。

模式研究与设计研究（MS-DS）的组间差异为：模式研究型小组的社交联结与任务对接共现更多，设计研究型小组的内容关联与任务对接的共现更多。这说明，相比于模式研究，设计研究更容易从内容关联入手来推动任务。

2. 质心位移

图 6-11 展示了三种问题类型小组在问题解决阶段各周的认知网络质心分布情况。由图 6-11 可得，各问题解决类型的质心起点均在第三象限，但三条质心的位移路径有较大差异，即协作始于社交联结和相关条件准备，而质心位移的发展会受到问题类型的影响。设计研究在正式进入协作阶段后，在偏重条件准备与信息加工的操作交互和寻径交互中不断推进任务，

最终导向综合创造。调查研究在正式问题解决阶段主要集中于第一象限和第二象限，即在引导周后能够较快地进入寻径交互与意会交互，通过多方面的条件准备与协商决策逐步实现最终的综合创造。相比于前两种问题类型，模式研究的质心在问题解决大部分阶段盘旋于第三象限，即徘徊于操作交互和寻径交互之间，未能深入开展意会交互，且在最后一周才移动至第一象限。这说明该问题类型小组经历了较长时间的内部探讨与路径摸索后，在课程计划推动下才进入创生交互，这也在一定程度上反映了在开放环境下模式研究的协作难度。

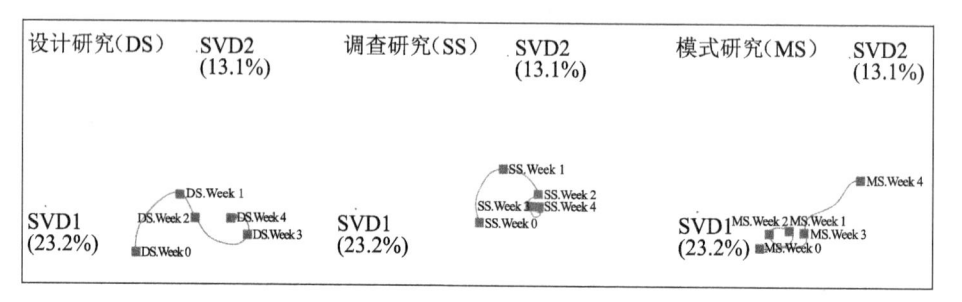

图 6-11　三种问题类型小组的认知网络质心分布情况

（三）成员构成比较

协作小组的成员构成类型共有四种：全员教师型（AT）、全员学生型（AS）、师生混合型（TS）、行业混合型（IM）。由表 6-3 成员构成分组下的认知元素编码统计结果可知，寻径交互的三个认知元素在各类型小组中的占比均高于其他认知元素。图 6-12 展示了不同成员构成类型小组的认知网络质心与置信区间，其中，AS 型和 IM 型的认知网络质心较为相近。图 6-13 具体描绘了四种成员构成类型小组的认知网络。下面将对不同成员构成类型小组的认知网络进行差异分析。

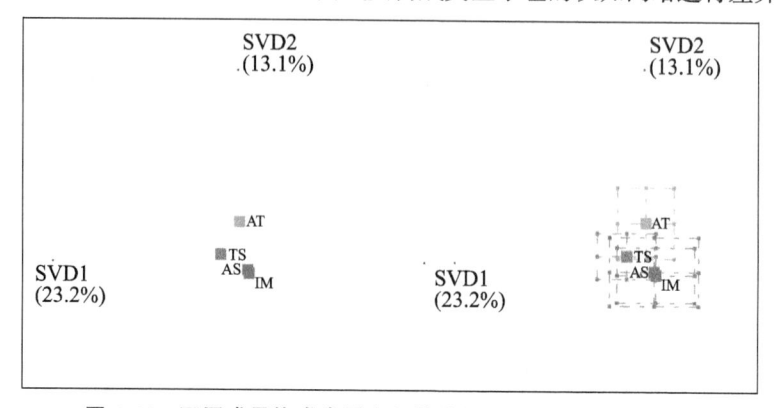

图 6-12　不同成员构成类型小组的认知网络质心与置信区间

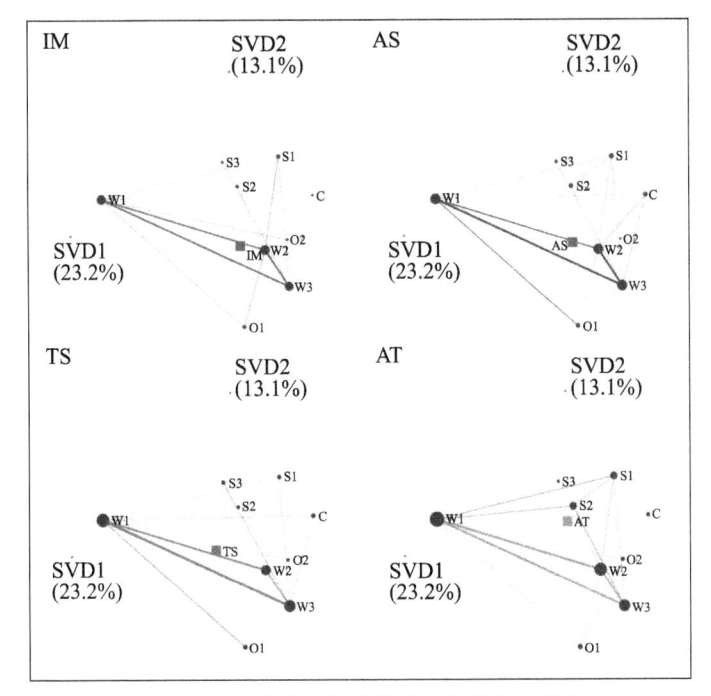

图 6-13 四种成员构成类型小组的认知网络

1. 网络差异

图 6-14 为四对不同成员构成类型小组的认知网络差异。具体地，本研究对比了行业混合与师生混合（IM-TS）、全员学生与全员教师（AS-AT）、师生混合与全员教师（TS-AT）、师生混合与全员学生（TS-AS）的组间认知网络差异。

行业混合与师生混合（IM-TS）的组间差异为：师生混合型小组在社交联结和任务对接上共现更多，行业混合型小组则在空间创设和内容关联上共现关系更强。这说明前者更偏重人际互动和任务推进，后者因背景差异和经验的丰富性而更加注重资源联通。

全员学生与全员教师（AS-AT）的组间差异为：全员学生型小组的操作交互和意会交互共现更多，且有更多任务对接和综合创造交互共现，说明此类型小组更注重任务的完成；全员教师型小组则有更强的寻径交互和意会交互共现关系。这说明前者受传统学习经验的影响，更倾向于将产出最终成果视为联通主义情境下的问题解决目标；后者则更加注重对资源的联通与内容的深度理解。

师生混合与全员教师（TS-AT）的组间差异为：全员教师型小组有更多的意会交互共现，而师生混合型小组的社交联结和空间创设共现交互更多。这说明具有相同背景的教师学员在协作中更容易展开深度信息加工；相比于全员教师型小组，师生混合型小组在进行深度协作前，需要投入较多精力来进行技术和人员等方面的准备工作。

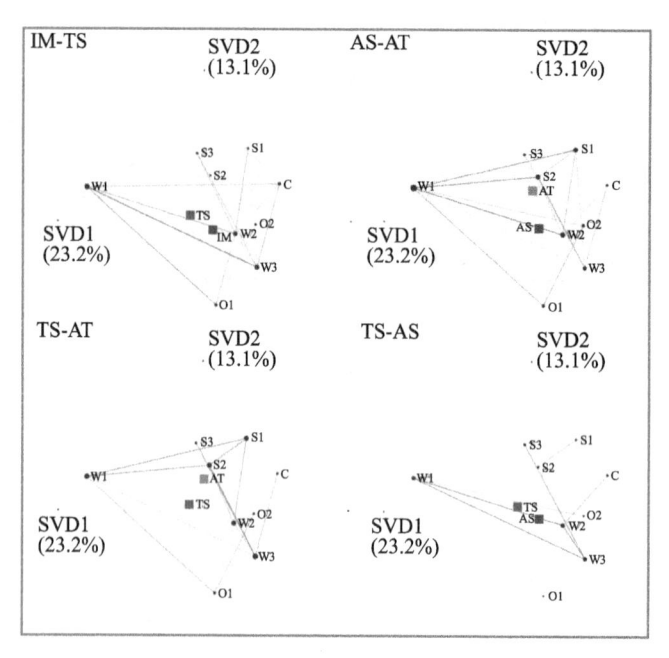

图 6-14 四对不同成员构成类型小组的认知网络差异

师生混合与全员学生(TS-AS)的组间差异为：全员学生型小组更重视任务推进和成果产出的同步进行，师生混合型小组更偏向于寻径交互的内部共现。这说明全员学生型小组会以完成任务获得高阶证书为主要学习目标，而师生混合型小组则更注重信息与内容的联通。

2. 质心位移

图 6-15 展示了四种成员构成类型小组在问题解决阶段各周的认知网络质心分布情况。由图 6-15 可得，尽管课程在问题解决阶段各周为协作小组设计了活动引导，但不同成员构成类型小组的认知网络质心位移的起点、轨迹均有较大差异。质心位移的起点和轨迹所揭示的规律与认知网络差异图所得规律相近。对于质心位移的终点，各小组最终均会指向信息加工和综合创造，即进行问题解决协作较高层次的交互。具体地，全员教师型小组的质心起点偏近有较高层级认知参与的资源分享和信息加工，质心位移路径相对集中，之后经由操作交互、寻径交互和意会交互逐步走向创生交互，实现任务的稳步推进；师生混合型小组的质心起点偏近内部成员建立关联的社交联结和条件准备，终点则偏近坐标轴中心，具体表现为较多的寻径交互共现；行业混合型小组的质心始于社交联结，在进入正式问题解决后的质心位移最接近整体认知网络反映的规律，即小组在操作交互、寻径交互和意会交互的交替往复间稳步走向综合创造；全员学生型小组的质心位移涉及的坐标范围较大，先通过较多的意会交互和寻径交互，再经由操作交互走向创生交互。

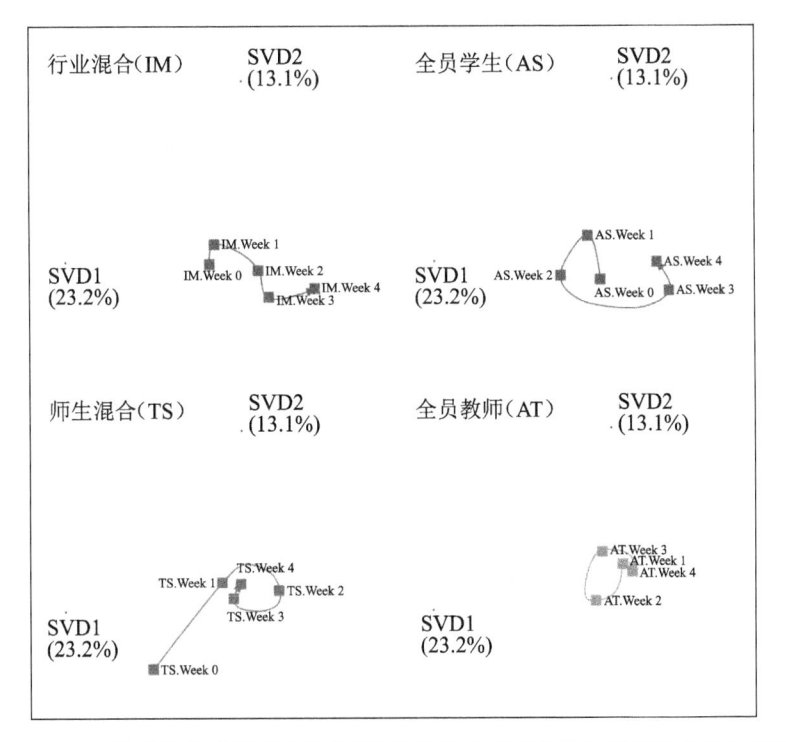

图 6-15 四种成员构成类型小组在问题解决阶段各周的认知网络质心分布情况

注：全员教师型小组在 Week 0 中未产生会话数据。

(四)协作质量比较

问题解决小组的协作质量共分为四个等级：优秀、良好、一般、失败。图 6-16 展示了不同协作质量小组的认知网络质心与置信区间。其中，失败小组仅有一组且交互频次较少(见表 6-4)，置信区间较大，置信度较低，相应的分析结果需要谨慎看待。图 6-17 具体描绘了四种协作质量小组的认知网络。下面将对不同协作质量小组的认知网络进行差异分析。

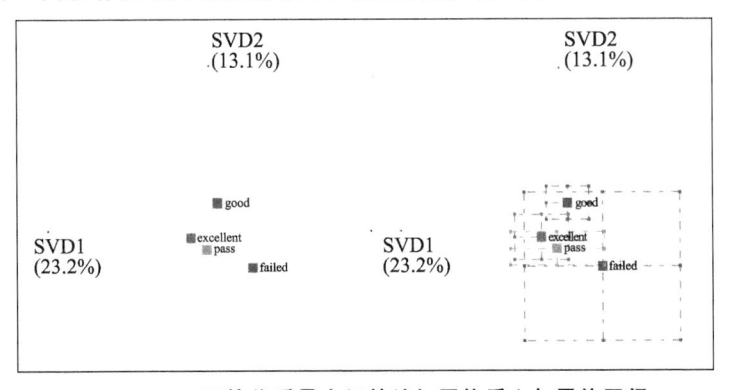

图 6-16 不同协作质量小组的认知网络质心与置信区间

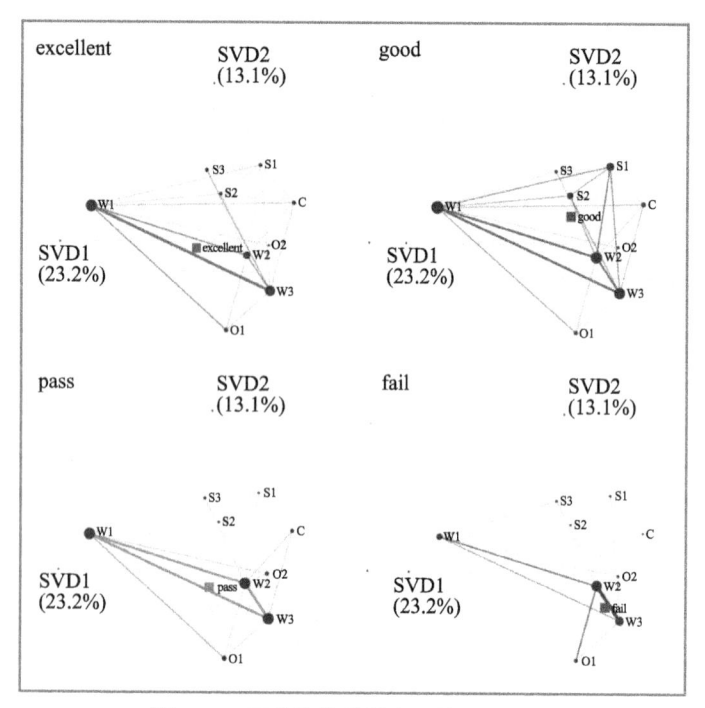

图 6-17　四种协作质量小组的认知网络

1. 网络差异

图 6-18 为三对不同协作质量小组的认知网络差异。具体地，本研究对比了优秀与良好（excellent-good）、良好与一般（good-pass）、一般与失败（pass-failed）的组间认知网络差异。

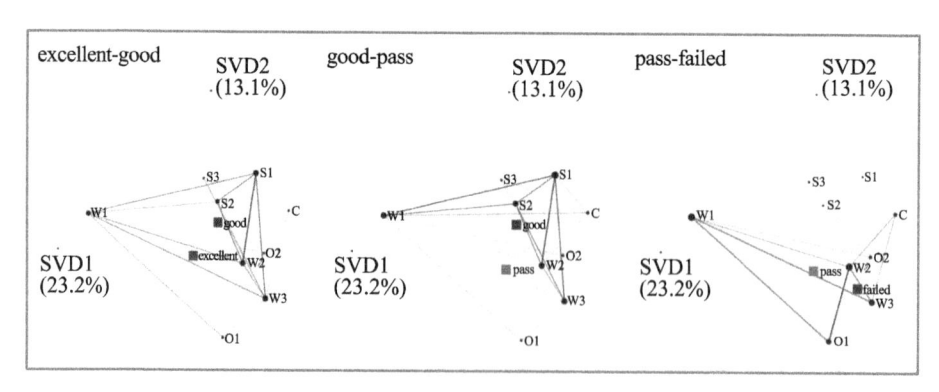

图 6-18　三对不同协作质量小组的认知网络差异图

优秀与良好的组间差异为：优秀小组有更多的任务对接和社交联结以及计划决策的共现，良好小组有更多的寻径交互和意会交互的共现。这说明优秀小组对任务进度和开展方向有更多的关注，这在一定程度上有助于形成系统的、具备一定深度的研究成果。

良好与一般的组间差异为：良好小组有更多的寻径交互和意会交互共现，一般小组的操作交互和寻径交互共现略多，但相比于前者创生交互和意会交互的共现则较少。这说明尽管寻径交互是开展深度协作的基础，高层次交互的共现仍是影响协作质量的重要因素。

一般与失败的组间差异为：一般小组的各类交互共现大多强于失败小组，后者未能形成较高层次的交互共现。失败小组的三名成员在第二周起便相继辍学，导致该小组无法持续地保持集体协作网络的信息流通和深度联结。

2. 质心位移

图 6-19 展示了四种协作质量小组在问题解决阶段各周的认知网络质心分布情况。由图 6-19 可得，质心位移的起点和轨迹所揭示的规律与认知网络差异图所得规律相近。其中，优秀、良好、一般小组最终都指向第一象限的创生交互。优秀小组质心位移路径集中在第二象限和第三象限，始于操作交互，在寻径交互和意会交互中循序渐进地推进任务。良好小组质心位移路径集中在第二象限和第一象限，表现为相对持续的知识分享与观点挖掘。一般小组

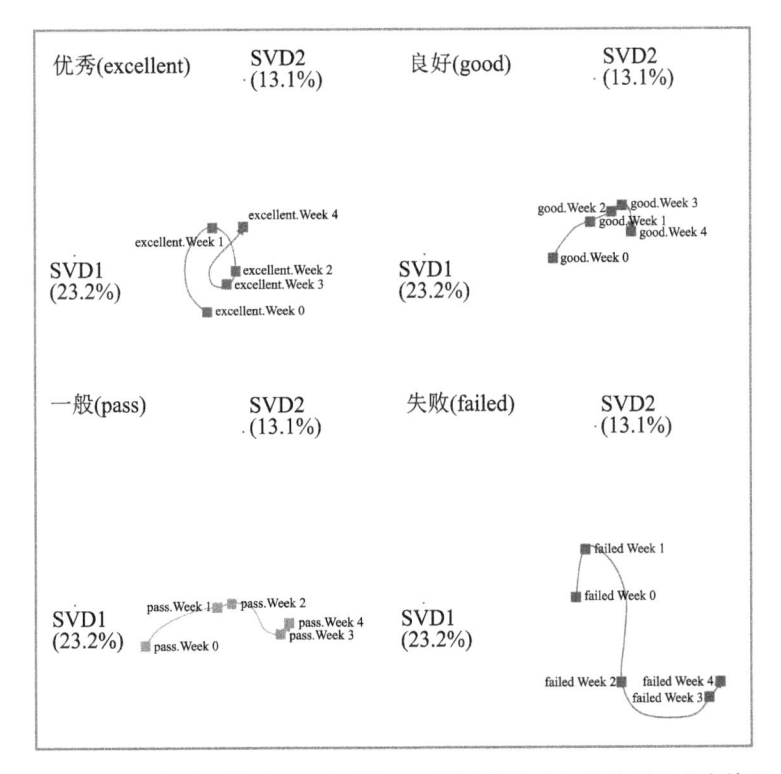

图 6-19 四种协作质量小组在问题解决阶段各周的认知网络质心分布情况

质心位移路径在第三象限和第四象限，偏重寻径交互，缺少意会交互，因为缺乏深度的教学交互，所以最终未取得较高质量的协作成果。此外，失败小组的质心位移路径则较为离散且终点与其他小组位置偏差较大，这可能是由于成员流失限制了交互的深度和广度。

五、研究发现与讨论

(一)问题类型影响小组走向高层次交互的路径

研究发现各问题类型小组的认知参与均始于社交联结和空间创设，即通过低层次的操作交互、寻径交互逐步迈向高层次的意会交互、创生交互，这一发现与之前联通主义情境下个体学习交互规律的研究基本一致。① 不同的是，基于问题的协作学习比个体学习呈现出更高频率的意会交互，尤其表现出较多的计划决策，体现了问题情境对学习者高层次交互的促进作用。本研究还发现，不同问题类型的小组协作由于受到问题解决难度影响，往往需要不同程度的低层次交互基础，以此导向更多认知参与的高层次交互。具体地，模式研究在操作交互的基础上，主要通过社交联结推动任务进展；调查研究更易通过多维度的操作交互与寻径交互推动协作进度，且表现出更多的意会交互与创生交互；设计研究通过空间创设、社交联结逐步推进交互过程，进而通过内容关联与任务对接推动产生较高层次的交互。总的来说，问题解决情境有助于学习者的广泛联通与深层交互，但不同问题类型的小组倾向于采用差异化的低层次交互方式，以支持产生高层次的综合创造。

(二)成员构成类型影响小组的交互倾向与意愿

成员构成不同的小组具有不同的交互起点，且最终呈现出不同倾向的交互风格，这也在一定程度上反映出小组的协作动机与目标。协作问题解决强调学习者的生成性目标，而生成性目标更重视问题解决的过程而非结果。② 通过分析小组交互过程可知，全员教师型小组和师生混合型小组经由多维度的寻径交互推进意会交互，注重对资源联通以及内容的深度理解；全员学生

---

① 黄洛颖、陈丽、田浩等：《联通主义学习教学交互的关系及其特征研究》，载《中国远程教育》，2020(9)。

② 武法提、黄烨敏：《生成性目标导向下以问题为中心的网络课程设计》，载《中国电化教育》，2008(3)。

型小组通过空间创设与社交联结推进任务进行，更加关注成果产出；行业混合型小组则偏向资源联通与人际交互，主要通过内容关联导向更高层次的交互。研究还发现，当小组成员间背景差异较小时（行业性质相同或相近），小组往往更易进入协作状态，推动任务进行；当组内成员背景差异较大时（涉及不同行业），小组通常需要投入较多精力进行技术及人员方面的准备，方可产生高层次的交互。这可能是由于相近背景的学习者知识结构较为接近，更易就问题达成共识，有利于协作任务的开展与成果产出。成员异质性较大的小组在协作过程中往往更易发生认知冲突，如果不能形成有效的交互模式，则容易影响协作任务的开展，甚至导致小组成员退出，本研究的失败小组则属于此种情况。但这并不意味着背景差异越小的小组在协作问题解决中产生的高层次交互就越多、协作效果就越好。

（三）协作质量与群体交互层次和程度密切相关

通过对不同协作质量小组的认知网络情况进行分析，发现评级较优秀的小组在较高层次的交互中更为突出：优秀小组和良好小组表现出更多的寻径交互和意会交互，而一般及以下的小组表现出更多的操作交互和寻径交互。与此同时，从交互过程分析结果来看，协作质量评级为优秀和良好的小组在高层次交互方面并未表现出显著差异。良好小组具有更多的思路建议类意会交互，优秀小组则表现出更多的任务对接、计划决策类意会交互，即更关注整体协作进度，相应的研究成果较为系统。进一步分析发现，一些小组虽在整体协作质量方面评级较低，但个体成员在协作任务初期，亦表现出较多的高层次交互。这一发现与之前的研究结果一致，即在协作学习中，个体能力并不是影响协作结果的关键[①]；只有个体间充分联通、相互作用，才能促进小群体及其网络的知识创生和持续发展。相比于以任务完成与成果产出为导向的传统协作学习，联通主义理论指导下的协作学习不仅需要成员间高质量的信息交换和任务协调，还需要协作者都能积极主动地将自身资源联结到群体中，如此才能充分发挥团队中每个成员的潜能，产生整体大于部分之和的效果。

---

① Barron, B., "When Smart Groups Fail," *Journal of the Learning Sciences*, 2003, 12(3), pp. 307-359.

六、本章小结

本章基于协作问题解决特征发展了联通主义教学交互模型四个交互层次的具体内容，为探究联通主义情境下的小规模协作问题解决规律提供了分析框架。在此基础上，本研究运用认知网络分析法分析小组的协作交互数据，揭示出联通主义学习情境下组内交互过程与认知参与的相关规律。本章的主要研究发现有：①不同类型协作问题的难度不同，会影响小组走向高层次交互的路径；②成员构成类型影响小组的交互倾向以及对问题解决目标的定位；③协作质量与群体交互层次和程度密切相关，成员间的高效协调有助于群体认知发展。研究验证了联通主义教学交互模型在协作问题解决情境下的适应性，并对其进行了进一步的扩展，以期为互联网环境下协作学习规律研究提供工具支持。

在研究方法层面，本研究的创新之处体现在对认知网络质心位移路径的关注。以往研究主要关注不同类型个体或群体的认知网络差异，缺乏从不同时间节点分析认知网络质心以及质心位移内涵的分析视角，本研究则借助于质心位移路径对小组交互的时序变化规律进行了探讨。此外，小组认知网络质心位移路径和全样本认知网络质心位移路径的拟合程度可为预测小组协作质量提供参考，未来研究将通过实证数据进一步探索这一指标的合理性。未来研究还将进一步分析小组在协作过程中是如何与整个社区进行互动、如何利用社群资源推动小组内部的交互水平和任务进程的，以深入探究互联网环境下的教与学的复杂规律，为互联网时代的教学改革与创新提供研究基础。

第七章　组内角色演化

远程教育领域专家穆尔和基尔斯利曾指出，比起小组之间的不同，研究者更应该关注小组内的不同。[1]联通主义学习理论强调群体智慧的汇聚和真实问题的协作探究。开放网络学习环境中的学习者具有不同的社会文化背景、知识经验，小组的协作问题解决的内部协调更为复杂。角色理论被广泛应用于探讨人际交互行为。[2]角色是在特定时间、空间、情境和需要中定位和实现的，反映着个体在社会活动中的行动特征与职能。[3]关注问题解决过程中小组内部的角色演化有助于揭示联通主义学习中群体协作的认知规律。[4]本章将以案例课程中参与问题解决活动的协作者为研究对象，运用主题分析、时间序列分析、聚类分析、社会网络分析等方法，从角色展现、角色协调、角色结构三个维度分析联通主义协作问题解决情境下的角色演化规律。

---

[1] ［美］迈克尔·穆尔、［美］格雷格·基尔斯利：《远程教育系统观》，王一兵译，239 页，上海，上海高教电子音像出版社，2008。

[2] 章志光：《社会心理学》，64 页，北京，人民教育出版社，1996。

[3] Biddle, B. J., "Recent Developments in Role Theory," *Annual Review of Sociology*, 1986(12), pp. 67-92.

[4] 王辞晓、张文梅：《联通主义学习中协作问题解决的角色互动研究》，载《电化教育研究》，2022，43(10)。

一、理论基础

(一)协作学习的社会文化视角

在协作学习研究领域中,协作可以被视为实现近期或远期学习目标的教学手段,但也有研究者强调协作具有内生性,认为协作本身就是学习的目标与结果。① 当我们更加关注对协作本身的理解时,便会将研究视角转向群体是如何在社会化互动过程中发展的,而不是仅仅关注静态的学习结果。新一代认知科学强调了情境认知的重要性,认为人类高阶心智能力最先是从社会文化情境中的人际交互获得的。② 计算机支持的协作学习领域(CSCL)的代表性学者曾指出学习是一个社会化的过程,是个体和社会化知识建构的有序循环。③ 活动理论将社会化互动分为内部活动和外部活动,当活动需要多名协作者交互协调时,通常需要经历内部活动的外化过程,涉及个体对群体规则的适应与改造。④ 前人研究指出,协作活动中,小组内部成员需要通过交互逐渐形成与协作任务、技术环境等相关的协调模式。⑤⑥ 发展小组协调模式的交互过程不仅与群体领域知识技能相关⑦,还受到小组社会文化的调节作用。

---

① [美]诺埃尔·埃涅迪、[美]里德·史蒂文斯:《协作学习研究》,见 R. 基恩·索耶(Ed.):《剑桥学习科学手册(第2版)》,徐晓工、杨刚、阮高峰等译,北京,教育科学出版社,2021。

② Stahl, G., "The Constitution of Group Cognition," in L. Shapiro (Ed.), *The Routledge Handbook of Embodied Cognition*, London & New York, Routledge, 2014, pp. 335-346.

③ Stahl, G., "A Model of Collaborative Knowledge-Building," in B. Fishman & S. O'Connor-Divelbiss (Eds.), *Fourth International Conference of the Learning Sciences*, Mahwah, Erlbaum, 2000, pp. 70-77.

④ 杨开城:《以学习活动为中心的教学设计实训指南》,6~7页,北京,电子工业出版社,2016。

⑤ Suthers, D. D., "Technology Affordances for Intersubjective Meaning Making: A Research Agenda for CSCL," *International Journal of Computer-Supported Collaborative Learning*, 2006, 1(3), pp. 315-337.

⑥ Jeong, H., & Hmelo-Silver, C. E., "Seven Affordances of Computer-Supported Collaborative Learning: How to Support Collaborative Learning? How Can Technologies Help?" *Educational Psychologist*, 2016, 51(2), pp. 247-265.

⑦ Kalyuga, S., "Enhancing Transfer by Learning Generalized Domain Knowledge Structures," *European Journal of Psychology of Education*, 2013, 28(4), pp. 1477-1493.

协作问题解决是小组成员进行知识整合、建构、意义生成的人际互动过程[1]，群体规则与社会文化特征是影响协作问题解决效率与质量的重要因素。前人研究主要关注限制性环境下协作问题解决的个体学习效果和行为模式[2][3]，即认知发展水平相近的学习者在规定时间内参与并完成协作任务。与之不同，开放网络学习环境中的学习者具有不同的社会文化背景、知识经验和对各自领域的独特认识，这不仅构成了联通主义学习社区的宝贵资源[4]，也使得在线协作问题解决的内部协调相比于传统课堂环境具有更强的复杂性和不确定性。联通主义情境中的社会网络是由多个凝聚子群构成的复杂网络[5]，个体的社会化参与程度会影响网络节点的高质量生成和小群体的演化。[6]各个小群体都具有其自身的文化特点，由此形成的社群网络结构和小组内部协调方式更加复杂和多元，因此探究联通主义问题解决情境中的群组内和群际间互动规律还需要引入社会文化的视角。

(二)角色演化规律的分析维度

角色是社会文化理论的重要概念之一，被广泛应用于探讨人类在社会群体中的身份与行为规范。[7] 社会学家戈夫曼基于戏剧舞台表演原理，将个体在不同情境中向他人呈现自我的方式称为表演。[8] 角色扮演反映了个体在社

---

[1] Sockalingam, N., & Schmidt, H. G., "Characteristics of Effective Problems," in G. O'Grady, E. H. J. Yew, K. P. L. Goh, & H. G. Schmidt (Eds.), *One-Day, One-Problem: An Approach to Problem-Based Learning*, Singapore, Springer, 2012, pp. 141-166.

[2] Cai, H., & Gu, X., "Factors that Influence the Different Levels of Individuals' Understanding after Collaborative Problem Solving: the Effects of Shared Representational Guidance and Prior Knowledge," *Interactive Learning Environments*, 2022, 30(4), pp. 695-706.

[3] 郑娅峰、张巧荣、李艳燕：《协作问题解决讨论活动中行为模式自动化挖掘方法研究》，载《现代教育技术》，2020，30(2)。

[4] 王志军、陈丽：《联通主义学习中教学交互研究的价值与关键问题》，载《现代远程教育研究》，2015(5)。

[5] 郭玉娟、陈丽、许玲等：《联通主义学习中学习者社会网络特征研究》，载《中国远程教育》，2020(2)。

[6] 杨业宏、张婧婧、郑瑞昕：《联通主义学习中社会交互与话题交互的网络化特征》，载《现代远距离教育》，2020(1)。

[7] 章志光：《社会心理学》，64页，北京，人民教育出版社，1996。

[8] [美]欧文·戈夫曼：《日常生活的自我呈现》，冯钢译，15～28页，北京，北京大学出版社，2008。

会生活中的不同功能定位与行动特征。① 角色、规范和制度在塑造人们身份以及社会互动方面具有重要作用。在社会化的进程中，群体期待人们承担多种角色并在不同角色间切换，以适应社会规范所提出的一系列制度与复杂规则。② 在协作学习中，角色隐含协作主体与环境、工具、资源、任务等的交互，以及为了完成任务主体之间的多模态信息交互。③ 换言之，角色能够反映小组所在社会文化以及技术环境影响下的群体任务分配、资源协调、合作模式等内容。此外，角色演化是一个融合了个体特质与群体文化的动态社会交互过程，也能够反映出一个群体鲜活、动态、立体的社会关系结构，有助于我们将群体文化特征具象化。

角色演化规律主要可以从角色展现、角色协调、角色结构三个维度进行分析。④ 角色展现反映了个体在小组中的不同功能定位与行动特征。⑤ 从场域理论和社会能级论来看，社会网络具有能级结构，其中的群组或个体占据自身的网络位置；拥有资源越多的群组或个体，具有更强的社会能量和社会影响力，因而占据更高等级的网络位置。⑥ 在协作学习研究领域，相关研究发现个体的角色扮演在一定程度上反映出不同的社会话语地位，社会话语地位高、拥有更多资源与技能的个体通常会扮演更加重要的组长、组织者、整合者的角色。⑦ 随着任务的推进，小组内会进行角色协调，个体资源与社会能量也可能会发生变化，并在一定限度下发生能级跃迁⑧，在角色演化中则体

---

① Biddle, B. J., "Recent Developments in Role Theory," *Annual Review of Sociology*, 1986(12), pp. 67-92.

② [美]杰夫·曼扎、[美]理查德·阿鲁姆、[美]林恩·哈尼等：《社会学 2.0：像社会学家一样思考》，解玉喜译，38 页，北京，电子工业出版社，2020。

③ Wang, C. X., "Roles Interaction During Mobile-Blended Collaborative Learning: The Impact of External Scripts," in R. Li, S. K. S. Cheung, C. Iwasaki, et al., *Blended Learning: Re-thinking and Re-defining the Learning Process*, Nagoya, Springer International Publishing, 2021, pp. 191-202.

④ 王辞晓、刘文辉：《理解与表征群体认知的新视角：协作脚本中的角色互动》，载《现代远程教育研究》，2023，35(2)。

⑤ Öztok, M., "Cultural Ways of Constructing Knowledge: The Role of Identities in Online Group Discussions," *International Journal of Computer-Supported Collaborative Learning*, 2016, 11(2), pp. 157-186.

⑥ 缪文卿：《论大学组织生成及其与社会的关系》，载《教育研究》，2015，36(11)。

⑦ Wang, C. X., & Li, S. L., "The Trade-off Between Individuals and Groups: Role Interactions under Different Technology Affordance Conditions," *International Journal of Computer-Supported Collaborative Learning*, 2021, 16(4), pp. 525-557.

⑧ 缪文卿：《论大学组织生成及其与社会的关系》，载《教育研究》，2015，36(11)。

现为不同能量层级间的角色转换。而经过一定时间的积累，个体和群体会基于角色协调形成最终的角色结构。从个体层面来看，角色结构指所在社会关系网络中所占据的位置和角色关系的总和。[1] 从群体层面来看，角色结构是由多个个体通过一系列关系所组成的社会化网络及规范体系。[2]

综上所述，角色的多元化和异质化有助于社会网络的持续更新与发展，探究网络环境中学习者角色的发展情况对挖掘在线学习的内在规律具有重要意义。前人研究探讨了在线论坛中个体生成性角色对知识分享、整合、建构的促进作用[3][4]，以及不同角色（如意见引导者、附和者、边缘者）的学习行为模式[5][6]，但现有研究还缺乏对个体角色变化规律及其所反映的社会结构的系统探究。总的来说，角色的形成、发展与转换，能够反映出小组作为有机整体在执行协作任务时的系统功能，有助于从多维视角揭示联通主义学习的群体协作规律。

二、研究框架与假设

本研究期望以 cMOOC 为案例课程，通过对角色相关过程性数据的综合分析，来揭示联通主义协作问题解决情境中的角色演化规律。研究主要聚焦于以下三个问题：①协作问题解决过程中形成了哪些角色？有怎样的分布特征？②随着任务的推进，各角色呈现出何种社会能量层级？有何变化规律？③问题解决整体阶段群体内形成了哪些角色类属？各角色类属的群际间社会交互网络有何不同？基于以上研究问题，本研究以图 7-1 为研究框架，从角色展现、角色协调和角色结构三个层级来探讨联通主义协作问题解决的角色演化，即假设角色演化包含角色展现、角色协调和角色结构三个层级特

---

[1] 邓伟志：《社会学辞典》，13 页，上海，上海辞书出版社，2009。
[2] [美]戴维·诺克、[美]杨松：《社会网络分析（第二版）》，李兰译，13～16 页，上海，格致出版社，上海人民出版社，2017。
[3] 斯琴图亚：《在线协作学习中的集体责任与个体生成角色》，载《现代教育技术》，2020，30(3)。
[4] 张瑞、生蕾、张义兵：《知识建构社区中生成性角色的演变过程分析》，载《电化教育研究》，2020，41(2)。
[5] 戴心来、刘聪聪：《基于学习分析的虚拟学习社区深度交互研究》，载《现代远距离教育》，2019(5)。
[6] 王哲、张鹏翼：《学习小组在线知识协作中的用户角色与行为》，载《图书情报工作》，2018，62(7)。

征。联通主义学习行为分析需要融合交互的时间性和空间性①，图7-1所示的分析模式则从空间尺度和时间尺度对角色演化展开逐层剖析。

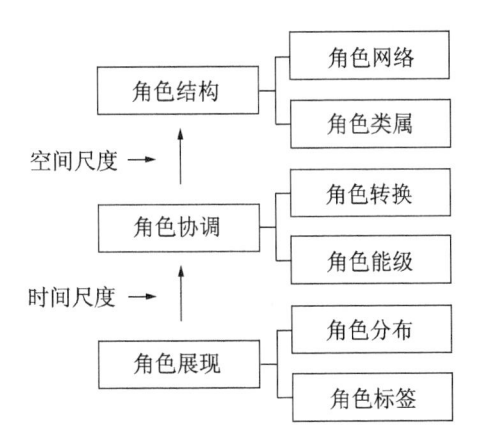

图 7-1 组内角色演化的研究框架

角色展现，指个体在联通主义学习环境创建的问题解决任务情境中，和其他协作者交互的过程中所表现出的角色类型及分布特征。此层级的分析主要包括对角色特征的识别与归类（角色标签），以及对各类角色分布情况的描述（角色分布）。角色协调，是在角色展现的基础上加入了时间尺度的分析视角，指随着问题解决各周的推进，各类角色在组内互动中反映出的小组内部任务协调、职能分工等变化规律。此层级的分析主要包括对角色组内互动所反映的社会能量差异（角色能级）和时序变化的分析（角色转换）。角色结构，是在角色协调的基础上加入了空间尺度的分析视角，指群体中多种角色演化所形成的群体内结构和群体间结构。群体内结构指群组内协作者角色扮演所反映出的角色关联特征（角色类属），群体间结构指各类角色在不同群体间互动所反映出的社会行为交互网络特征（角色网络）。

三、研究方法与工具

基于角色文本数据、协作会话数据、平台交互数据，本研究采用了多种分析方法来揭示角色演化规律。角色展现部分主要采用主题分析法与描述性统计分析，角色协调部分主要采用时间序列分析与可视化分析，角色结构部分主要采用聚类分析与社会网络分析。

---

① 王志军、陈丽：《联通主义："互联网＋教育"的本体论》，载《中国远程教育》，2019(8)。

(一)主题分析法与描述统计分析

　　主题分析法是一种将研究资源进行系统归类的方法。本研究采用主题分析法对协作者通过问卷(附录4：课程学习者课程体验调查问卷)自我报告的角色文本数据进行编码，具体过程分为三个阶段。在第一阶段，一名研究者采用开放式编码的方式①，对22名学员(来自G1～G6小组)5周的角色文本数据贴标签，将具有相似特征的任务分工与角色扮演信息归纳至同一角色标签中。另外一名研究者基于角色文本数据与第一名研究者共同协商并确定初步的角色编码表及具体编码含义。在第二阶段，这两名研究者通过编码训练后，基于角色文本和协作会话数据对52名协作者进行角色编码。经验证，7种角色标签能够表征全部协作者的角色类型(组织者、整合者、执行者、辅助者、跟随者、边缘者、辍学者)，无须加入新的角色标签。对两名研究者的编码进行内部一致性检验(inter-rater reliability)，得到Kappa系数为0.815($p=0.001$，$N=260$)，表明编码质量在可接受的水平上。在第三阶段，由第三名研究者与前两名研究者共同讨论并确定每名协作者各周角色的最终编码结果。需要指出的是，52名协作者中共有45名学员填写了问卷，即7名协作者因辍学等而没有主观报告自身协作角色。因此，除了问卷所收集的角色文本数据，本研究还收集了12个小组各周在微信空间产生的协作会话文本数据，用来辅助研究者理解成员角色或修正学员主观报告的角色信息。基于以上编码步骤和分析，本研究验证了该角色编码的有效性和可重复性。确定各协作者各周的角色编码后，本研究采用描述统计方法对52名协作者5周总计260人次的角色分布情况进行分析。

(二)时间序列分析与可视化分析

　　基于协作会话数据和角色标签的累计频次，本研究采用时间序列分析来揭示角色能量层级变化规律。研究者以周为单位收集了各小组在问题解决阶段的协作会话文本。在数据预处理阶段，除去非协作者发言后，12个小组的协作会话共包含1930条具有完整语义信息的协作者发言数据。先前研究指出小组协作学习中的角色行动频次在一定程度上反映了该角色在小组中的社会

---

　　① [美]艾尔·巴比：《社会研究方法(第十一版)》，邱泽奇译，382～383页，北京，华夏出版社，2009。

话语地位。① 尽管联通主义社群中成员低社会互动水平不能代表其较低质量的内容产出②，但在本研究中参与同一问题组队的学员均对该问题具有一定探究兴趣和未解困惑，并且愿意在小组协作空间内进行内容输出。基于此，本研究假定小组内部各角色的发言次数能够反映不同社会话语地位，而不同社会话语地位的角色在小组内具有不同的社会能量。为了比较各角色在各周拥有的社会能量，需要计算出各类角色组内交互频次的标准化平均值，以此来表征角色的相对能量值。接着，本研究使用问题解决阶段整体的角色能量均值为各角色标签赋予角色能级。角色能级越高代表该角色的社会能量越高。

对于问题解决各周的角色转换，本研究主要运用了和弦图、桑基图等可视化分析技术。和弦图（Chord diagram）是一种显示数据间相互关系的可视化方法：节点数据沿圆周径向排列，节点分段的长度反映该节点的数值比例；节点之间使用带权重（用宽度反映）的弧线连接，用以展现实体之间的流动关系。和弦图能够用于分析角色类型转换的整体情况。桑基图（Sankey diagram）是一种显示数据分流的可视化方法：节点代表不同分类的实体，边代表流动的数据，边的宽度反映数据流动的数值大小。桑基图遵守能量守恒定律，即维持各周角色标签总量不变的同时，还能够反映各周间角色能级的变化情况。

(三) 聚类分析与社会网络分析

群体内角色结构通过聚类分析获得。具体地，本研究以 5 周的角色能级值为角色类属的 5 个特征，以 52 名协作者为样本集，采用 K-means 聚类算法来提取协作者的角色类属。基于此聚类结果，研究将分析各角色类属的特征，以揭示个体在全域时段所形成的角色结构。群际间角色结构通过社会网络分析获得。在问题解决阶段，52 名协作者中有 32 名协作者（61.54%）在课程平台上产生了 174 条交互数据。交互数据类型包括点赞、对评论点赞、关注其他成员、回帖、评论、对评论进行评论，能够用于丰富本研究对角色演化规律的描述与发掘。基于此数据集，本研究采用 Gephi 0.9.2 工具绘制行为交互网络图。平台交互数据分为组内交互和组间交互，对此进行区分有助

---

① Wang, C. X., & Li, S. L., "The Trade-off Between Individuals and Groups: Role Interactions under Different Technology Affordance Conditions," *International Journal of Computer-Supported Collaborative Learning*, 2021, 16(4), pp. 525-557.

② Xu, Y. B., & Du, J. L., "What Participation Types of Learners are There in Connectivist Learning: An Analysis of a cMOOC from the Dual Perspectives of Social Network and Concept Network Characteristics," *Interactive Learning Environments*, 2021, pp. 1-18.

于揭示不同角色类属的行为交互特征。此外，本研究还结合入度、出度、离心度、接近中心性、中介中心性等社会网络指标来分析不同角色类属的行为差异。

四、数据分析结果

(一)角色展现分析

1. 角色标签

通过主题分析法，本研究从角色文本和协作会话数据中归纳出组织者、整合者、执行者、辅助者、跟随者、边缘者、辍学者 7 种角色标签（见表 7-1）。其中，辍学者指在协作过程中流失的组员，即从某一周起该学员不再参与协作会话。对于没有填写问卷但未辍学的学员，研究者主要依据各周协作会话数据为其赋予角色编码表中的角色。

表 7-1　小组成员角色标签

编码	角色标签	含义	示例
R1	组织者	负责任务分工，进行合作协调，监督讨论过程	领路者、队长、军师、组织者
R2	整合者	总结、整合、记录组员观点和小组讨论内容	大管家、记录者、书记员
R3	执行者	自我报告出具体分工内容，如设计问卷、收集资料等	问卷大师、数据分析者、资料收集者
R4	辅助者	提出想法或建议等辅助工作；反思任务过程（自我报告较为积极，但没有明确陈述所负责的分工）	积极小兵、幕僚、小帮手、参会决策者、谏言者、奇兵、反思者
R5	跟随者	仅报告自己参与了小组活动（中性、没有具体内容）	参与者、组员、小组的一分子、浏览者、听从组长安排者
R6	边缘者	在合作中处于边缘位置，自我报告较为消极；或在某阶段尚未加入小组	被动学习者、被动参与者、尚未加入者
R7	辍学者	在协作过程中流失的组员	无（辍学者未填写问卷）

2. 角色分布

在呈现角色标签分布情况时，采用各角色在各周的出现频次及百分比来描述协作问题解决过程中的角色展现情况（见表 7-2）。在七类角色中，辅助者（R4）占比最多（28.85%），其次是组织者（R1，22.69%）、跟随者（R5，

16.92%)、执行者(R3,13.08%);整合者(R2)、边缘者(R6)和辍学者(R7)的占比不足10%,分别为6.92%、5.38%和6.15%。由此可见,在非约束条件下开展协作问题解决,涌现了较多的辅助类和协调类角色,具体执行工作和归纳汇总的执行者与整合者相对较少。由于协调类和辅助类角色也承担了一定的任务的推进和执行工作,现有角色类型及职能已足够支撑小组开展协作问题解决。

表 7-2　各角色在各周的出现频次及百分比

Role	Week 0	Week 1	Week 2	Week 3	Week 4	Total
R1	12(23.08%)	11(21.15%)	14(26.92%)	11(21.15%)	11(21.15%)	59(22.69%)
R2	3(5.77%)	3(5.77%)	4(7.69%)	3(5.77%)	5(9.62%)	18(6.92%)
R3	4(7.69%)	8(15.38%)	9(17.31%)	8(15.38%)	5(9.62%)	34(13.08%)
R4	8(15.38%)	18(34.62%)	16(30.77%)	16(30.77%)	17(32.69%)	75(28.85%)
R5	16(30.77%)	8(15.38%)	5(9.62%)	8(15.38%)	7(13.46%)	44(16.92%)
R6	9(17.31%)	3(5.77%)	1(1.92%)	0(0.00%)	1(1.92%)	14(5.38%)
R7	0(0.00%)	1(1.92%)	3(5.77%)	6(11.54%)	6(11.54%)	16(6.15%)
Total	52(100%)	52(100%)	52(100%)	52(100%)	52(100%)	260(100%)

图 7-2 所示多轴气泡图展示了各问题解决阶段协作者的角色分布情况,其中圆形面积反映了某角色类型在某一周的出现频次。由表 7-1 和图 7-2 可知,各类角色在各周的分布情况与其职能含义有一定联系。

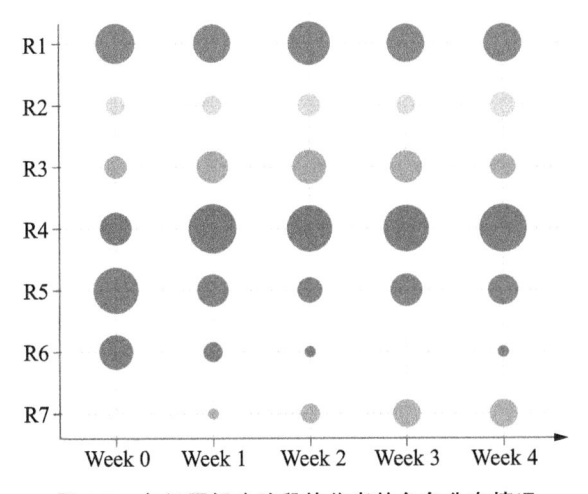

图 7-2　各问题解决阶段协作者的角色分布情况

组织者(R1)和整合者(R2)在各周的角色占比变化较小。组织者在第二周占比略高于其他周,说明在资源联通和信息加工阶段,小组需要更多的协调和引导行为。整合者则是在第四周占比略高于其他周,反映了在成果提交和总结反思阶段,小组需要投入更多精力和人员在资源与观点的整合上。执行者(R3)和辅助者(R4)在启动周占比较低,在随后的正式问题解决阶段占比提高并保持相对稳定。相反地,跟随者(R5)在启动周占比较高,在正式问题解决阶段占比较低并保持相对稳定。这说明在问题解决启动周,多数小组尚未开展具体的任务分工,在正式问题解决阶段部分组员才开始出现较为明显的职责划分。边缘者(R6)也是在启动周占比较高,但在正式问题解决阶段,边缘者占比逐渐降低,辍学者(R7)占比反而逐渐提高,即如果这类角色的学员在正式问题解决阶段的第一周没有找到自己在小组中的位置或对小组任务形成认同感和持续参与意愿,在随后的几周中有可能会成为辍学者。接下来,本研究将从不同任务阶段的角色变化来继续挖掘角色间的协调规律。

(二)角色协调分析

1. 角色能级

基于协作者各周的协作会话文本数据,研究者对各角色类型的组内交互频次进行统计,得到表7-3所示不同角色类型的组内交互频次信息。

表7-3 不同角色类型与组内交互频次信息

Role	Week 0	Week 1	Week 2	Week 3	Week 4	Total
R1	101(37.69%)	249(48.26%)	232(49.47%)	143(52%)	179(44.53%)	904(46.84%)
R2	14(5.22%)	32(6.20%)	32(6.82%)	2(0.73%)	57(14.18%)	137(7.10%)
R3	22(8.21%)	56(10.85%)	87(18.55%)	31(11.27%)	50(12.44%)	246(12.75%)
R4	72(26.87%)	119(23.06%)	90(19.19%)	72(26.18%)	69(17.16%)	422(21.87%)
R5	41(15.3%)	43(8.33%)	27(5.76%)	27(9.82%)	44(10.95%)	182(9.43%)
R6	18(6.72%)	17(3.29%)	1(0.21%)	0(0.00%)	3(0.75%)	39(2.02%)
R7	0(0)	0(0)	0(0)	0(0)	0(0)	0(0)
Total	268(100%)	516(100%)	469(100%)	275(100%)	402(100%)	1930(100%)

注:R7辍学者没有参与小组会话,因此交互频次为0。

结合表7-2所示各角色标签在问题解决阶段各周的出现次数,可以得到各角色的平均组内交互频次(见表7-4)。由表7-4问题解决整体阶段信息可知,R1~R7的平均组内交互频次依次降低。这说明在七类角色中,组织者的社会话语地位最高,其次是整合者、执行者、辅助者、跟随者,边缘者的社会话语地位则相对较低。

表 7-4　各角色的平均组内交互频次

Role	Week 0	Week 1	Week 2	Week 3	Week 4	All Weeks
R1	8.42	22.64	16.57	13.00	16.27	15.32
R2	4.67	10.67	8.00	0.67	11.40	7.61
R3	5.50	7.00	9.67	3.88	10.00	7.24
R4	9.00	6.61	5.63	4.50	4.06	5.63
R5	2.56	5.38	5.40	3.38	6.29	4.14
R6	2.00	5.67	1.00	0.00	3.00	2.79
R7	0.00	0.00	0.00	0.00	0.00	0.00

对表 7-4 数据进行标准化处理后，得到表 7-5 所示各角色组内交互频次的标准化平均值(Z-score)，用来表征某一角色的相对能量值。

表 7-5　各角色组内交互频次的标准化平均值

Role	Week 0	Week 1	Week 2	Week 3	Week 4	All Weeks
R1	1.147	2.030	1.779	2.062	1.605	1.902
R2	0.023	0.338	0.248	−0.652	0.735	0.311
R3	0.272	−0.181	0.547	0.054	0.485	0.234
R4	1.320	−0.236	−0.175	0.191	−0.577	−0.098
R5	−0.609	−0.410	−0.216	−0.056	−0.178	−0.405
R6	−0.777	−0.369	−1.002	−0.800	−0.766	−0.684
R7	−1.376	−1.171	−1.181	−0.800	−1.303	−1.260

由表 7-5 的 All Weeks 列可知，就问题解决阶段 5 周整体情况而言，组织者(R1)、整合者(R2)、执行者(R3)的相对能量值为正，辅助者(R4)、跟随者(R5)、边缘者(R6)、辍学者(R7)的相对能量值为负。从整体表现来看，从辍学者(R7)到组织者(R1)的角色能量层级(简称角色能级)是依次上升的。基于此，本研究将 R7~R1 角色能级依次赋值为 1~7。将表 7-5 中的数据进行可视化，得到图 7-3 所示各角色在问题解决各周的能量变化情况。

组织者(R1)在正式问题解决阶段(Week 1—Week 4)的能量值在各角色类型中均处于最高水平，说明组织者对小组任务推进具有持续的重要作用。整合者(R2)的能量整体均值为正，但在 Week 3 "教师指导、内容优化"的能量值为负，表明在这一阶段小组职能重心在于接受建议和完善细节；到 Week 4 "成果提交、总结反思"阶段能量值转为正，体现出整合者在最后问题解决成果集成时的角色功能。执行者(R3)属于具有明确职能分工的角色，其能量值

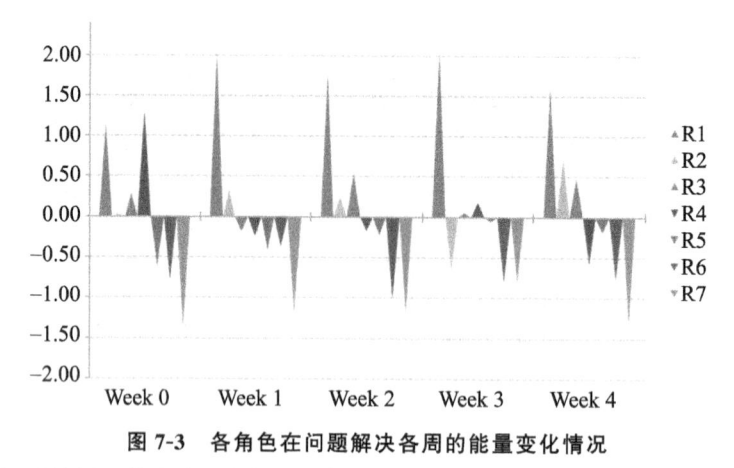

图 7-3　各角色在问题解决各周的能量变化情况

注：图例中上箭头表示该角色整体能量均值为正，下箭头表示该角色整体能量均值为负。

仅在 Week 1 "分析问题、制订计划"时有绝对值较小的负值，在 Week 2 "资源联通、信息加工"和 Week 4 "成果提交、总结反思"均有相对较高的正向能量值，说明执行者能够推动小组任务的实质性进展。辅助者（R4）的能量整体均值为负，但在 Week 0 "问题呈现、自由组队"表现出了高于组织者的能量状态。例如，G6 小组在问题启动周有两名辅助者有较多与其他组员建立社交关系的互动，也提出了一些关于问题任务的初步看法。根据角色标签定位，辅助者相比于跟随者自我报告较为积极，同时相比于执行者对自身任务分工定位还不够明确，因而辅助者在启动周通过社交联结等交互成为小组的活跃分子，而在随后的问题解决任务执行阶段退回到辅助身份。跟随者（R5）、边缘者（R6）、辍学者（R7）在问题解决阶段的能量值稳定为负。与边缘者和辍学者不同，跟随者的能量值虽为负，但呈现逐渐升高的趋势。这表明尽管跟随者不是小组任务推进的核心成员，但也会随着任务的推进逐渐融入问题解决活动中。辍学者则由于在当周没有参与小组协作而具有最低的相对能量值。

2. 角色转换

问题解决阶段共发生四次角色转换，52 名协作者共产生 208 个角色转换对（见表 7-6）。表 7-6 中的第一列代表源角色，指个体在当前周扮演的角色，第一行代表汇角色，指个体在下一周扮演的角色。行、列对应的数值是角色转换对的频率，例如，第一行的数值 2 代表源角色（R1）转换为汇角色（R4）发生了 2 次。周次间角色类型不变的情况属于角色自转换，例如"R1→R1"；周次间角色类型变化的情况属于角色间转换，例如"R1→R4"。经统计，在 208 个角色转换对中，有 66.83%（139）属于角色自转换，33.17%（69）属于角色间转换。

表 7-6　角色转换频率表

Role	R1	R2	R3	R4	R5	R6	R7	Total
R1	43	0	1	2	1	0	1	48
R2	0	9	2	2	0	0	0	13
R3	2	0	13	9	4	0	1	29
R4	2	6	5	42	2	1	0	58
R5	0	0	9	10	18	0	0	37
R6	0	0	0	2	3	4	4	13
R7	0	0	0	0	0	0	10	10
Total	47	15	30	67	28	5	16	208

图 7-4 所示和弦图展示了问题解决阶段的角色转换整体情况。图 7-4 将 7 个角色按不同颜色进行节点分段。节点分段之间的圆弧连接代表角色转换情况。周次间的角色类型改变（角色间转换）通过节点分段的变化来表示：流出表示该节点分段的角色（源角色）转换为其他角色（汇角色），流入表示其他角色转换为该角色，例如"R3→R4"，其中 R3 为源角色，R4 为汇角色。

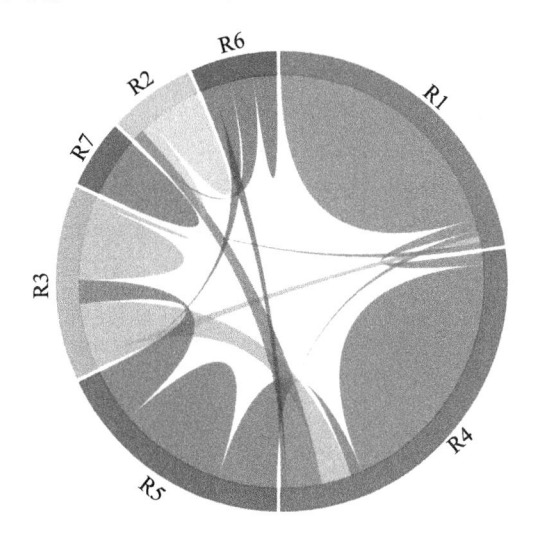

图 7-4　问题解决阶段的角色转换整体情况

某种源角色的角色间转换能够反映该角色的稳定性。① 本研究提出角色转换率（role transition ratio，RTR）计算公式（见公式 1）。R_i 代表源角色，R_j 代表汇角色，均属于集合 $Role\ set = \{R1, R2, R3, R4, R5, R6, R7\}$。$R_iTR$

---

① Wang, C. X., & Li, S. L., "The Trade-off Between Individuals and Groups: Role Interactions under Different Technology Affordance Conditions," *International Journal of Computer Supported Collaborative Learning*, 2021, 16(4), pp. 525-557.

代表源角色 $i(R_i)$ 的角色转换率。k 为周次，其中启动周记为 $k=0$，k 为最大周次(在本研究中取值 4)。$n_{R_iR_j}$ 为 R_i 转换为 R_j 的次数，m_{R_ik} 为 R_i 在第 k 周作为源角色的次数。R_i 转换为其他角色的总次数除以 R_i 作为源角色的总次数(N)，即得到如下 R_iTR 计算公式(公式 1)。

$$R_iTR = \sum_{i \neq j} n_{R_iR_j} / \sum_{k=0}^{k-1} m_{R_ik}, R_i, R_j, \in Role\ set \qquad 公式 1$$

经统计，R1～R6 作为源角色的角色间转换频次及相应的角色转换率如表 7-7 所示。其中，源角色转换率从大到小排序依次为：R6(69.23%)、R3(55.17%)、R5(51.35%)、R2(30.77%)、R4(27.59%)、R1(10.42%)。由此可见，组织者(R1)的角色稳定性最强，其次是辅助者(R4)和整合者(R2)，而执行者(R3)、跟随者(R5)的角色稳定性相对较弱，边缘者(R6)则属于最易变化的角色。由表 7-7 可知，整合者(R2)、执行者(R3)倾向于向能级低的角色转换；而辅助者(R4)、跟随者(R5)倾向于向能级高的角色转换。此外，角色稳定性最弱的边缘者(R6)要么成为辍学者离开整体协作发生场域，要么成为小组中能级较低的辅助者和跟随者。

表 7-7 角色间转换频次及相应的角色转换率

源角色	汇角色	n	N	RTR
R1	R4	2	5	10.42%
	R3	1		
	R5	1		
	R7	1		
R2	R3	2	4	30.77%
	R4	2		
R3	R4	9	16	55.17%
	R5	4		
	R1	2		
	R7	1		
R4	R2	6	16	27.59%
	R3	5		
	R1	2		
	R5	2		
	R6	1		
R5	R4	10	19	51.35%
	R3	9		
R6	R7	4	9	69.23%
	R5	3		
	R4	2		

图 7-5 展示了问题解决阶段各周的角色转换情况。角色能级转换值为两周间的角色能级差。例如，W1R3→W2R1 代表某名协作者第一周角色能级为 5，第二周角色能级为 7，从第一周到第二周该协作者的能级提升了 2 个单位，能级转换值为正 2。

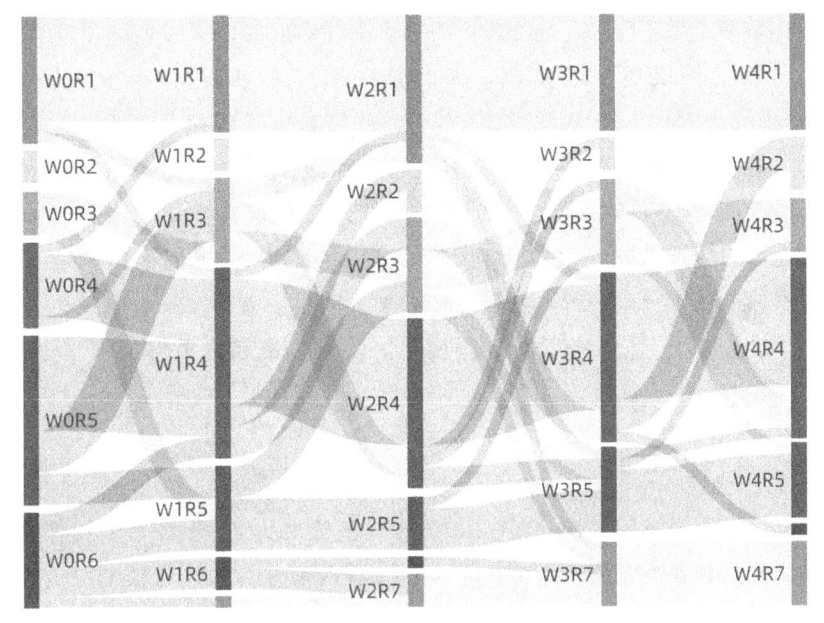

图 7-5　问题解决阶段各周的角色转换情况

表 7-8 为各周间的角色能级转换值统计信息。其中，人均能量转换值等于区间能量转换值除以该区间的总人次。

表 7-8　各国间的角色能级转换值统计信息

	Week 0—Week1	Week 1—Week 2	Week 2—Week 3	Week 3—Week 4	Week 0—Week 4
区间能级转换值	18	13	−22	0	9
人均能级转换值	0.346	0.250	−0.423	0	0.043

由表 7-8 可知，问题解决全部阶段的角色能级转换值为 9，人均能级转换值为 0.043。Week 0—Week 1 区间、Week 1—Week 2 区间的角色能级转换值均为正，分别是 18（人均 0.346）和 13（人均 0.250），这说明在这两个区间中协作者逐渐进入合作状态，通过转向能级更高的角色来融入小组任务。相反地，Week 2—Week 3 区间的角色能级转换值均为 −22（人均 −0.423），而最后 Week 3—Week 4 区间的角色能级转换值均为 0。由表 7-3 可知，Week 3 的总体组内交互频次为 275，略高于 Week 0 启动周的 268，

但远低于其他周。Week 3 前后的 Week 2 和 Week 4 的总体组内交互频次分别为 469，402。此外，由图 7-5 还发现，Week 2"资源联通、信息加工"有较多的组织者，这与该周的活动主题密切相关，各小组涌现了更多的协调资源联通和信息加工的个体。这表明 Week 2 之后，协作者在 Week 3 "教师指导、内容优化"经历了一定的协作进程"冷静期"，即在 Week 3 部分成员的角色转换为能级更低的角色，尤其是一部分在 Week 2 为 R1 的个体在 Week 3 转换为 R4 或 R5。此外，G1 小组的组长因其他组员在 Week 2 辍学，而不得不在 Week 3 辍学，使得该组长角色能级从最高变为最低。这在一定程度上也拉低了 Week 2—Week 3 的区间能级转换值。但总的来说，Week 3 的活动主题"教师指导、内容优化"让小组从活跃的资源汇聚转向相对冷静的任务开展、方向校正和阶段性成果修改。随后，在 Week 4 通过适当的小组协调产生更多的整合者(R2)进行最终的观点汇聚和成果完善。

(三)角色结构分析

1. 角色类属

根据角色能级赋值情况(R1~R7 的能级值依次为 7~1)，每名协作者在问题解决阶段共有 5 个能级值。基于 K-means 聚类算法，协作者被划分为 5 个类属(见表 7-9)。图 7-6 为角色类属各周的角色能级均值变化情况。根据角色能级均值变化规律，角色类属命名如下：稳定领导型(C1)、渐入佳境型(C2)、忠实辅助型(C3)、逐步游离型(C4)以及力不从心型(C5)。其中，忠实辅助型(C3)占比最高(42.31%)，其次是稳定领导型(C1，25%)。C1 类角色中有 10 名是最初成组的组长，其余 3 组中，有 1 名代替了引导周组长成为正式问题解决阶段的持续性组织者(G11)；另外 2 名则在小组持续扮演着整合者角色，分别在 G2 和 G8。此外，C5 类仅有一个个案，即前面提到的 G1 小组组长，具体表现为：虽然对任务问题感兴趣且有动力，但因其余组员流失而不得不退出问题解决活动。12 个组的组长中另外一个不是 C1 类角色的是 G11 的组长，具体表现为：个人时间精力不足无法保持高度参与，在小组中扮演忠实辅助型角色(C3)。

表 7-9 角色类属聚类结果

聚类	角色类属	Week 0	Week 1	Week 2	Week 3	Week 4	N
C1	稳定领导型	6.62	6.69	6.85	6.85	6.85	13
C2	渐入佳境型	2.90	4.20	5.60	4.40	4.40	10
C3	忠实辅助型	3.91	4.05	3.91	3.95	3.95	22
C4	逐步游离型	2.00	2.17	2.17	1.33	1.33	6
C5	力不从心型	7.00	7.00	7.00	1.00	1.00	1

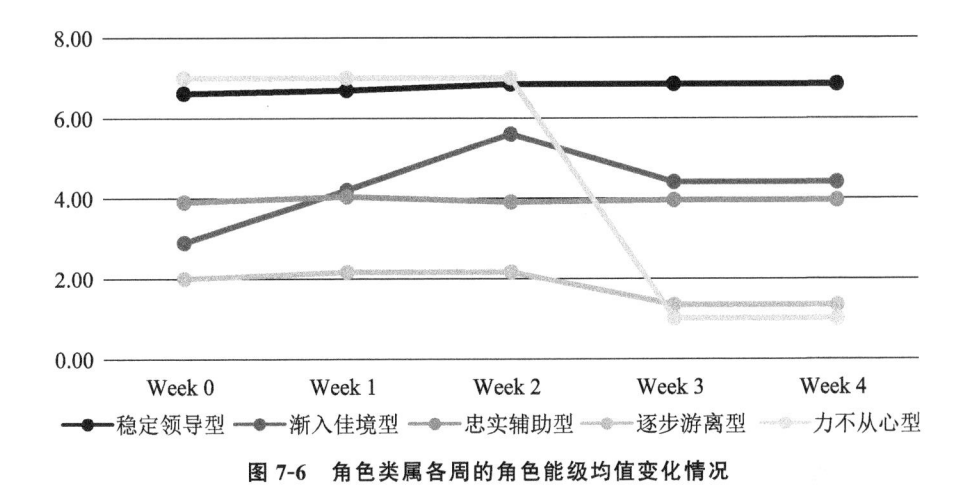

图 7-6　角色类属各周的角色能级均值变化情况

52 名协作者具有唯一的角色类属和按周次变化的五个角色标签。图 7-7 为角色标签与角色类属的关联结构。协作者以角色类属标记，角色标签以角色编码标记，连线代表角色标签与角色类属的关联关系。图 7-7 反映了协作者属于何种角色类属，并且在 5 周中分别扮演了什么角色标签。角色标签的入度越大，圆的面积越大，说明 5 周下来扮演该角色的成员越多（参考表 7-2）。由图 7-7 可知，同一角色类属中的协作者在问题解决各周的角色扮演上存在一定差异，这说明协作过程中个体间的共通性和独特性是并存的。总的来说，从问题解决全部阶段来看，稳定领导型、忠实辅助型、渐入佳境型是支撑小组协作持续开展的三种重要角色类属。

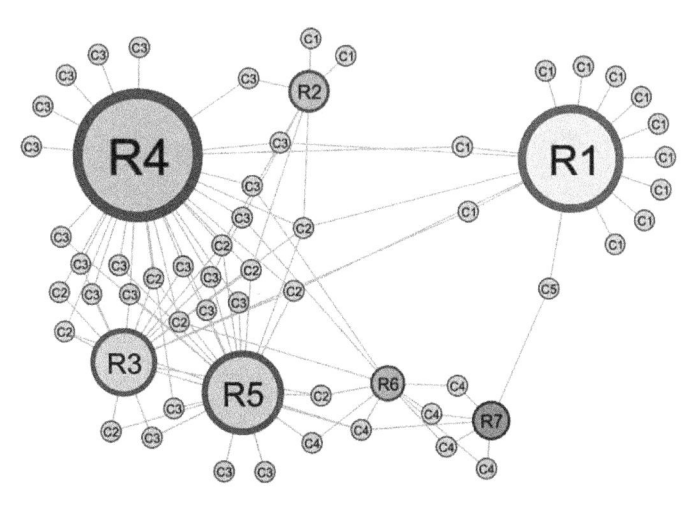

图 7-7　角色标签与角色类属的关联结构

注：R 表示角色标签，C 表示角色类属。

2. 角色网络

表7-10为32名协作者的课程平台交互数据。其中,同一小组成员的平台交互行为记为组内交互(65条,37.36%),不同小组成员的平台交互行为记为组间交互(109条,62.64%)。

表7-10　32名协作者的课程平台交互数据

	点赞	点赞他人评论	关注	回帖	评论	评论他人评论	总计
组间交互	22	9	15	5	45	13	109
组内交互	24	4	10	3	20	4	65
总计	46	13	25	8	65	17	174

研究者运用Gephi工具绘制出图7-8所示的协作者在课程平台的行为交互网络。该网络以52名协作者为节点,以课程平台交互数据为交互信息,总计得到107条有向加权边。在该网络中,圆点标签为协作者的角色类属,圆点颜色相同代表该成员来自同一小组;深色边代表组间互动,浅色边代表组内互动。

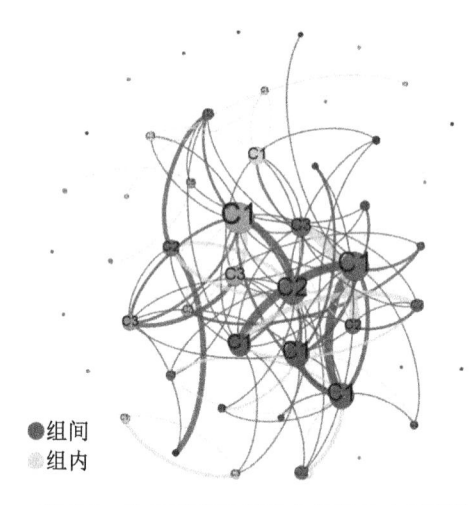

图7-8　协作者在课程平台的行为交互网络

表7-11为各角色类属的组间和组内交互频次统计信息。由表7-11可得,C1、C2、C3类角色在课程平台的总行为交互数量较多,而C4和C5类角色的总交互数量均低于5。卡方检验要求期望频数小于5的单元格低于总格数的20%,因此需要删除C4和C5产生的3条数据后进行计算。卡方检验表明,不同角色类属(C1、C2、C3)的交互类型(组间、组内)有显著差异($\chi^2=6.630$,$p=0.036<0.05$)。具体地,C1的组间交互频次明显高于C2和C3,即稳定领导型成员(C1)更加关注课程平台的组间交互。渐入佳境型成员(C2)

经过了角色调整和团队融入尝试后，更加关注组内交互，因而人均组内交互频次高于 C1 和 C3。此外，尽管忠实辅助型成员(C3)数量较多、角色能级也相对稳定，但在组间交互方面的积极性低于稳定领导型成员(C1)。

表 7-11　各角色类属的组间和组内交互频次统计信息

角色类属	组间交互	组内交互	人均组间交互	人均组内交互	总计
C1	61	24	4.692	1.846	85
C2	21	22	2.100	2.200	43
C3	26	17	1.182	0.773	43
C4	0	1	<0.000	0.167	1
C5	1	1	1.000	1.000	2
总计	109	65	2.096	1.250	174

本研究选取入度(indegree)、出度(outdegree)、离心度(eccentricity)、接近中心性(closeness centrality)、中介中心性(betweenness centrality)5 个社会网络指标来分析 C1、C2、C3 三个角色类属在社会交互网络的行为差异。表 7-12 为角色类属与网络指标的单因素方差分析结果。

表 7-12　角色类属与网络指标的单因素方差分析结果

网络指标	角色类属	N	Mean	SD	F	p
入度	C1	13	3.538	3.307	2.646	0.083
	C2	10	2.200	2.440		
	C3	22	1.636	1.560		
出度	C1	13	4.077	3.353	4.634*	0.015
	C2	10	2.400	2.836		
	C3	22	1.227	2.114		
离心度	C1	13	2.615	1.609	3.144	0.053
	C2	10	2.600	2.271		
	C3	22	1.227	1.771		
接近中心性	C1	13	0.467	0.297	4.793*	0.013
	C2	10	0.236	0.212		
	C3	22	0.181	0.273		
中介中心性	C1	13	41.856	54.461	4.371*	0.019
	C2	10	15.120	35.902		
	C3	22	6.576	10.797		

注：* $p<0.05$。

根据各变量的方差齐性检验结果，选择适当的事后检验方法进行角色类属间的两两比较。经分析，5个网络指标变量中，出度、接近中心性和中介中心性存在显著的组间差异。出度反映了一个节点与图中其他节点的主动交互行为。LSD事后检验结果显示，C1的出度显著高于C3(Mean difference=2.850，p=0.004＜0.001)。接近中心性反映了一个节点在整个结构中所处的位置，值越高代表该节点到图中其他节点的最短距离越小。LSD事后检验结果显示，C1的接近中心性显著高于C2(Mean difference=0.231，p=0.047＜0.05)和C3(Mean difference=0.287，p=0.004＜0.001)。此外，由于中介中心性方差不齐性，使用Dunnett's T3法对结果进行校正后发现两两间无显著差异。综上，与C2和C3相比，C1与平台上其他协作者的交流行为更多，且在交互网络中的接近中心性更高。这进一步说明，C1在课程平台上更为活跃，更加关注其他小组成员在平台上的内容分享和意见交流。

五、研究发现与讨论

(一)角色展现：个体职能的定位与分化

　　角色展现反映了联通主义学习中小组内互动生成的具有一定职能特征的角色类型与分布情况。cMOOC为不同背景的学习者创设了基于共同话题兴趣自主开展深层交互的协作情境。从成员自由创建小组起，围绕协作任务的社会化分工开始出现，个体间的职能定位开始分化，逐渐产生了多种角色类型，体现出了复杂集体行为所具有的自组织性和涌现性等特征。[①] 基于协作者的自我报告和协作会话数据，本研究运用主题分析法总结出联通主义协作问题解决的7种角色类型：组织者、整合者、执行者、辅助者、跟随者、边缘者、辍学者。不同角色具有各自的职能特征或表现特点，体现出互联网学习者个体间在执行协作任务时的差异化属性。执行者和辅助者则是承担子任务或执行其他成员过程性建议的角色类型。[②][③] 组织者的任务协调、进程监控是维系

[①] 王志军、陈丽：《联通主义："互联网＋教育"的本体论》，载《中国远程教育》，2019(8)。

[②] Belbin, R. M., "Management Teams: Why They Succeed or Fail(3rd ed.)," *Human Resource Management International Digest*, 2011, 19(3).

[③] Wang, C. X., & Li, S. L., "The Trade-off Between Individuals and Groups: Role Interactions under Different Technology Affordance Conditions," *International Journal of Computer-Supported Collaborative Learning*, 2021, 16(4), pp. 525-557.

小组系统化职能的主要保障，整合者的观点汇聚、内容沉淀对任务推动也具有重要作用。组织者和整合者能够从整体性视角来推动小组任务[①]，尤其是整合者是小组中重要的网络节点，起到了扩大、聚合、过滤内容的作用，有助于将复杂、散乱的信息变为有意义的群体知识。[②] 此外，相比于学习者必须全程参与的传统在线协作学习[③]，在线开放课程新增了辍学者这类角色。在开放的网络学习空间中，协作者可以通过资源汇聚实现信息的自由共享和充分利用，但与此同时，也可能会面对学工矛盾等原因引起的被动退出，或由于其他组员流失所带来的小组结构失衡。

整体来看，辅助者、组织者、跟随者是占比较高的角色，而问题解决各阶段的不同活动主题也会影响各角色的分布情况。例如，在强调资源联通与信息加工的第二周，组织者占比要高于其他周，而在侧重内容整合与观点汇聚的第四周，整合者相较于其他周的占比更高。研究还发现，大多数小组在进入正式问题解决阶段才开始有较为明显的职能分化。在进入正式问题解决阶段后，尤其是第一周，小组成员结合自身能力与协作任务，建立自我认知，找到自己在小组中的角色定位。此外，边缘者在网络环境下的识别和干预难度高于传统线下学习。这类学习者如果在此期间没有形成对自身定位的正确理解，则有可能逐渐由小组的边缘者转变为辍学者。情境学习理论指出实践共同体中的新手需要经历"合法的边缘性参与"逐渐进入深度参与、高度联结的状态。[④] 基于此，本研究认为启动周可以作为进入正式问题解决活动前的角色探索期，在此基础上，协作者在随后的问题解决阶段不断地适应、融入所在的小组，进行个体职能定位的进一步调整。因此，从课程设计者层面出发，在问题启动周不仅要引导学习者组建队伍，还要通过系列的"热身""破冰"活动帮助协作者形成对自身角色定位的认识，以促进每个成员在正式问题解决阶段的深度参与和高质量交互。总的来说，在小群体中开展协作式信息

[①] Cesareni, D., Cacciamani, S., & Fujita, N., "Role Taking and Knowledge Building in a Blended University Course," *International Journal of Computer-Supported Collaborative Learning*, 2016, 11(1), pp. 9-39.

[②] 王志军、陈丽：《联通主义学习理论及其最新进展》，载《开放教育研究》，2014(5)。

[③] Wang, C. X., & Li, S. L., "The Trade-off Between Individuals and Groups: Role Interactions under Different Technology Affordance Conditions," *International Journal of Computer-Supported Collaborative Learning*, 2021, 16(4), pp. 525-557.

[④] J. 莱夫、E. 温格：《情境学习：合法的边缘性参与》，王文静译，40～42页，上海，华东师范大学出版社，2004。

联通、知识创生，不仅需要从对环境、技术、资源（包括人）的操作和寻径出发①，还应在小群体社会文化中持续反思对自身角色的定位。

（二）角色协调：社会资源的流动与汇聚

角色协调反映了小组内部随时间变化的人际互动规律，体现出小群体中社会资源的流动与汇聚。前人研究使用交互频次来反映个体的社会话语地位②，本研究结合联通主义学习观③和社会能级论④，认为各类角色组内交互频次能够反映其所拥有和有意愿共享的社会资源，进而能够体现不同角色的社会影响力和能量等级。前人研究分析了整个课程社群开放空间中的教学交互数据，指出社群是具有低社会交互性但高质量内容产出的学习者类型。⑤也有研究指出同一个学习者在开放社群中的社会网络和认知网络可能具有不同的特征，对二者进行综合分析才能反映学习者的学习表现。⑥ 本研究的不同之处在于，研究对象是若干小群体内部的协作数据，这些小群体由一组对未知问题具有求知欲的课程成员构成。在此情境中，协作者的社会交互与认知交互同步进行，且因具有共同研究兴趣而愿意为小组付出⑦，因而行动频次能够在一定程度上反映其所拥有的社会资源。基于问题解决整体阶段的协作会话交互频次，本研究发现组织者的社会能级最高，其次是整合者、执行者、辅助者、跟随者，而边缘者、辍学者的社会能级相对较低。基于此，本研究指出不同角色具有不同等级的社会能量，具体表现为从辍学者到组织者

---

① 王志军、陈丽：《联通主义学习理论及其最新进展》，载《开放教育研究》，2014(5)。

② Wang, C. X., & Li, S. L., "The Trade-off Between Individuals and Groups: Role Interactions under Different Technology Affordance Conditions," *International Journal of Computer-Supported Collaborative Learning*, 2021, 16(4), pp. 525-557.

③ 王志军、陈丽：《联通主义："互联网＋教育"的本体论》，载《中国远程教育》，2019(8)。

④ 缪文卿：《论大学组织生成及其与社会的关系》，载《教育研究》，2015, 36(11)。

⑤ Xu, Y. B., & Du, J. L., "What Participation Types of Learners are There in Connectivist Learning: An Analysis of a cMOOC from the Dual Perspectives of Social Network and Concept Network Characteristics," *Interactive Learning Environments*, 2021, pp. 1-18.

⑥ Liu, S., Hu, T., Chai, H., et al., "Learners' Interaction Patterns in Asynchronous Online Discussions: An Integration of the Social and Cognitive Interactions," *British Journal of Educational Technology*, 2022, 53(1), pp. 23-40.

⑦ Wang, C. X., & Li, S. L., "The Trade-off Between Individuals and Groups: Role Interactions under Different Technology Affordance Conditions," *International Journal of Computer-Supported Collaborative Learning*, 2021, 16(4), pp. 525-557.

依次上升的 7 个角色能级。

"流动是联通主义学习的目的"。[1] 问题解决阶段相对能量值越高的角色越能够促进小群体内社会资源的流动，进而反映出其职能在联通主义学习中的重要程度。整体而言，组织者、整合者和执行者的作用较为突出。具体地，组织者在整个问题解决阶段的能量值始终处于最高水平，表明组织者在小组协作过程中发挥着持续推进协作进程的关键作用；整合者在第四周"成果提交、总结反思"阶段的能量值最高，体现出该类角色在社会资源汇聚方面的重要性。执行者属于具有明确职能分工的角色，其能量相对值在正式问题解决阶段高于没有明确职能定位的辅助者。综上，结合不同角色对社会资源流动和汇聚的促进作用，可以认为组织者、整合者和执行者这三类角色是联通主义学习中小群体持续性发展和知识创生的关键节点。

在案例课程的协作活动中，个体间普遍存在着从一种角色切换到另一种角色的现象。没有任何一种角色是完全稳定的，即便是最初创建小组的组长也可能仅仅起到组队的作用，并未在后续活动中起主导作用。采用小群体中各角色的转换频次来代表角色稳定性，研究发现：组织者角色稳定性最强，其次是辅助者和整合者，执行者、跟随者、边缘者的角色稳定性较弱。在稳定性较弱的角色中，执行者倾向于转为能级更低的角色，而跟随者和辅助者则更易向能级较高的角色转换。稳定性较弱的角色的能级跃迁呈现出一种能量回归现象，即"较弱者升高，较强者降低"。这种能量回归现象实际上体现了小群体为了维持组织能级稳定而进行的内部协调[2]，也体现了复杂教育系统的非线性动态平衡特征。[3] 具体而言，一个小群体中各类角色的数量需求都存在上限和下限。如果某一种功能性角色的数量过多或过少，则小组可能无法正常开展协作活动。当小组的集体社会资源有限时，需要涌现出高能级的角色来引入更多社会资源。当小组的集体社会资源饱和时，需要暂时停止资源引入，进行充分的冷静反思和信息加工；为推进更深层次的联通，一些成员会主动降为能级低的角色来维持小群体的有序运作和高质量资源聚合。进一步分析各周的角色转换情况，发现除了 Week 2—Week 3 区间角色能级转换值为负，其余区间均大于或等于 0，这可能与问题解决第三周教师的介入有

---

[1] 王志军、陈丽：《联通主义学习理论及其最新进展》，载《开放教育研究》，2014(5)。

[2] 龚咏梅：《能级稳态结构——对政府体制优化的一种思考》，载《齐鲁学刊》，2001(1)。

[3] 王志军、陈丽：《联通主义："互联网＋教育"的本体论》，载《中国远程教育》，2019(8)。

关。教师在此阶段作为联通主义学习社群中促进者的重要节点[1][2]，针对小组协作过程中出现的问题给予指导和建议。本研究发现这一过程引入了新的策略性社会资源，使得小群体呈现出整体的角色能级降低现象，在任务反思与修正中进一步加强社会资源的过滤、优化、聚合和沉淀。

（三）角色结构：子群网络的内聚和耦合

角色结构反映了群体内成员的个体角色关联特征和群际间各类属角色的社交网络特征。在以生生交互为主的在线学习中，存在着群体内部与群体之间的非线性相互作用。[3] 这种非线性作用在本研究中主要体现在群体内角色类属及其在群体之间的社会网络交互。具体来讲，群体内和群体间分别具有"强内聚"和"松耦合"的角色结构特征。在描述群体内角色结构时，本研究聚焦于各小组协作内部非开放空间的角色关系。具体地，基于问题解决各周角色及对应能量值的变化，聚类出5种具有不同稳定性的角色类属：稳定领导型、渐入佳境型、忠实辅助型、逐步游离型和力不从心型。研究发现，稳定领导型和忠实辅助型的角色能级较为稳定；渐入佳境型和逐步游离型随着任务推进拥有两个相反方向的角色能级变化规律；力不从心型在经历某些特殊事件后（如小组成员相继辍学），呈现角色能级骤降现象。除了失败小组，其余11个小组均有至少1名稳定领导型协作者来维系小组内部结构的相对稳定和紧密交互，即大多小组都具备"强内聚"特征。前人研究指出小组凝聚力是协作质量的重要影响因素之一。[4] 此外，本研究还发现，同一角色类属中的协作者在各问题解决阶段可能具有不同的角色标签，这体现出了联通主义协作学习中个体间的共通性与独特性并存。例如，稳定领导型中有持续扮演组织者的，有持续扮演整合者的，也有从引导周的辅助者转变为组织者的。

对于群体间角色结构，本研究区分了不同角色类属在课程平台上的组间、

---

[1] 王志军、陈丽：《联通主义学习理论及其最新进展》，载《开放教育研究》，2014（5）。

[2] 琳达·哈拉西姆、肖俊洪：《协作学习理论与实践——在线教育质量的根本保证》，载《中国远程教育》，2015(8)。

[3] 徐亚倩、陈丽：《生生交互为主的在线学习复杂性规律探究》，载《中国远程教育》，2021(10)。

[4] Zamecnik, A., Villa-Torrano, C., Kovanović, V., et al., "The Cohesion of Small Groups in Technology-Mediated Learning Environments: A Systematic Literature Review," *Educational Research Review*, 2022(35), p. 100427.

组内交互行为，以此构建问题解决阶段的群际社交网络。研究发现，稳定领导型、渐入佳境型、忠实辅助型是课程平台上进行社会交互的主要角色类属，三者均有一定的组间交互和组内交互行为。其中，稳定领导型的组间交互要显著多于渐入佳境型和忠实辅助型。稳定领导型成员愿意展示团队成果，并与其他团队交换意见，表现出更多、范围更广的主动交互行为，这在一定程度上反映出该角色类属能够主动分享、广泛联通的特性。渐入佳境型则更加关注组内交互，其人均组内交互频次高于另外两个角色类属，注重在课程平台上与小群体内队友的持续社交。这说明，不同角色类属受自身角色结构特征的影响，在开放空间中呈现出组内和组间的非线性交互倾向与行为表现。此外，本研究中有 20 名协作者(38.46%)未在课程平台上产生交互。这部分学习者仅在小组的私密空间中进行信息交换与加工，缺乏主动与外部世界建立联结、拓展社交网络的意识。联通主义学习理论强调学习者广泛地与社区内其他学员与资源建立联结。[①] 协作学习领域的研究也表明，群际感知信息能够正向促进小组的学习投入水平。[②] 本研究则发现，小群体内的紧密交互并不能促进所有协作者(尤其是能级不稳定的角色类属)在整个社群中的互动行为，即群体间的交互呈现出"松耦合"特征。换言之，联通主义学习深度和广度的同时拓展仅能发生在一部分学习者中。同时，随着社群网络的持续优化更新，一些学习者的存在痕迹也会因其弱交互特征而不可避免地被时间冲刷掉；只有适应互联网时代学习特征的那类学习者才能够走出信息孤岛，在小群体和大社群中不断更新自身的概念网络和社会网络。

(四)角色演化与小群体协作质量的关系

本研究探讨了联通主义情境下的角色演化规律，而角色演化能否预测协作质量也是一个值得探讨的话题。在案例课程中，协作质量指问题解决任务中小组在过程和结果的综合性表现，具体分为优秀、良好、一般和失败四个等级。表 7-13 展示了 12 个小组的构成信息和角色类属分布情况。

[①] 王志军、陈丽：《联通主义学习理论及其最新进展》，载《开放教育研究》，2014(5)。

[②] 李艳燕、张慕华、彭禹等：《在线协同写作中组内、跨组群体感知信息对小组学习投入的影响》，载《现代教育技术》，2021，31(10)。

表 7-13　12 个小组的构成信息和角色类属分布情况

组别	问题类型	成员构成	协作质量	小组规模	C1	C2	C3	C4	C5
G1	调查研究	行业混合型	失败	3				2	1
G2	设计研究	师生混合型	一般	5	2	3			
G3	调查研究	行业混合型	优秀	3	1	1	1		
G4	模式研究	全员学生型	优秀	4	1		3		
G5	模式研究	师生混合型	一般	5	1	1	2	1	
G6	调查研究	全员学生型	良好	7	1	1	4	1	
G7	调查研究	全员教师型	良好	3	1		2		
G8	调查研究	全员学生型	一般	3	2		1		
G9	调查研究	师生混合型	优秀	6	1	3	2		
G10	设计研究	行业混合型	良好	3	1		2		
G11	调查研究	师生混合型	良好	5	1	1	2	1	
G12	设计研究	全员学生型	优秀	5	1		3	1	

受小组规模差异较大和单元格个案数较小的影响，本研究无法使用卡方检验分析不同协作质量小组的角色类属分布情况。本研究对角色演化相关数据进行了多种尝试，最终发现小组内人均角色能级的变化规律能够用来预测一个小组的协作质量。表 7-14 为不同协作质量小组的人均角色能级转换信息。

表 7-14　不同协作质量小组的人均角色能级转换信息

协作质量	Week 0—Week 1	Week 1—Week 2	Week 2—Week 3	Week 3—Week 4	N
优秀	0.444	0.222	−0.278	−0.167	18
良好	0.278	0.111	−0.111	0.000	18
一般	0.385	0.692	−0.692	0.231	13
失败	0.000	−0.667	−2.000	0.000	3

图 7-9 为不同协作质量小组的人均角色能级变化。

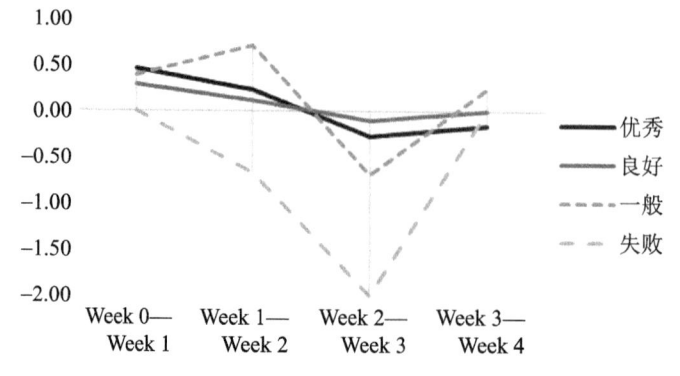

图 7-9　不同协作质量小组的人均角色能级变化折线图

由图 7-9 可知，优秀小组和良好小组的人均角色能级变化幅度较小，且呈现能级转换值逐渐降低、由正转负、变化较小的规律。结合先前分析结果，Week 3 活动主题"教师指导、内容优化"能够让优秀或良好小组转向相对冷静的任务反思和完善阶段，且此类小组的成员角色协调幅度较小，通过适当的角色协调来维持和优化小组协作机能。相反地，一般小组和失败小组则具有较大的角色协调幅度，说明不合理的、激进的成员角色协调以及成员流失会阻碍小组任务顺利开展。

此外，对于课程平台的组间交互，优秀小组(50)和良好小组(46)的组间交互频次之和是一般(12)小组和失败小组(1)之和的 7.38 倍。可见，在超出小组空间的开放课程空间中进行组间互动，能够反映一个小组协作兴趣与意志的强度。小组中的稳定领导型成员(C1)更加关注课程平台的组间交互，在这类成员的带领下将小组阶段性协作成果与其他小组分享并进行意见交换，有助于提升协作质量。

六、本章小结

本章基于联通主义学习情境中的协作问题解决活动，运用角色演化分析模型，从角色展现、角色协调和角色结构三个层级探究了协作过程中学习者多元角色演化的相关特征与规律。本章的主要研究发现有：①协作者在问题解决过程中不断探索职能定位并分化出 7 种角色类型：组织者、整合者、执行者、辅助者、跟随者、边缘者、辍学者；②拥有更多社会资源的协作者其角色能级最高，组织者到辍学者的角色能级依次降低，组织者角色稳定性最强，其次是辅助者和整合者，执行者、跟随者、边缘者的角色稳定性较弱，且稳定性较弱的角色的能级跃迁呈现出一种能量回归现象；③在群际交互网络中，稳定领导型、渐入佳境型、忠实辅助型是主要的角色类属，且稳定领导型的组间交互要显著多于渐入佳境型和忠实辅助型，但从整体来看群际交互较为薄弱。

在理论层面，研究结果有助于从社会文化视角加强研究者对社区型课程中群组内和群体间社会互动特征的理解，进一步证实了复杂集体学习行为的自组织、涌现性、非线性、动态平衡、强内聚、松耦合等特点。在主要分析维度中，本研究基于社会能级理论创新性地提出了角色能级的概念，为表征与分析互联网学习环境中不同角色的社会话语地位与社群影响力提供了参考。在实践层面，除了对协作者角色演化的分析，本研究还发现联通主义学习中教师作为推进社区发展的重要节点，能够针对小组问题解决过程中出现的问题给予指导和建议，促进了小组的学习反思与观点沉淀。为了充分发挥社群网络中教师等关键节点的作用，未来研究还需要关注教师作为引导者、促进者等角色在群组内和群体间的网络协调与效能激活。

第八章 组外促进效应

协作学习的有效发生需要适当的外部支持与引导。[1]在线协作学习情境中，教学实施方的促进策略在引导学生参与互动、促进高效学习等方面发挥着重要的作用。[2]在开放网络环境中，来自小组外部的教学干预作为影响学习效果的重要因素，已引起教育研究者与实践者的广泛关注。近年来，网络教学体系出现了班级助教、学习助理、技术服务师等新角色，他们在一定程度上承担了传统教师的部分职能，能够为在线协作提供全方位的学习支持服务与体验。[3]深入理解在线协作情境中促进者所发挥的作用，有助于为教学干预设计提供参考。本章将以协作小组及其促进者为研究对象，运用滞后序列分析方法和内容分析方法探究小组学习过程中协作表现、促进者表现与小组互动模式的关系，进而揭示促进者在协作过程中发挥的差异化作用。

---

[1] Chen, J. J., Wang, M. H., Kirschner, P. A., et al., "The Role of Collaboration, Computer Use, Learning Environments, and Supporting Strategies in CSCL: A Meta-Analysis," *Review of Educational Research*, 2018, 88(6), pp. 799-843.

[2] Skrypnyk, O., Joksimović, S., Kovanović, V., et al., "Roles of Course Facilitators, Learners, and Technology in the Flow of Information of a cMOOC," *The International Review of Research in Open and Distributed Learning*, 2015, 16(3), pp. 188-217.

[3] Li, L., & Tsai, C. C., "Accessing Online Learning Material: Quantitative Behavior Patterns and Their Effects on Motivation and Learning Performance," *Computers & Education*, 2017(114), pp. 286-297.

一、理论基础

(一)联通主义交互层次与小组互动模式

由乔治·西蒙斯和斯蒂芬·道恩斯提出的联通主义学习理论是网络时代的重要学习理论,该理论认为学习是与特定节点和信息资源建立联结的过程[1],强调学习者的亲身实践与反思。[2] 联通主义学习主要发生在开放网络环境中,学习者通过交互发表观点、建立网络,开展持续性学习。[3] 相比于传统以学校、班级、课堂为单位开展的教学,联通主义学习具有以下特点:学习者具有多样化、异质化等特征[4];教学交互涉及与人、资源、环境等不同主体的交互;学习过程表现出自组织、非线性、涌现等复杂性规律。[5]

为了更好地认识与揭示开放网络环境下的复杂教学规律,王志军等人[6]基于教学交互层次塔[7]和认知参与度模型[8]构建了联通主义教学交互与参与框架。该框架将联通主义教学交互分为操作交互、寻径交互、意会交互和创生交互四个层次。其中,操作交互指学习者在学习过程中与各种媒体和技术环境之间相互作用的过程,即学习者与学习界面之间的交互;寻径交互指学习者为了建立定向联结而与学习环境(或者交互空间)中的人或内容等相互作用的过程,学习者的参与层次较浅;意会交互指学习者为了获得对复杂多元、

---

[1] Siemens, G., "Connectivism: A Learning Theory for the Digital Age," *International Journal of Instructional Technology and Distance Learning*, 2005, 2(1), pp. 3-10.

[2] Downes, S., "Connectivism," *Asian Journal of Distance Education*, 2022, 17(1), pp. 58-87.

[3] Kop, R., & Hill, A., "Connectivism: Learning Theory of the Future or Vestige of the Past?" *The International Review of Research in Open and Distance Learning*, 2008, 9(3), pp. 1-13.

[4] Xu, Y. B., & Du, J. L., "What Participation Types of Learners Are There in Connectivist Learning: An Analysis of a cMOOC from the Dual Perspectives of Social Network and Concept Network Characteristics," *Interactive Learning Environments*, 2023, 31(9), pp. 5424-5441.

[5] 徐亚倩、陈丽:《生生交互为主的在线学习复杂性规律探究》,载《中国远程教育》,2021(10)。

[6] 王志军、陈丽:《联通主义学习理论及其最新进展》,载《开放教育研究》,2014(5)。

[7] 陈丽:《远程学习的教学交互模型和教学交互层次塔》,载《中国远程教育》,2004(5)。

[8] Anderson, L. W., "Rethinking Bloom's Taxonomy: Implications for Testing and Assessment," *Education*, 1999, pp. 1-25.

动态变化环境中问题和信息的响应而投入深度参与的过程；创生交互指学习者通过形成学习制品或观点整合等方式进行知识创造和生长的过程。

CIE框架通过深入剖析联通主义学习的交互过程，阐释了联通主义学习中教学交互的具体行为层级，被广泛地用作网络环境中教学交互行为的概念模型和分析工具。例如，有研究者[1]基于CIE框架建立了个人社会知识网络（PSKN），从个体视角揭示出联通主义学习中教学交互与学习成效的相关性：研究发现学习成效与教学交互程度呈正相关，获得高学习成效的学习者往往有更深层次的交互，如意会交互和创生交互。再如，黄洛颖等人将CIE框架应用于教学实践中的交互层次分析，发现在联通主义学习中，各个教学交互层次间具有支撑与扩展两种作用，具体表现为低层交互逐层支撑产生高层交互，高层交互扩展低层交互具有跨越性、互补性和弱递归性。[2]

在智能技术发展以及知识更新速度日益加快的数字化时代，协作学习成为培养协同、探索、创新等21世纪人们必备素养和能力的重要学习方式。[3] 协作学习在促进学生创造性、探究性等高阶能力发展方面成效显著，已成为当代教学改革中最重要的教学方式之一。[4][5] 已有研究表明，在线学习者的互动行为能够显著影响其学习效果和学习绩效。[6][7] 在开放网络环境下开展协作学习，教学组织者需要关注和促进学习者之间的交互行为，以维持自主协作的持续性和高效性。

---

[1] Duan, J. J., Xie, K., Hawk, N. A., et al., "Exploring a Personal Social Knowledge Network (PSKN) to Aid the Observation of Connectivist Interaction for High-and Low-Performing Learners in Connectivist Massive Open Online Courses," *British Journal of Educational Technology*, 2019, 50(1), pp. 199-217.

[2] 黄洛颖、陈丽、田浩等：《联通主义学习教学交互的关系及其特征研究》，载《中国远程教育》，2020(9)。

[3] Hämäläinen, R., & Vähäsantanen, K., "Theoretical and Pedagogical Perspectives on Orchestrating Creativity and Collaborative Learning," *Educational Research Review*, 2011, 6(3), pp. 169-184.

[4] Johnson, D. W., Johnson, R. T., & Smith, K., "The State of Cooperative Learning in Postsecondary and Professional Settings," *Educational Psychology Review*, 2007, 19(1), pp. 15-29.

[5] Cherney, M. R., Fetherston, M., & Johnsen, L. J., "Online Course Student Collaboration Literature: A Review and Critique," *Small Group Research*, 2018, 49(1), pp. 98-128.

[6] Goggins, S., & Xing, W. L., "Building Models Explaining Student Participation Behavior in Asynchronous Online Discussion," *Computers & Education*, 2016(94), pp. 241-251.

[7] Li, L., & Tsai, C. C., "Accessing Online Learning Material: Quantitative Behavior Patterns and Their Effects on Motivation and Learning Performance," *Computers & Education*, 2017(114), pp. 286-297.

滞后序列分析方法能够量化评估交互行为的发生频率以及行为随时间先后发生的显著性水平，近年来被广泛用于揭示学习者间互动模式和规律研究。例如，有研究者聚焦于在线自主学习中的协作活动，采用滞后序列分析方法和频率分析方法探究学生知识建构的行为模式，研究发现高参与度和低参与度小组的行为模式存在明显差异，高参与度群体具有更多的协商和知识共建行为。① 又如，另有研究者运用滞后序列分析方法和内容分析方法比较了在计算机支持的协作学习情境中，高绩效小组和低绩效小组知识学习和情感互动模式的特征与差异，并发现高绩效群体表现出更高水平的知识创生。②

总的来说，现有研究多聚焦于传统的以学校、班级为单位开展的在线协作学习，同伴之间具有较强的同质性，而对开放网络环境下多元学习者参与的在线协作互动规律则相对缺乏。因此，本研究将通过交互行为分析重点关注开放网络环境下的小组协作互动模式及其特征。

(二)在线学习支持服务与协作促进策略

数字化学习是当前教育的重要学习方式之一，如何更好地支持与促进大规模在线学习成为亟待解决和研究的问题。在自定步调的在线自主学习中，为学习者提供学习支持服务对于提高其学习成效和学习满意度至关重要。③④ 2020 年 7 月，中华人民共和国人力资源和社会保障部向社会发布了第一个在线教育领域相关职业——在线学习服务师。⑤ 这一新型职业的发布充分肯定了在线学习支持服务工作对数字化时代教育教学的促进作用。促进者作为提供学习支持服务的重要人员类型，在数字化学习的有序进行中扮演着重要角色。

---

① Yang, X., Li, J., & Xing, B., "Behavioral Patterns of Knowledge Construction in Online Cooperative Translation Activities," *The Internet and Higher Education*, 2018(36), pp. 13-21.
② Tao, Y., Zhang, M., Su, Y., et al., "Exploring College English Language Learners' Social Knowledge Construction and Socio-Emotional Interactions During Computer-Supported Collaborative Writing Activities," *The Asia-Pacific Education Researcher*, 2021, 31(5), pp. 613-622.
③ Chen, K. C., & Jang, S. J., "Motivation in Online Learning: Testing a Model of Self-Determination Theory," *Computers in Human Behavior*, 2010, 26(4), pp. 741-752.
④ Li, L., & Tsai, C. C., "Accessing Online Learning Material: Quantitative Behavior Patterns and Their Effects on Motivation and Learning Performance," *Computers & Education*, 2017(114), pp. 286-297.
⑤ 李爽、王海荣、崔华楠等：《在线学习服务师职业标准框架探索》，载《中国远程教育》，2021(3)。

"促进者"这一概念，最早是由美国人本主义心理学家卡尔·罗杰斯提出的，他强调教师应"停止教导，开始促进"，成为学习的促进者，为学生提供一切学习条件和机会。[1] 近年来，在线教育的发展丰富了促进者的内涵与类型，在学习过程中提供技术应用、教学反馈、内容资源、互动引导等支持服务的角色都可称促进者。乔治·西蒙斯在联通主义论著中明确指出，联通主义学习中的教师应定位为促进者。[2] 教师在社群网络中不再是传统课堂中的知识传授者，而是作为促进者，在学习过程中起到资源放大、策划安排、驱动意会、内容聚合、信息过滤等促进作用。

促进者的胜任力与职能范畴是在线学习支持服务的重要议题之一。满足促进者的基本能力需求，是促进者有效发挥其职能作用的前提。有研究者将胜任力界定为可以将工作中表现突出的员工和表现一般的员工区分开来的个体深层次特征，包括动机、特质、自我概念、知识和技能等。[3] 在促进者胜任力研究中，专业知识与技能被看作重要的能力基础[4]，只有具备领域内的专业知识才能为学习者提供专业性的指导与反馈。随着学习场景、学习形式与学习群体的日益多样化，促进者职能需求和范畴有所变化。在网络环境中，使用工具和技术促进学习已得到实践检验与广泛认可[5][6]，因此促进者应能熟练运用各种信息技术，引导学习者主动参与学习。同时，开放环境下的学习强调学习者之间的交互与联通，社交干预、引导互动也成为促进者的重要职能。[7] 此外，

---

[1] Rogers, C. R., & Freiberg, H. J., *Freedom to Learn*(3rd). Upper Saddle River, NJ, Prentice Hall, 1994, pp. 103-118.

[2] Siemens, G., "Orientation: Sensemaking and Wayfinding in Complex Distributed Online Information Environments," PhD diss., University of Aberdeen, 2011.

[3] Spencer, L. M., & Spencer, S. M., *Competence at Work: Models for Superior Performance*, New York, Wiley, 1993, pp. 19-24.

[4] Thomas, G., & Thorpe, S., "Enhancing the Facilitation of Online Groups in Higher Education: A Review of the Literature on Face-to-Face and Online Group-Facilitation," *Interactive Learning Environments*, 2019, 27(1), pp. 62-71.

[5] Wang, X. H., Kollar, I., & Stegmann, K., "Adaptable Scripting to Foster Regulation Processes and Skills in Computer-Supported Collaborative Learning," *International Journal of Computer-Supported Collaborative Learning*, 2017, 12(2), pp. 153-172.

[6] Chen, J. J., Wang, M. H., Kirschner, P. A., et al., "The Role of Collaboration, Computer Use, Learning Environments, and Supporting Strategies in CSCL: A Meta-Analysis," *Review of Educational Research*, 2018, 88(6), pp. 799-843.

[7] Skrypnyk, O., Joksimović, S., Kovanović, V., et al., "Roles of Course Facilitators, Learners, and Technology in the Flow of Information of a cMOOC," *The International Review of Research in Open and Distributed Learning*, 2015, 16(3), pp. 188-217.

数字化时代对促进者的信息素养提出了新要求：应具备快速获取、评价和使用不同来源信息的能力。①

协作学习的任务情境一般较为复杂，涉及情境创设、问题表征、问题解决、总结评价、迁移应用等多个学习阶段。②③ 面向小组协作的促进者外部干预已被广泛认为是提高在线协作效率、小组学习成效和参与者满意度的关键因素。④⑤ 为了更好地支持与促进协作学习，促进者需要根据不同任务情境和学习阶段采用不同的促进策略。⑥⑦ 譬如，在协作学习中，有的阶段需要提供内容资源帮助学习者进行概念理解，有的阶段则需要协调同伴冲突。⑧ 又如，有研究者将协作学习的教学干预具体划分为促进认知、调节情感、推动社交和组织管理四个方面。⑨ 类似地，有研究者将促进策略分为认知策略和情感策略两个维度。⑩

---

① Li, S., Zhang, J., Yu, C., et al., "Rethinking Distance Tutoring in e-Learning Environments: A Study of the Priority of Roles and Competencies of Open University Tutors in China," *The International Review of Research in Open and Distributed Learning*, 2017, 18(2), pp. 189-212.

② Yang, X., Li, J., & Xing, B., "Behavioral Patterns of Knowledge Construction in Online Cooperative Translation Activities," *The Internet and Higher Education*, 2018(36), pp. 13-21.

③ 梁云真、朱珂、赵呈领：《协作问题解决学习活动促进交互深度的实证研究》，载《电化教育研究》，2017，38(10)。

④ Hsieh, Y., & Tsai, C., "The Effect of Moderator's Facilitative Strategies on Online Synchronous Discussions," *Computers in Human Behavior*, 2012, 28(5), pp. 1708-1716.

⑤ Skrypnyk, O., Joksimović, S., Kovanović, V., et al., "Roles of Course Facilitators, Learners, and Technology in the Flow of Information of a cMOOC," *The International Review of Research in Open and Distributed Learning*, 2015, 16(3), pp. 188-217.

⑥ van Leeuwen, A., & Janssen, J., "A Systematic Review of Teacher Guidance During Collaborative Learning in Primary and Secondary Education," *Educational Research Review*, 2019(27), pp. 71-89.

⑦ Zheng, L. Q., *Knowledge Building and Regulation in Computer-Supported Collaborative Learning*, Singapore, Springer, 2017, pp. 149-157.

⑧ Kaendler, C., Wiedmann, M., Rummel, N., et al., "Teacher Competencies for the Implementation of Collaborative Learning in the Classroom: A Framework and Research Review," *Educational Psychology Review*, 2015, 27(3), pp. 505-536.

⑨ Ferguson-Patrick, K., "The Importance of Teacher Role in Cooperative Learning: The Effects of High-Stakes Testing on Pedagogical Approaches of Early Career Teachers in Primary Schools," *Education 3-13*, 2018, 46(1), *pp. 89-101.*

⑩ Chen, J. J., Wang, M. H., Kirschner, P. A., et al., "The Role of Collaboration, Computer Use, Learning Environments, and Supporting Strategies in CSCL: A Meta-Analysis," *Review of Educational Research*, 2018, 88(6), pp. 799-843.

认知策略是为了促进学习者的知识构建，通过让学习者专注于学习任务或主题，促进其讨论协商；情感策略则是为了提升学习者的参与动机，通过给予积极的反馈和指导，促进学习者开展深度交互。此外，相比于传统课堂的面对面小组协作，开放网络环境下的协作交互更加复杂，过程管控难度大，为学习者提供动态干预就显得非常重要。[1][2][3]

总的来说，在协作学习情境中，促进者不仅为学习者提供内容、资源、关系发展等方面的支持与反馈，推动学习进程和学习环节的有序实施，还能够通过调整任务的复杂度来避免学习的单调性或挫败感，保证学习者持续参与协作过程。[4] 当前研究主要针对多种促进策略开展了理论与设计研究，对开放网络环境下促进者策略与小组互动模式的作用关系尚不清晰。尽管研究者与教育实践者已经意识到在线学习支持服务对开放网络环境中协作学习的重要作用，但对学习支持及其干预特征和作用机制等还有待深入探究。综上，本研究拟综合开放网络环境下学习者的协作表现以及促进者的支持服务情况，探讨协作学习过程中的小组互动模式以及相应的促进者作用机制。

二、研究框架与假设

本研究期望以 12 个协作小组和 12 名促进者为研究对象，通过分析问题解决阶段各小组的微信群交互数据，来揭示不同情境下促进者对小组内部协作行为的作用规律。研究主要聚焦于以下 3 个问题：①不同协作表现的小组互动模式有何差异？②不同促进者表现的小组互动模式有何差异？③促进者在不同协作表现的小组中是如何发挥作用的？基于以上研究问题，本研究以图 8-1 为研究框架，从协作表现、促进者表现以及促进者在不同协作表现小组中的作用三方面来探讨开放网络学习环境中小组协作学习的交互模式与规律。

---

[1] Wise, A. F., & Schwarz, B. B., "Visions of CSCL: Eight Provocations for the Future of the Field," *International Journal of Computer-Supported Collaborative Learning*, 2017, 12(4), pp. 423-467.

[2] Wang, X. H., Kollar, I., & Stegmann, K., "Adaptable Scripting to Foster Regulation Processes and Skills in Computer-Supported Collaborative Learning," *International Journal of Computer-Supported Collaborative Learning*, 2017, 12(2), pp. 153-172.

[3] Amarasinghe, I., Hernández-Leo, D., & Jonsson, A., "Data-Informed Design Parameters for Adaptive Collaborative Scripting in Across-Spaces Learning Situations," *User Modeling and User-Adapted Interaction*, 2019(29), pp. 869-892.

[4] Hsieh, Y., & Tsai, C., "The Effect of Moderator's Facilitative Strategies on Online Synchronous Discussions," *Computers in Human Behavior*, 2012, 28(5), pp. 1708-1716.

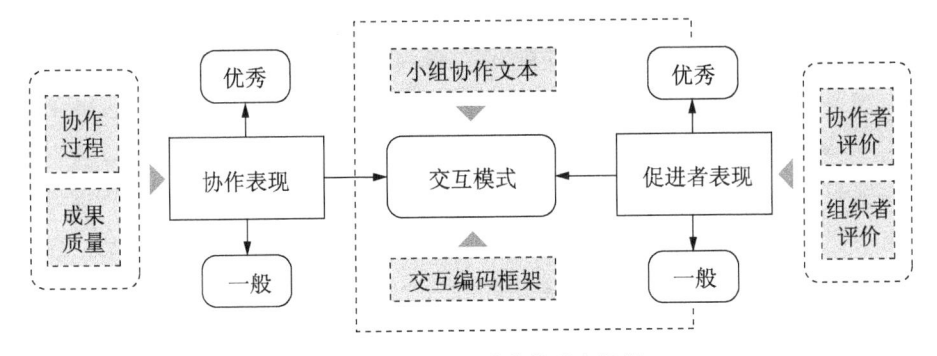

图 8-1 组外促进效应的研究框架

协作表现指小组在问题解决过程中的综合表现，包括小组的直播汇报、过程参与、平台任务、反思报告、阶段性成果以及最终成果等的完成情况，本研究将协作表现分为优秀和一般两个等级。优秀指小组形成了较为系统、有深度的研究成果，或虽未形成系统的研究成果，但产生了阶段性的创新成果；一般指小组未形成任何形式的学习成果。促进者表现指促进者在小组协作过程中为其提供的技术支持、任务督促等的整体表现情况，其评定依据由学习者评分和组织者评分两部分构成。同样地，本研究将促进者表现分为优秀和一般两个等级。优秀指促进者主动通过提供技术支持、引入资源、激发研讨等方式参与小组协作，推动小组任务进行；一般指促进者在小组协作过程中参与较少，未对小组任务完成产生实质性作用。本研究假设不同协作表现小组的交互模式不同、促进者表现会影响小组交互模式，并且促进者在不同协作表现小组的具体作用也有所不同。

三、研究方法与工具

研究开展具体分为三个阶段。首先，根据小组协作表现和促进者表现划分小组类型。其次，基于联通主义协作学习交互编码框架，两名研究者对小组微信交互文本数据进行编码，并对编码结果进行一致性检验。最后，运用滞后序列分析方法对小组交互数据展开分析，探究不同协作表现和促进者表现小组的交互模式。

(一)小组类型划分

本研究对小组的划分主要有两个依据，一是小组自身的协作表现，二是促进者的表现。下面分别介绍小组类型的划分方式。

1. 基于协作表现的分类

小组协作表现由研究者在课程结束后根据各小组在问题解决阶段的综合表现情况进行评定，分为优秀和一般两类。联通主义学习理论指导下的协作学习并不以完成任务为最终目标，更加注重学习者在问题解决过程中的技能习得与学习收获。① 基于此，研究者主要依据小组协作学习的过程性参与情况以及研究成果的质量来评定小组的协作表现。小组的过程性参与情况依据小组的直播汇报、课程平台任务完成、阶段性总结博客、反思报告等来表征，由课程组织者召集专家团队进行统计整理与评定；小组的结果性研究成果质量由参与课程问题设计的专家教师进行评审。小组协作表现的最终结果按照小组的过程性参与情况与研究成果质量的评审情况，取两者中最高完成部分，将小组分为优秀和一般两个等级。最终，研究共获得 8 个协作表现为优秀的小组，以及 4 个协作表现为一般的小组。

2. 基于促进者表现的分类

促进者表现由小组协作成员和课程组织者从任务推动、反馈指导、关系联结等方面综合评定，分为优秀和一般两类。小组协作者是促进者的学习支持服务对象，能够较为直观地评价促进者的表现。课程组织者作为整个问题解决活动的督导者，全程参与促进者的选拔、培训和督导工作，能够较为客观地评价促进者的表现。

小组协作成员对促进者的评价主要通过课程结束后的课程学习体验问卷（见附录 4：课程学习者课程体验调查问卷）来反映。问卷以一组评价促进者的量表的形式呈现（李克特 7 级量表），要求协作者从引导参与、熟悉课程、反馈指导、关系联结和问题解决五个方面对本组促进者的表现进行满意度评定。各组促进者得分为本组所有协作者的打分均值。

课程组织者对促进者的评价以促进者表现评分框架为依据。基于文献研究和课程实践调研，本研究从知识与技能、特质与动机、社会互动、信息素养和支持服务五个维度构建了促进者表现评分框架（见表 8-1）。评分框架各维度分为"非常不满意、不满意、比较不满意、一般、比较满意、满意和非常满意"7 个评分等级，赋值依次为 1~7。

---

① Wang, Z., Chen, L., & Anderson, T., "A Framework for Interaction and Cognitive Engagement in Connectivist Learning Contexts," *International Review of Research in Open and Distributed Learning*, 2014, 15(2), pp. 121-141.

表 8-1 促进者表现评分框架

评价维度	描述
知识与技能	具有教育领域的专业背景知识; 具备一定的在线学习经历; 能够熟练操作在线教学的相关硬件设备和软件工具; 有一定的协作学习经验,了解合作的技巧和策略。
特质与动机	能在课程促进工作中自觉及时地完成各阶段任务; 积极主动探索,善于启发引导; 能够细致地做好各项工作,引导问题解决任务持续开展; 具有较强的自我驱动力,肯定促进者工作的意义和价值。
社会互动	积极调动气氛,提高小组学习的积极性,增强成员间互动; 能够主动融入小组,与学习者建立亲密关系; 乐于倾听,及时了解小组情况,帮助推进任务; 具有良好的语言表达与沟通协调能力。
信息素养	能够针对主题快速检索相关数据、信息; 具有一定的信息敏感力、观察力以及信息分辨能力; 能够自主评价、鉴别信息质量,为小组筛选优质学习资源; 能够将碎片化的内容组织并分享给学习者。
支持服务	能够为学习者适当提供问题解决的方法、技术等学术性支持; 提供任务提醒、教师联络、成果收集等事务性支持; 能够有效调节小组的合作氛围,安抚不良情绪; 积极引导小组进行阶段性反思,及时总结成果。

3. 小组类型划分结果

综合以上评分标准,本研究按照小组协作者评分的 30% 和课程组织者评分的 70% 为各小组促进者的表现综合赋分,将 12 名促进者分为优秀(6 组)和一般(6 组)两个等级。

最终,12 个小组的小组协作表现和促进者表现见表 8-2。根据小组协作表现、促进者表现的二分法,12 个小组的四象限分布情况如图 8-2 所示。

表 8-2 12 个小组的小组协作表现和促进者表现

组别	G1	G2	G3	G4	G5	G6	G7	G8	G9	G10	G11	G12
小组协作表现	一般	一般	优秀	优秀	一般	优秀	优秀	一般	优秀	优秀	优秀	优秀
促进者表现	一般	优秀	一般	一般	优秀	优秀	一般	一般	一般	优秀	优秀	优秀

```
                  促进者优秀
                      ↑
        第二象限    |   第一象限
                   |
         G2 G5    |   G7 G10 G11 G12
小组                |                   小组
一般 ──────────────┼──────────────→  优秀
                   |
         G1 G8    |   G3 G4 G6 G9
                   |
        第三象限    |   第四象限
                   |
                  促进者一般
```

图 8-2 12 个小组的四象限分布情况

(二)协作文本编码

案例课程中小组内部交互主要发生在微信群,微信作为社交媒体应用软件,其交互具有实时性、碎片化、连续性等特征。[①] 相比于课程平台、博客等数据源,通过微信社交工具收集的数据更能够体现完整的小组协作过程,联通主义学习的各层次交互均能有所体现,如寻求技术操作指导、建立讨论空间等操作交互行为。基于 CIE 框架[②],结合在线协作学习特征,本研究设计了包含 10 种交互类型的联通主义协作学习交互编码框架(见表 8-3)。编码框架涵盖了 CIE 框架的四层交互,同时引入了同步互动常见的无关交互。对于操作交互层,本研究将联通主义关注的学习环境和社会媒体具化为空间创设(O1)和技术操作(O2),强调开放学习环境下小组协作交互的媒介依赖性以及技术对任务的支撑作用。寻径交互层是发生交互学习的基础,在线协作学习聚焦于小组成员间、小组与信息资源以及小组与任务的互动和联结[③],本研究将寻径交互概括为社交联结(W1)、内容关联(W2)和任务对接(W3)三种

[①] Xu, B., Chen, N. S., & Chen, G., "Effects of Teacher Role on Student Engagement in WeChat-Based Online Discussion Learning," *Computers & Education*, 2020(157), p. 103956.

[②] Wang, Z., Chen, L., & Anderson, T., "A Framework for Interaction and Cognitive Engagement in Connectivist Learning Contexts," *International Review of Research in Open and Distributed Learning*, 2014, 15(2), pp. 121-141.

[③] Hou, H., & Wu, S., "Analyzing the Social Knowledge Construction Behavioral Patterns of an Online Synchronous Collaborative Discussion Instructional Activity Using an Instant Messaging Tool: A Case Study," *Computers & Education*, 2011, 57(2), pp. 1459-1468.

交互类型。意会交互层是促进认知深度参与的重要形式，强调小组基于问题或任务的深层研讨与协商，促使成员间达成共识，推动任务进行，本研究将意会交互具体划分为思路建议(S1)、差异协商(S2)和计划决策(S3)三类。创生交互代表教学交互的最高认知参与层次，在线上协作学习中往往体现为小组阶段性研究成果的呈现，多以图片、文档等形式发布，本研究将创生交互总结为综合创造(C)。

表8-3 联通主义协作学习交互编码框架

交互层次	交互类型	说明
无关交互	无关交互	无实际含义的操作或与问题解决任务无关的交互
操作交互	空间创设	创设小组讨论空间
	技术操作	询问或提供课程操作、任务相关技术的指导
寻径交互	社交联结	小组成员间的社交情感类或搭建任务联结类的互动
	内容关联	分享或寻求课程相关信息、任务相关资源等的互动(无点评和分析)
	任务对接	汇报小组任务、个人分工进度等情况
意会交互	思路建议	提出或回应观点和思路建议，推荐相应资源(带有个人理解与分析)
	差异协商	提出问题期待更深入的探讨；指出或回应不一致的观点/行为；提供证据进行解释、澄清、论述
	计划决策	进行任务协调与分配；做出协作策略或问题解决方法的选择
创生交互	综合创造	整合已有碎片化资源，二次创作形成新内容；完善共同构建的方案或研究成果

在为期5周的问题解决活动中，研究者以小组为单位收集其在微信群中的协作会话文本。由于微信社交通信软件具有即时性、碎片化等特性，在交互过程中通常会出现完整的语义信息被分为多条消息传递或1条语义信息中包含多层交互信息等情况。在数据预处理阶段，研究者对同一学习者发出的表达同一信息的多条语句进行了合并处理，共生成2420条具有完整语义信息的文本数据。由于本章研究关注行为转换而非第六章所关注的认知元素共现，因此研究者还对同一学习者一条语句中包含不同层次交互信息的情况进行了切分处理。最终，12个小组的协作会话共生成2540条包含唯一交互层次含义的文本数据。两名研究者基于表8-3所示编码框架对处理后的文本数据进行编码。最后，对两名研究者的编码进行内部一致性检验，得到Kappa系数为0.804($p<0.001$, $N=2540$)，表明编码结果的一致性较好。全部协作小组的行为转换频次如表8-4所示。

(三)滞后序列分析

小组互动模式是指小组交互行为之间的顺序关系，重点关注小组在时序

表 8-4　全部协作小组的行为转换频次

行为	G1	G2	G3	G4	G5	G6	G7	G8	G9	G10	G11	G12	总计
I	0 (0.00)	20 (3.89%)	33 (18.44%)	0	0	15 (3.19%)	4 (1.47%)	0	1 (0.72%)	1 (0.85%)	3 (1.17%)	0	77
O1	2 (2.57%)	18 (3.50%)	5 (2.79%)	4 (2.08%)	8 (5.06%)	5 (1.06%)	13 (4.76%)	0	6 (4.32%)	5 (4.24%)	5 (1.95%)	7 (5.51%)	78
O2	5 (6.41%)	29 (5.64%)	6 (3.35%)	0	23 (14.56%)	14 (2.97%)	16 (5.86%)	0	1 (0.72%)	7 (5.93%)	7 (2.72%)	10 (7.88%)	118
W1	28 (35.90%)	111 (21.60%)	46 (25.70%)	75 (39.06%)	70 (44.30%)	100 (21.23%)	69 (25.28%)	0	39 (28.06%)	39 (33.05%)	75 (29.18%)	66 (51.97%)	718
W2	15 (19.23%)	152 (29.57%)	16 (8.94%)	21 (10.94%)	28 (17.72%)	100 (21.23%)	50 (18.32%)	7 (41.18%)	16 (11.51%)	31 (26.27%)	38 (14.79%)	19 (14.96%)	493
W3	16 (20.51%)	135 (26.26%)	38 (21.23%)	32 (16.67%)	24 (15.19%)	75 (15.92%)	45 (16.48%)	8 (47.06%)	46 (33.09%)	15 (12.71%)	53 (20.62%)	11 (8.66%)	498
S1	5 (6.41%)	15 (2.92%)	14 (7.82%)	10 (5.21%)	2 (1.27%)	75 (15.92%)	34 (12.45%)	0	14 (10.07%)	8 (6.78%)	37 (14.40%)	6 (4.72%)	220
S2	2 (2.56%)	11 (2.14%)	4 (2.23%)	24 (12.50%)	0	54 (11.47%)	32 (11.72%)	1 (5.88%)	2 (1.44%)	10 (8.47%)	10 (3.89%)	6 (4.72%)	156
S3	4 (5.13%)	10 (1.95%)	6 (3.35%)	14 (7.29%)	3 (1.90%)	18 (3.82%)	3 (1.10%)	0	7 (5.04%)	0	11 (4.28%)	0	76
C	1 (1.28%)	13 (2.53%)	11 (6.15%)	12 (6.25%)	0	15 (3.19%)	7 (2.56%)	1 (5.88%)	7 (5.04%)	2 (1.70%)	18 (7.00%)	2 (1.58%)	89
总计	78	514	179	192	158	471	273	17	139	118	257	127	2523

上呈现的具有一定规律的交互特征。滞后序列分析方法主要用于检验一种行为发生之后紧跟着出现另一种行为的概率及其是否存在统计学意义上的显著性①，可用于对学生学习方式与行为模式的分析中。② 本研究以小组为分析单元，采用研究工具 GESQ5.1 对小组互动模式进行滞后序列分析。首先，根据研究问题将相应分析单元的教学行为转换数据导入 GESQ5.1 中，计算小组协作学习期间的教学交互类型转换频率表和调整后的残差表，以检验开放学习环境下小组协作学习的某些交互模式的统计学意义。其次，运用 GSEQ 5.1 中计算表统计的功能，对每个行为类型连续出现的频率以及对行为转换调整后的残差结果进行汇总。其中，行为转换（behavior transition），指一个行动紧接着另一个行动而发生的现象。行为转换频率，指一个行动接着另一个行动发生的次数。调整后的残差结果（adjusted residual results），即每个行为转变的 Z 分数（Z-score）。当 Z 分数大于 1.96 时，该行为转换在统计学上是显著的（$p<0.05$）。③ 再次，基于调整后的残差表，根据所有达到统计学显著性的序列绘制各类小组的行为转换图。最后，基于交互行为转换图分析整个协作学习期间小组交互行为的显著转换模式，以及不同小组表现和促进者表现的小组互动模式序列的差异及其变化规律。

四、数据分析结果

（一）不同协作表现的小组互动模式

为了回答第一个研究问题，研究者综合小组协作表现情况，将小组分为优秀和一般两类：8 个小组协作表现为优秀，4 个小组协作表现为一般。下面将分别从小组协作过程中形成的行为转换数量和显著行为转换模式两方面分析不同协作表现小组的交互特征。

1. 行为转换描述统计

协作表现优秀的小组在整个协作学习过程中共产生 1748 对行为转换，平均每个小组约 218 对。协作表现一般的小组在协作学习期间共产生 763 对行为转换，平均每个小组约 191 对。协作表现优秀的小组与协作表现一般的小组的行为转换频次如表 8-5 和表 8-6 所示。

---

① Bakeman, R., & Gottman, J. M., *Observing Interaction: An Introduction to Sequential Analysis* (2nd ed.), Cambridge, Cambridge University Press, 1997, pp.1-14.

② Hou, H., & Wu, S., "Analyzing the Social Knowledge Construction Behavioral Patterns of an Online Synchronous Collaborative Discussion Instructional Activity Using an Instant Messaging Tool: A Case Study," *Computers & Education*, 2011, 57(2), pp.1459-1468.

③ Bakeman, R., & Gottman, J. M., *Observing Interaction: An Introduction to Sequential Analysis* (2nd ed.), Cambridge, Cambridge University Press, 1997, pp.91-99.

表 8-5 协作表现优秀的小组的行为转换频次

行为	I	O1	O2	W1	W2	W3	S1	S2	S3	C	总计
I	46 (2.63%)	0	0	4 (0.23%)	1 (0.06%)	2 (0.11%)	0	1 (0.06%)	0	2 (0.11%)	56
O1	1 (0.06%)	8 (0.46%)	2 (0.11%)	24 (1.37%)	11 (0.63%)	3 (0.17%)	0	0	0	1 (0.06%)	50
O2	0	4 (0.23%)	40 (2.29%)	8 (0.46%)	5 (0.29%)	2 (0.11%)	1 (0.06%)	0	1 (0.06%)	0	61
W1	6 (0.34%)	15 (0.86%)	8 (0.46%)	304 (17.39%)	51 (2.92%)	57 (3.26%)	28 (1.60%)	16 (0.92%)	8 (0.46%)	13 (0.74%)	506
W2	2 (0.11%)	8 (0.46%)	4 (0.23%)	52 (2.97%)	138 (7.89%)	45 (2.57%)	16 (0.92%)	10 (0.57%)	8 (0.46%)	8 (0.46%)	291
W3	2 (0.11%)	7 (0.40%)	3 (0.17%)	61 (3.49%)	36 (2.06%)	127 (7.27%)	28 (1.60%)	13 (0.74%)	17 (0.97%)	20 (1.14%)	314
S1	0	1 (0.06%)	2 (0.11%)	23 (1.32%)	19 (1.09%)	22 (1.26%)	80 (4.58%)	30 (1.72%)	10 (0.57%)	10 (0.57%)	197
S2	0	1 (0.06%)	0	12 (0.69%)	10 (0.57%)	18 (1.03%)	26 (1.49%)	62 (3.55%)	5 (0.29%)	6 (0.34%)	140
S3	0	1 (0.06%)	0	5 (0.29%)	9 (0.51%)	22 (1.26%)	8 (0.46%)	4 (0.23%)	6 (0.34%)	4 (0.23%)	59
C	0	0	1 (0.06%)	14 (0.80%)	11 (0.63%)	17 (0.97%)	11 (0.63%)	6 (0.34%)	4 (0.23%)	10 (0.57%)	74
总计	57	45	60	507	291	315	198	142	59	74	1748

表 8-6 协作表现一般的小组的行为转换频次

行为	I	O1	O2	W1	W2	W3	S1	S2	S3	C	总计
I	13 (1.70%)	0	0	0	2 (0.26%)	5 (0.66%)	0	0	0	0	20
O1	0	4 (0.52%)	3 (0.39%)	13 (1.70%)	4 (0.52%)	4 (0.52%)	0	0	0	0	28
O2	0	2 (0.26%)	36 (4.72%)	5 (0.66%)	6 (0.79%)	6 (0.79%)	1 (0.13%)	0	1 (0.13%)	0	57
W1	1 (0.13%)	6 (0.79%)	4 (0.52%)	126 (16.51%)	30 (3.93%)	36 (4.72%)	2 (0.26%)	0	4 (0.52%)	0	209
W2	3 (0.39%)	8 (1.05%)	7 (0.92%)	26 (3.41%)	106 (13.89%)	37 (4.85%)	3 (0.39%)	0	4 (0.52%)	6 (0.79%)	200
W3	3 (0.39%)	8 (1.05%)	6 (0.79%)	26 (3.41%)	42 (5.50%)	80 (10.48%)	6 (0.79%)	0	6 (0.79%)	4 (0.52%)	181
S1	0	0	0	3 (0.39%)	1 (0.13%)	5 (0.66%)	7 (0.92%)	5 (0.66%)	1 (0.13%)	0	22
S2	0	0	0	1 (0.13%)	3 (0.39%)	1 (0.13%)	1 (0.13%)	8 (1.05%)	0	0	14
S3	0	0	1 (0.13%)	2 (0.26%)	5 (0.66%)	6 (0.79%)	2 (0.26%)	0	1 (0.13%)	1 (0.13%)	17
C	0	0	0	4 (0.52%)	2 (0.26%)	3 (0.39%)	0	1 (0.13%)	1 (0.13%)	4 (0.52%)	15
总计	20	28	57	206	201	183	22	14	17	15	763

根据学习者的认知参与度，本研究将无关交互层次以外的四层教学交互分为两类，分别为同一交互层次内和不同交互层次间的转化。根据认知参与度的变化，又将交互层次间的转化分为低层交互支撑高层交互和高层交互扩展低层交互两种情况。基于对表 8-7 不同协作表现小组的各类行为转换频次占比的分析，可以发现小组协作过程中的交互转化多发生于同一交互层次内部，且主要发生于寻径交互层次内。在不同交互层次间的转化中，各类小组均涉及两种转化方式，协作表现优秀的小组以寻径和意会层次的相互转化为主，协作表现一般的小组则以操作和寻径层次的相互转化为主，这说明协作表现优秀的小组在协作任务中投入了更高的认知参与。同时，协作表现优秀的小组表现出更多的跨层支撑与扩展行为，体现出小组在协作过程中更为活跃的思维调动。在无关交互相关序列的占比中，两类小组较为接近。

表 8-7　不同协作表现小组的各类行为转换频次占比

分类	转化方式	交互层次	协作表现优秀的小组频次占比		协作表现一般的小组频次占比	
同一交互层次内	交互层次内部	操作交互	3.1%	66.7%	5.9%	76.2%
		寻径交互	49.8%		66.7%	
		意会交互	13.2%		3.1%	
		创生交互	0.6%		0.5%	
不同交互层次间	低层支撑高层	操作到寻径	3.0%	14.9%	5.0%	10.0%
		寻径到意会	8.2%		3.3%	
		意会到创生	1.2%		0.1%	
		跨层支撑	2.5%		1.6%	
	高层扩展低层	创生到意会	1.2%	14.6%	0.3%	10.3%
		意会到寻径	8.0%		3.6%	
		寻径到操作	2.6%		5.1%	
		跨层扩展	2.8%		1.3%	
无关行为转换	/	/	3.8%		3.5%	

2. 显著行为转换分析

GESQ5.1 生成的不同协作表现小组行为转换调整后的残差表（Z-scores）如表 8-8 和表 8-9 所示。基于此，绘制的不同协作表现小组的显著行为转换模式图如图 8-3 所示。

表 8-8　协作表现优秀的小组行为转换调整后的残差表

行为	I	O1	O2	W1	W2	W3	S1	S2	S3	C
I	33.78*	−1.24	−1.43	−3.66	−3.03	−2.86	−2.72	−1.76	−1.42	−0.25

续表

行为	I	O1	O2	W1	W2	W3	S1	S2	S3	C
O1	−0.51	6.08*	0.22	3.00*	1.03	−2.24	−2.56	−2.13	−1.34	−0.80
O2	−1.46	2.00*	27.14*	−2.78	−1.80	−3.05	−2.43	−2.36	−0.76	−1.67
W1	−3.12	0.66	−2.71	18.27*	−4.71	−4.69	−4.88	−4.85	−2.65	−2.21
W2	−2.71	0.21	−2.11	−4.58	15.44*	−1.24	−3.44	−3.21	−0.65	−1.38
W3	−2.89	−0.43	−2.66	−4.13	−2.72	11.41*	−1.49	−2.85	2.21*	2.08*
S1	−2.74	−1.94	−1.98	−5.69	−2.80	−2.66	13.77*	3.88*	1.40	0.62
S2	−2.26	−1.45	−2.33	−5.55	−3.15	−1.66	2.82*	16.33*	0.13	0.03
S3	−1.43	−0.43	−1.47	−3.54	−0.29	3.92*	0.55	−0.38	2.94*	0.99
C	−1.61	−1.43	−1.00	−1.95	−0.42	1.13	0.98	0	0.99	4.05*

注：* $p<0.05$，以下同。

表 8-9　协作表现一般的小组行为转换调整后的残差表

行为	I	O1	O2	W1	W2	W3	S1	S2	S3	C
I	17.69*	−0.88	−1.29	−2.76	−1.68	0.11	−0.78	−0.62	−0.68	−0.64
O1	−0.88	3.04*	0.67	2.36*	−1.48	−1.22	−0.93	−0.74	−0.81	−0.76
O2	−1.29	−0.07	16.62*	−3.22	−2.82	−2.47	−0.53	−1.07	−0.25	−1.11
W1	−2.28	−0.72	−3.59	12.72*	−4.62	−2.69	−1.95	−2.32	−0.36	−2.40
W2	−1.16	0.29	−2.49	−5.19	9.96*	−2.11	−1.36	−2.25	−0.25	1.23
W3	−0.93	0.61	−2.43	−4.38	−1.10	7.29*	0.40	−2.11	1.13	0.27
S1	−0.78	−0.93	−1.35	−1.43	−2.36	−0.14	8.23*	7.41*	0.75	−0.67
S2	−0.62	−0.74	−1.07	−1.69	−0.42	−1.49	0.96	15.56*	−0.57	−0.53
S3	−0.68	−0.81	−0.25	−1.43	0.29	1.10	2.21*	−0.57	−0.63	1.18
C	−0.64	−0.76	−1.11	−0.03	−1.16	−0.36	−0.67	1.41	1.18	6.96*

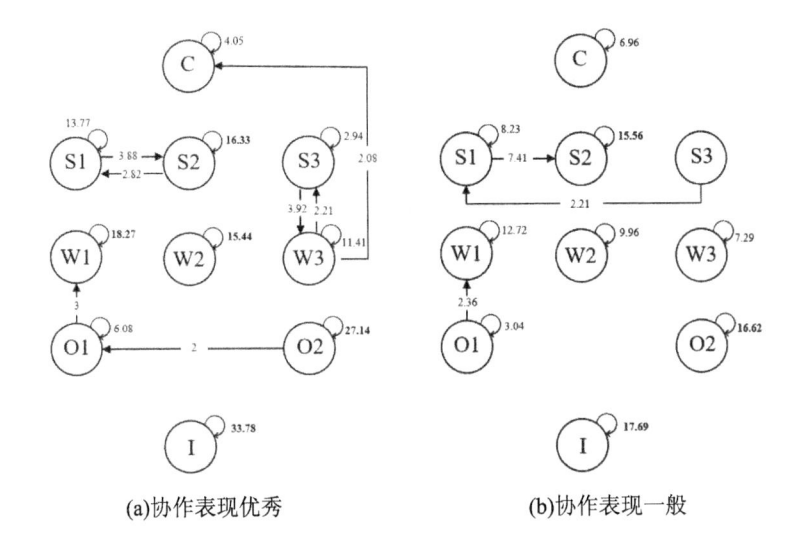

(a) 协作表现优秀　　　　　　　　(b) 协作表现一般

图 8-3　不同协作表现小组的显著行为转换模式图

同一交互层次内协作表现优秀的小组在同一交互层次内的显著序列主要涉及操作交互层次和意会交互层次。交互层次内的显著行为路径以同一交互类型的自循环为主，以及相邻交互类型之间的切换，如"O2→O1"以及"S1→S2"的循环转化。协作表现一般的小组在同一交互层次内的显著序列则仅涉及意会交互层次，与协作表现优秀的小组在交互层次内转化一致，其显著行为路径以同一交互类型的自循环为主，但自循环的显著水平大都有所下降。意会交互层次内部的转化形成了"S3→S1→S2"的显著行为路径。

不同交互层次间除无关交互层外，协作表现优秀的小组在不同交互层次间的显著序列转化涉及各个交互层次，且主要表现为由低层交互向高层交互的逐层转化，体现出低层交互对高层交互的支撑作用。此外，"W3→C"的行为路径体现出低层交互对高层交互的跨层支撑作用，这说明在以微信为交互工具进行的小组协作学习过程中，低层交互对高层交互的支撑作用可以跨越层级。由高层交互向低层交互转化的路径仅有一条，即"S3→W3"。协作表现一般的小组在不同交互层次间的显著序列转化相比于优秀小组较为单一，仅体现在操作交互和寻径交互之间，具体表现为"O1→W1"的路径，表明学习者的认知参与度较低。

(二)不同促进者表现的小组互动模式

对于第二个研究问题，研究者根据小组促进者表现评价情况，将小组分为优秀和一般两类：6个小组促进者表现为优秀，6个小组促进者表现为一般。下面将分别从小组的行为转换描述统计以及显著行为转换模式来分析不同促进者表现小组的交互特征。

1. 行为转换描述统计

促进者表现优秀的小组在协作学习过程中共产生1441对行为转换，平均每个小组约240对。促进者表现一般的小组在协作学习期间共产生1070对行为转换，平均每个小组约178对。协作表现优秀的小组与协作表现一般的小组的行为转换频次如表8-10和表8-11所示。

通过对表8-12不同促进者表现的小组各类行为转换频次占比的分析，可以发现其交互规律与以协作表现为划分依据时大致相同，即以同一交互层次内部的转化为主，主要涉及寻径层次内部的交互转化。促进者表现优秀的小组的交互层次内部的转换频次占比(72.6%)略高于促进者表现一般的小组(65.7%)。同时，对于不同交互层次间的转化，促进者表现一般的小组在低层交互支撑高层交互(14.8%)、高层交互扩展低层交互(14.2%)两种转化方式的占比上也略高于促进者表现优秀的小组(分别为12.3%和12.5%)。在无

表 8-10　促进者表现优秀的小组的行为转换频次

行为	I	O1	O2	W1	W2	W3	S1	S2	S3	C	总计
I	17 (1.18%)	0	0	2 (0.14%)	2 (0.14%)	6 (0.42%)	0	0	0	0	27
O1	1 (0.07%)	7 (0.49%)	5 (0.35%)	27 (1.87%)	11 (0.76%)	5 (0.35%)	0	0	0	0	56
O2	0	6 (0.42%)	63 (4.37%)	8 (0.56%)	9 (0.62%)	4 (0.28%)	0	0	2 (0.14%)	0	92
W1	4 (0.28%)	12 (0.83%)	10 (0.69%)	253 (17.56%)	59 (4.09%)	55 (3.82%)	14 (0.97%)	9 (0.62%)	4 (0.28%)	9 (0.62%)	429
W2	3 (0.21%)	13 (0.90%)	7 (0.49%)	54 (3.75%)	161 (11.17%)	52 (3.61%)	9 (0.62%)	4 (0.28%)	4 (0.28%)	9 (0.62%)	316
W3	3 (0.21%)	13 (0.90%)	6 (0.42%)	47 (3.26%)	51 (3.54%)	118 (8.19%)	15 (1.04%)	5 (0.35%)	11 (0.76%)	13 (0.90%)	282
S1	0	1 (0.07%)	0	16 (1.11%)	7 (0.49%)	13 (0.90%)	42 (2.91%)	17 (1.18%)	4 (0.28%)	2 (0.14%)	102
S2	0	0	0	9 (0.62%)	6 (0.42%)	8 (0.56%)	11 (0.76%)	31 (2.15%)	0	3 (0.21%)	68
S3	0	0	1 (0.07%)	2 (0.14%)	8 (0.56%)	11 (0.76%)	3 (0.21%)	1 (0.07%)	0	1 (0.07%)	27
C	0	0	0	10 (0.69%)	4 (0.28%)	11 (0.76%)	8 (0.56%)	2 (0.14%)	2 (0.14%)	5 (0.35%)	42
总计	28	52	92	428	318	283	102	69	27	42	1441

表 8-11 促进者表现一般的小组的行为转换频次

行为	I	O1	O2	W1	W2	W3	S1	S2	S3	C	总计
I	42 (3.93%)	0	0	2 (0.19%)	1 (0.09%)	1 (0.09%)	0	1 (0.09%)	0	2 (0.19%)	49
O1	0	5 (0.47%)	0	10 (0.93%)	4 (0.37%)	2 (0.19%)	0	0	0	1 (0.09%)	22
O2	0	0	13 (1.21%)	5 (0.47%)	2 (0.19%)	4 (0.37%)	2 (0.19%)	0	0	0	26
W1	3 (0.28%)	9 (0.84%)	2 (0.19%)	177 (16.54%)	22 (2.06%)	38 (3.55%)	16 (1.50%)	7 (0.65%)	8 (0.75%)	4 (0.37%)	286
W2	2 (0.19%)	3 (0.28%)	4 (0.37%)	24 (2.24%)	83 (7.76%)	30 (2.80%)	10 (0.93%)	6 (0.56%)	8 (0.75%)	5 (0.47%)	175
W3	2 (0.19%)	2 (0.19%)	3 (0.28%)	40 (3.74%)	27 (2.52%)	89 (8.32%)	19 (1.78%)	8 (0.75%)	12 (1.12%)	11 (1.03%)	213
S1	0	0	2 (0.19%)	10 (0.93%)	13 (1.21%)	14 (1.31%)	45 (4.21%)	18 (1.68%)	7 (0.65%)	8 (0.75%)	117
S2	0	1 (0.09%)	0	4 (0.37%)	7 (0.65%)	11 (1.03%)	16 (1.50%)	39 (3.64%)	5 (0.47%)	3 (0.28%)	86
S3	0	1 (0.09%)	0	5 (0.47%)	6 (0.56%)	17 (1.59%)	7 (0.65%)	3 (0.28%)	6 (0.56%)	4 (0.37%)	49
C	0	0	1 (0.09%)	8 (0.75%)	9 (0.84%)	9 (0.84%)	3 (0.28%)	5 (0.47%)	3 (0.28%)	9 (0.84%)	47
总计	49	21	25	285	174	215	118	87	49	47	1070

关交互相关序列方面，促进者表现优秀的小组占比要明显低于促进者表现一般的小组。

表 8-12　不同促进者表现的小组各类行为转换频次占比

分类	转化方式	交互层次	促进者表现优秀的小组频次占比		促进者表现一般的小组频次占比	
同一交互层次内	交互层次内部	操作交互	5.6%	72.6%	1.7%	65.7%
		寻径交互	59.0%		49.5%	
		意会交互	7.6%		13.7%	
		创生交互	0.4%		0.8%	
不同交互层次间	低层支撑高层	操作到寻径	4.4%	12.3%	2.5%	14.8%
		寻径到意会	5.2%		8.8%	
		意会到创生	0.4%		1.4%	
		跨层支撑	2.3%		2.1%	
	高层扩展低层	创生到意会	0.8%	12.5%	1.0%	14.2%
		意会到寻径	5.6%		8.1%	
		寻径到操作	4.2%		2.2%	
		跨层扩展	1.9%		2.9%	
无关行为转换	/	/	2.6%		5.3%	

2. 显著行为转换模式分析

GESQ 5.1 生成的不同协作表现小组行为转换调整后的残差表（Z-scores）如表 8-13 和表 8-14 所示。基于此，绘制的不同促进者表现的小组显著行为转换模式图如图 8-4 所示。

表 8-13　促进者表现优秀的小组行为转换调整后的残差表

行为	I	O1	O2	W1	W2	W3	S1	S2	S3	C
I	23.19*	−1.01	−1.37	−2.56	−1.85	0.34	−1.45	−1.18	−0.72	−0.91
O1	−0.09	3.64*	0.79	3.09*	−0.45	−2.06	−2.11	−1.71	−1.05	−1.32
O2	−1.40	1.55	25.18*	−4.56	−2.94	−3.82	−2.74	−2.22	0.22	−1.72
W1	−1.81	−1.08	−4.10	15.83*	−4.96	−4.24	−3.68	−3.11	−1.72	−1.20
W2	−1.45	0.55	−3.43	−5.55	14.01*	−1.61	−3.32	−3.32	−0.90	−0.08
W3	−1.19	1.01	−3.26	−5.34	−1.80	10.47*	−1.28	−2.64	2.80*	1.89
S1	−1.47	−1.48	−2.74	−3.21	−3.84	−1.82	13.93*	5.83*	1.58	−0.59
S2	−1.19	−1.63	−2.21	−3.04	−2.70	−1.67	3.00*	16.14*	−1.17	0.75
S3	−0.74	−1.01	−0.58	−2.56	0.96	2.79*	0.82	−0.27	−0.72	0.25
C	−0.93	−1.27	−1.72	−0.85	−1.99	1.08	3.07*	−0.01	1.40	3.52*

表 8-14　促进者表现一般的小组行为转换调整后的残差表

行为	I	O1	O2	W1	W2	W3	S1	S2	S3	C
I	27.81*	−1.01	−1.11	−3.66	−2.76	−3.23	−2.52	−1.60	−1.57	−0.11
O1	−1.04	7.09*	−0.73	2.02*	0.25	−1.30	−1.67	−1.41	−1.04	0.04
O2	−1.13	−0.73	16.29*	−0.86	−1.20	−0.61	−0.55	−1.54	−1.13	−1.11
W1	−3.34	1.69	−2.14	15.76*	−4.59	−3.36	−3.43	−4.11	−1.68	−2.89
W2	−2.38	−0.26	−0.05	−4.23	12.22*	−1.07	−2.45	−2.49	−0.01	−1.08
W3	−2.84	−1.20	−1.00	−2.90	−1.58	8.83*	−1.10	−2.61	0.82	0.61
S1	−2.51	−1.62	−0.48	−4.69	−1.60	−2.32	10.04*	3.04*	0.77	1.37
S2	−2.12	−0.56	−1.50	−4.81	−2.13	−1.76	2.34*	13.17*	0.57	−0.43
S3	−1.57	0.04	−1.11	−2.66	−0.78	2.61*	0.75	−0.53	2.63*	1.32
C	−1.54	−0.99	−0.10	−1.52	0.55	−0.17	−1.04	0.64	0.60	5.05*

(a)促进者表现优秀　　　　　　(b)促进者表现一般

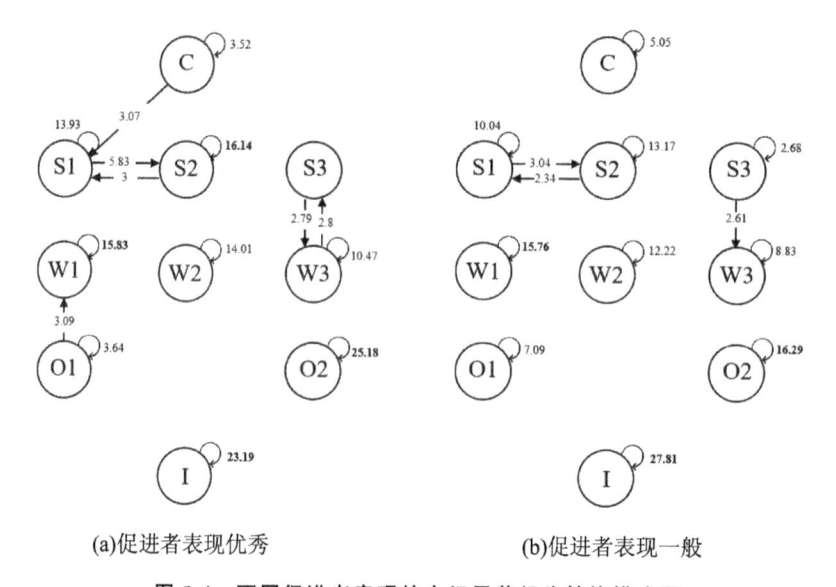

图 8-4　不同促进者表现的小组显著行为转换模式图

两类小组在同一交互层次内的转化均以同一交互类型的自循环为主，以及"S1↔S2"的相互转化。但促进者表现优秀的小组在"S3"这一交互类型上未表现出自循环，这可能与小组的协作效率有关。在不同交互层次间的转化方面，相较而言，促进者表现优秀的小组涉及的交互层次与交互类型更为丰富，既有低层交互支撑高层交互的类型，如"O1→W1""W3→S3"；也有高层交互对低层交互的扩展，如"C→S1""S3→W3"。而促进者表现一般的小组仅涉及意会层"S3"对寻径层"W3"的扩展。这体现出促进者在推进小组交互协商、深入研讨以及增强组内联结方面的作用。

(三)不同协作表现小组中的促进者作用

为了回答第三个研究问题，本研究根据小组协作表现和促进者表现情况，将 12 个协作小组分为 4 种类型：协作表现优秀和促进者表现优秀的小组、协作表现一般和促进者表现优秀的小组、协作表现一般和促进者表现一般的小组、协作表现优秀和促进者表现一般的小组。接着，通过分析这四类小组的互动模式差异，进一步探究促进者在不同协作表现的小组中是如何发挥作用的。

当小组协作表现为优秀时，根据促进者表现对小组进行划分。4 个协作表现优秀、促进者表现优秀的小组划为一类，共形成 771 对行为转换，小组行为转换调整后的残差表见表 8-15。4 个协作表现优秀、促进者表现一般的小组划为一类，共形成 977 对行为转换，小组行为转换调整后的残差表见表 8-16。小组协作表现优秀、不同促进者表现的小组的显著序列交互模式见图 8-5。对比发现，当小组协作表现为优秀时，促进者表现优秀的小组具有更丰富的交互类型，且在高层交互的显著序列较多。具体地，在同一交互层次内，除同一交互类型的自循环外，主要涉及操作交互和意会交互层次内部的转化，如"O2→O1""S1→S2"。在不同交互层次间，较低层次的转化类型主要是低层交互支撑高层交互，如"O1→W1""W3→S3"；而在高层次的交互转化则体现为高层交互扩展低层交互，如"C→S1""C→S3"。促进者表现一般的小组，在同一交互层次内的显著序列仅涉及意会交互层次内部，即"S1↔S2"的相互转化；不同交互层次间的交互转化则是高层交互扩展低层交互，如"W1→O1""S3→W3"。由此体现出在小组协作表现为优秀时，促进者主要作用于推动小组建立联结、增强认知参与等方面。

表 8-15 协作表现优秀、促进者表现优秀的小组行为转换调整后的残差表

行为	I	O1	O2	W1	W2	W3	S1	S2	S3	C
I	14.72*	−0.50	−0.62	−0.21	−1.24	−0.13	−0.94	−0.76	−0.36	−0.53
O1	1.27	2.05*	0.37	2.12*	1.28	−1.94	−1.97	−1.59	−0.76	−1.10
O2	−0.67	2.38*	19.71*	−3.44	−1.76	−2.84	−2.29	−1.85	0.33	−1.28
W1	0.32	−1.01	−2.39	10.70*	−2.49	−3.33	−3.53	−2.82	−2.02	−0.13
W2	−1.33	1.22	−2.19	−3.13	8.90*	0.21	−2.46	−2.27	−1.06	−0.59
W3	−1.24	0.46	−2.39	−2.89	−1.29	6.75*	−1.43	−1.59	2.77*	2.26*
S1	−1.00	−1.19	−2.29	−3.31	−2.76	−1.46	9.78*	3.32*	1.25	−0.72
S2	−0.80	−1.47	−1.84	−2.77	−1.87	−0.81	1.63	9.76*	−1.07	0.62
S3	−0.39	−0.71	−0.88	−2.61	1.05	2.75*	0.39	−0.05	−0.51	0.67
C	−0.56	−1.03	−1.28	−1.36	−1.58	1.72	2.90*	−0.13	2.09*	−0.09

表 8-16 协作表现优秀、促进者表现一般的小组行为转换调整后的残差表

行为	I	O1	O2	W1	W2	W3	S1	S2	S3	C
I	26.56*	−1.01	−1.04	−3.64	−2.69	−3.17	−2.6	−1.68	−1.58	−0.18
O1	−1.04	7.54*	−0.65	1.91	−0.08	−1.09	−1.63	−1.39	−0.99	0.08
O2	−1.06	−0.65	16.47*	−0.27	−0.78	−1.17	−0.99	−1.42	−1.02	−1.02
W1	−3.3	2.09*	−1.68	14.96*	−4.27	−3.19	−3.37	−3.93	−1.69	−2.73
W2	−2.29	−1.26	−0.7	−3.48	12.85*	−1.76	−2.39	−2.25	−0.02	−1.28
W3	−2.8	−1	−1.09	−2.83	−2.42	9.08*	−0.78	−2.42	0.85	0.85
S1	−2.58	−1.58	−0.21	−4.69	−1.25	−2.25	9.75*	2.28*	0.88	1.36
S2	−2.19	−0.51	−1.38	−4.92	−2.53	−1.51	2.3*	13.04*	0.64	−0.45
S3	−1.58	0.14	−0.99	−2.38	−0.86	2.77*	0.38	−0.47	2.86*	0.68
C	−1.58	−0.97	0.08	−1.34	0.82	0.08	−1.05	0.07	−0.05	5.04*

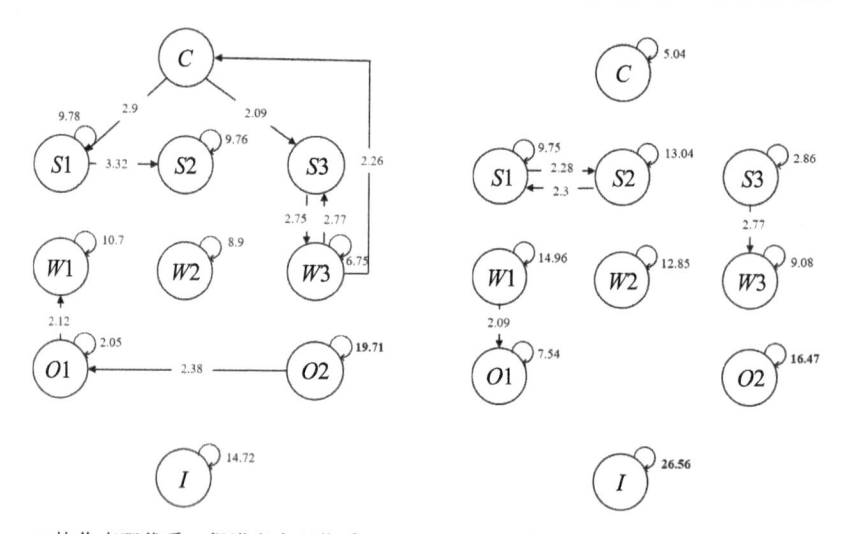

(a)协作表现优秀、促进者表现优秀　　(b)协作表现优秀、促进者表现一般

图 8-5 小组协作表现优秀、不同促进者表现的小组的显著序列交互模式

同样地，当小组协作表现为一般时，按照促进者表现划分为两类。其中，2 个协作表现一般、促进者表现优秀的小组共形成 670 对行为转换，其小组行为转换调整后的残差表见表 8-17；2 个协作表现一般、促进者表现一般的小组共形成 93 对行为转换，小组行为转换调整后的残差表见表 8-18。小组协作表现一般、不同促进者表现的小组的显著序列交互模式见图 8-6。从行为转换的数量来看，促进者表现一般的小组产生的行为转换远低于促进者表现优秀的小组。这说明当小组协作表现一般时，促进者在推动小组协作互动方面发挥

着重要作用。从小组形成的显著交互模式来看，促进者表现优秀的小组具有更多的同一交互类型的自循环，而促进者表现一般的小组则表现出更多的高层交互，主要体现在意会交互和创生交互层次之间的转化，如"C↔S3"的相互转化。然而，促进者表现一般的小组虽呈现出较多的高层次显著交互行为，却缺乏在同一交互层次内部的互动。这说明在小组协作表现一般时，促进者主要发挥的是推动小组参与互动、深度沟通方面的作用，而在促进小组认知层次的参与深度方面的作用则较为微弱。

表 8-17 协作表现一般、促进者表现优秀的小组行为转换调整后的残差表

行为	I	O1	O2	W1	W2	W3	S1	S2	S3	C
I	16.55*	−0.91	−1.32	−2.74	−1.73	0.14	−0.73	−0.59	−0.64	−0.64
O1	−0.91	3.10*	0.73	2.28*	−1.80	−1.02	−0.84	−0.67	−0.73	−0.73
O2	−1.32	−0.01	16.17*	−2.90	−2.60	−2.83	−1.21	−0.97	−0.01	−1.06
W1	−2.25	−0.46	−3.27	11.73*	−4.25	−2.44	−1.99	−2.03	−0.32	−2.22
W2	−1.19	−0.41	−2.88	−4.46	10.30*	−2.72	−1.40	−2.01	−0.29	0.98
W3	−0.93	0.86	−2.49	−4.41	−1.79	7.53*	1.14	−1.87	1.26	0.60
S1	−0.73	−0.84	−1.21	−1.41	−1.98	−0.02	8.70*	5.26*	1.19	−0.59
S2	−0.59	−0.67	−0.97	−2.02	−1.34	−1.15	1.39	18.71*	−0.47	−0.47
S3	−0.64	−0.73	−0.01	−0.93	0.32	1.26	1.19	−0.47	−0.51	−0.51
C	−0.64	−0.73	−1.06	0.33	−0.94	−0.06	−0.59	−0.47	−0.51	7.61*

表 8-18 协作表现一般、促进者表现一般的小组行为转换调整后的残差表

行为	I	O1	O2	W1	W2	W3	S1	S2	S3	C
I	0	0	0	0	0	0	0	0	0	0
O1	0	−0.21	−0.34	0.66	0.94	−0.84	−0.34	−0.26	−0.3	−0.21
O2	0	−0.34	3.53*	−1.47	−1.24	0.75	1.49	−0.42	−0.49	−0.34
W1	0	−0.94	−1.51	4.92*	−1.8	−1.15	−0.51	−1.16	−0.23	−0.94
W2	0	2.57*	0.88	−2.90	0.60	1.30	−0.20	−0.98	0.06	0.89
W3	0	−0.80	−0.20	−0.75	1.77	0.74	−1.28	−0.98	0.06	−0.80
S1	0	−0.34	−0.55	−0.46	−1.24	−0.31	1.49	4.78*	−0.49	−0.34
S2	0	−0.26	−0.42	0.17	1.86	−1.04	−0.42	−0.32	−0.37	−0.26
S3	0	−0.30	−0.49	−1.31	0.12	−0.04	1.78	−0.37	−0.43	3.22*
C	0	−0.21	−0.34	−0.91	−0.77	−0.84	−0.34	3.78*	3.22*	−0.21

(a) 协作表现一般、促进者表现优秀　　　　(b) 协作表现一般、促进者表现一般

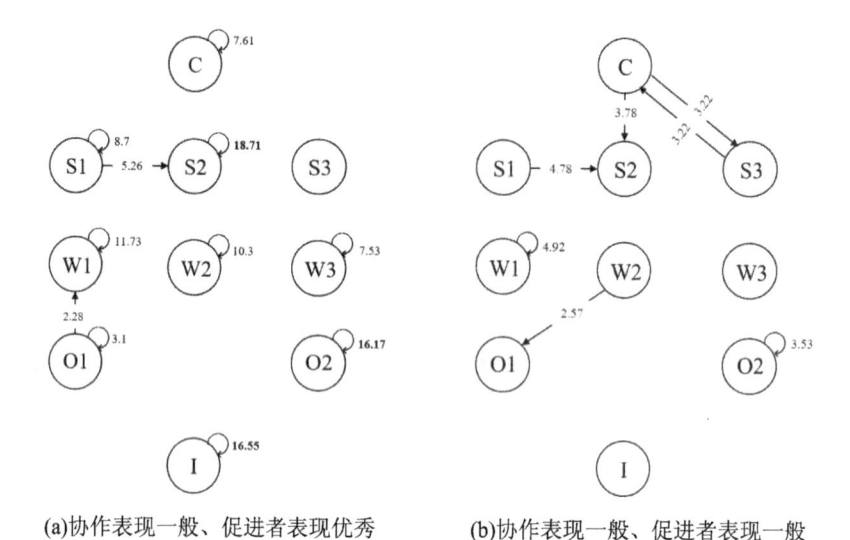

图 8-6　小组协作表现一般、不同促进者表现的小组的显著序列交互模式

五、研究发现与讨论

本研究面向开放网络环境中的小组协作学习，以微信群交互数据为分析对象，提出了一种基于教学交互分层的行为编码方法，以探究协作小组的在线互动模式。基于编码结果，本研究使用滞后序列分析方法和内容分析方法来比较和分析不同协作表现、不同促进者表现的小组互动模式，以及促进者对小组的差异化支持。对研究结果的讨论如下。

（一）组内成员的联结强度和交互深度与协作表现密切相关

协作小组产生的行为转换频次反映的是小组成员间互动的紧密性。一般来说，小组的有意义交互频次越高，往往意味着成员间的联结越强。[1] 研究结果显示，协作表现优秀的小组无论是在整个协作过程中产生的行为转换频次，还是高层次交互行为所占的比例，都要明显高于协作表现一般的小组。由此可见，组内成员间的联结强度与小组的协作表现密切相关，可在一定程度上反映小组的协作学习情况。同时，从不同协作表现小组形成的互动模式中可以发现，协作表现优秀的小组形成了由操作交互到寻径交互，即"O2→

---

[1]　田浩、陈丽、黄洛颖等：《cMOOC 学习者知识流动特征与交互水平关系研究》，载《中国远程教育》，2020(8)。

O1→W1"的显著序列，而协作表现一般的小组在操作交互层次内部未产生显著序列，这表明协作表现优秀的小组产生了更多的社会联结行为。结合对协作表现优秀的小组的促进者的表现的分析，这可能是促进者通过解决技术操作问题、创设讨论空间等方式，减少学习者学习过程中的技术操作障碍，引导小组进行课程平台的探索与学习，进而为小组引入更多的外部资源，加强小组的互动联结。

相关研究表明，在协作学习中，学习者在社会互动方面的表现会对其学习表现产生显著影响[1]，学习者从不同的角度建构与理解知识也至关重要[2]。在本研究中，相比于协作表现一般的小组，协作表现优秀的小组具有更丰富的互动行为，尤其在需要更多认知参与的意会交互层次和创生交互层次表现出更多的显著序列。例如，在"S1↔S2"以及"S3↔W3"产生了双向转化，形成了"W3→C"的显著路径，这些行为模式都体现出协作表现优秀的小组产生了更深层的交互，能够针对协作任务进行更深入的研讨，高效推进任务。然而，"W3→C"的路径与已有研究得出的"寻径交互难以直接支撑产生创生交互"的结论相悖。[3] 研究者认为，这可能与微信等即时通信工具的交互特征相关。前人研究以博客、平台评论等异步交互数据为主，本研究分析的微信群交互反映的多为学习者的实时互动行为，具有碎片化、连续性等特征。在即时通信工具支持下的小组协作中，学习者在进行任务对接时往往会在汇报任务完成情况的基础上，以文档形式附加任务成果，这些成果多汇聚了学习者对任务的创新性思考与理解，本研究将这些成果编码为"综合创造"，由此便产生了由寻径交互层次到创生交互层次的跨层支撑。

(二)在线协作促进者具有支撑性、补偿性和促优性等特征

通过分析发现，不同促进者表现的小组在互动模式上表现出差异：促进者表现优秀的小组的社交联结更为紧密，产生了更多高层次交互，且无关交互更少；而促进者表现一般的小组的交互转化较为单一，涉及的交互层次也

---

[1] Ouyang, F., Chen, Z., Cheng, M., et al., "Exploring the Effect of Three Scaffoldings on the Collaborative Problem-Solving Processes in China's Higher Education," *International Journal of Educational Technology in Higher Education*, 2021, 18(1), pp. 1-22.

[2] Yang, X., Li, J., & Xing, B., "Behavioral Patterns of Knowledge Construction in Online Cooperative Translation Activities," *The Internet and Higher Education*, 2018(36), pp. 13-21.

[3] 黄洛颖、陈丽、田浩等：《联通主义学习教学交互的关系及其特征研究》，载《中国远程教育》，2020(9)。

较低。具体地，相较于促进者表现一般的小组，促进者表现优秀的小组表现出更多的低层交互支撑高层交互的行为，如"O1→W1""W3→S3"，体现出促进者在加强组内联结、推动小组深度参与学习方面的支撑作用。同时，促进者表现优秀的小组还产生了"C→S1"的显著行为序列，即在小组产出阶段性成果后，组内成员积极思考并给出相关建议，进一步完善成果。这一行为模式的差异表明促进者在帮助小组针对问题深入思考并进行反思优化方面也发挥了积极作用，该发现与已有研究结果一致。① 同时，通过对比两类小组无关交互频次的占比，发现促进者表现优秀的小组无关交互的占比要明显低于促进者表现一般的小组，前者仅为后者的一半；促进者表现优秀的小组在 S3 未形成自循环的显著序列，这些都体现出促进者在协助小组聚焦任务、提高协作效率方面的支撑作用。

　　前人研究表明，优秀的促进者会根据小组表现情况采取适当的促进策略，帮助学习者完成学习任务。② 结合对不同协作表现情况下促进者作用的分析，本研究发现，当小组协作表现为优秀时，优秀促进者和一般促进者支持下的小组表现出具有明显差异的互动模式：促进者表现优秀的小组具有更丰富的交互类型，且表现出更多的低层交互支撑高层交互的行为（如"O1→W1""W3→S3"），以及与创生交互层次有关的交互转化（如"C→S1""C→S3"）；而促进者表现一般的小组则表现出更多的高层交互扩展低层交互的行为（如"S3→W3""W1→O1"）。这反映出针对自身表现较为优秀的小组，优秀促进者主要起到了推进小组深度参与的作用，而一般促进者则可能产生了相反的效果。当小组协作表现为一般时，不同表现的促进者对小组的支持作用又与小组协作表现优秀时表现出不同：优秀促进者主要起到加强组内联结、推动沟通研讨的作用，这在行为层面表现为由操作交互层次到寻径交互层次的显著路径，以及各交互类别的自循环；而一般促进者则在推进学习任务完成方面的作用较为明显，在行为层面体现为"C↔S3"的相互转化，但缺少低层交互的支撑以及同一交互类别的自循环。由此可见，优秀促进者在面对不同情况时会采取差异化对策，且这种对策往往具有补偿性。具体地，当小组本身具有较好的协作氛围、能够围绕任务积极参与交互时，优秀促进者能积极融入小组，进一步强化组内交互、促进深度参与；而当小组协作较为消极时，优秀促进者

---

① Blum-Smith, S., Yurkofsky, M. M., & Brennan, K., "Stepping Back and Stepping in: Facilitating Learner-Centered Experiences in MOOCs," *Computers & Education*, 2021(160), p. 104042.

② Zheng, L. Q., *Knowledge Building and Regulation in Computer-Supported Collaborative Learning*, Singapore, Springer, 2017, pp. 149-157.

则主要发挥引导组内交互、参与任务的作用。王梦倩等人在研究中指出促进者在在线论坛中主要起到辅助性作用，而非关键性作用，且这种作用主要体现在"促优"而不是"扶弱"。[①] 本研究将这一规律扩展到在线协作情境中，具体表现为：当小组协作表现优秀时，优秀促进者的介入能够对互动模式产生较为明显的影响；而在小组协作表现不佳时，优秀促进者的介入对交互模式并未产生明显影响。

（三）高质量小组协作受组内协作者和组外促进者共同作用

本研究发现，小组互动模式与小组协作表现和促进者表现均相关，即高质量小组协作是组内协作者和组外促进者共同作用的结果。当小组协作表现优秀时，优秀促进者小组形成的交互模式[图8-5(a)]与以协作表现为唯一分类依据时优秀小组的交互模式[图8-3(a)]较为相似，但在创生交互与意会交互层次之间有更多的显著转化序列，如"C→S1""C→S3"；而一般促进者小组的交互模式[图8-5(b)]则与以促进者表现为唯一分类依据时的一般促进者小组的交互模式[图8-4(b)]较为相似，仅增加了"W1→O1"的行为序列。由此可见，在联通主义学习中，小组协作表现和促进者表现共同作用于小组的互动模式，单一因素并不能决定小组的协作情况。当小组自身表现较为优秀时，优秀促进者可以起到增强学习者认知参与、推动深度研讨等作用，这一发现与已有研究对促进者角色的探索一致[②]；而表现一般的促进者甚至可能会对小组协作产生"反作用"，但其具体的作用机制仍需进一步探究。

当小组协作表现一般时，促进者表现优秀的小组的互动模式[图8-6(a)]与以协作表现为唯一分类依据时一般小组的交互模式[图8-3(b)]较为相近，但缺失了"S3→S1"的显著序列，这可能是促进者在小组协作表现不佳时调整促进策略、推进任务进程的结果。较为反常的是，小组协作表现一般时，促进者表现一般的小组[图8-6(b)]在高认知参与层次产生了较多显著序列，如"C→S2""C↔S3"的循环转化。结合该小组的原始数据分析，这可能是前期小组协作进展不佳，促进者在协作后期一味地推进任务，导致小组陷入以完成课程任务为导向的集中式成果提交状态。田浩等人在对联通主义学习的知识流动特

---

① 王梦倩、郭文革、李亚娇：《在线论坛中高质量数字化读写实践何以实现？——师生交互作用质性比较分析的启示》，载《中国远程教育》，2022(8)。

② Blum-Smith, S., Yurkofsky, M. M., & Brennan, K., "Stepping Back and Stepping in: Facilitating Learner-Centered Experiences in MOOCs," *Computers & Education*, 2021(160), p.104042.

征与交互水平的研究中指出,集中式的发帖行为并不利于维持交互水平,这容易使课程学习成为学习者沉重的负担,而无法充分激发学习者的内在驱动力。①因此,尽管该类小组表现出较多的高层次交互行为,但未产生良好的协作效果。

六、本章小结

本章采用滞后序列分析方法探究了开放网络环境下基于微信群的小组协作互动模式,并揭示了促进者对在线协作学习的支持及其作用特征。研究挖掘了促进者在面对不同表现小组时所发挥的差异化作用,揭示了促进者对在线协作学习的支持及其作用特征,揭示了复杂网络环境下协作学习的交互特征与规律,并为学习支持策略探索与促进者角色培训提供了理论基础。本章的主要研究发现有:①组内成员的联结强度和交互深度与协作表现密切相关,协作表现优秀小组的组员间联结强度更高,且形成了操作到寻径、意会到创生的层次间支撑行为;②优秀促进者能够"支撑"小组产生更多从低层交互到高层交互的协作行为,且能够根据小组表现采取"补偿性"支持策略,促进者作用仍主要体现为"促优"而不是"扶弱";③高质量小组协作受组内协作者和组外促进者的共同作用,协作表现和促进者表现均优秀的小组产生了更多高层次交互,且具有更丰富的交互转化类型,有助于对协作任务的高效推进与深入探究。

在方法层面,为探究开放网络环境下的小组互动模型,本研究提出了一种基于交互层次框架的在线协作学习交互编码方案,为协作学习交互分析提供了新的工具参考。在实践方面,本研究对促进开放网络环境下的协作学习具有教学实践意义。首先,促进者作为在线协作学习中的中介角色,是影响协作学习的重要因素,优秀的促进者能够为学习者提供相应的引导与支持。因此,领域研究与实践应提高对促进者胜任力的关注,通过有针对性的培训、指导等方式提升促进者的支持服务水平。本研究提出的针对促进者能力水平的评价方案能够较好地区分促进者的能力表现,可以作为促进者胜任力模型的参考。其次,研究结果显示,常规的促进者工作在"促优"方面的作用更为显著,而在"扶弱"方面则效果较为微弱。这启示我们应加强对促进者的选拔与培训,进一步发展促进者的调节与适应能力,通过激发学习动机、维持交互、提供深度反馈等方式营造平等协商的合作氛围,促进学习者持续开展协作学习。对于自身表现较为消极的小组,未来研究可继续探究促进者应如何采取策略以发挥"扶弱"作用。

---

① 田浩、陈丽、黄洛颖等:《cMOOC 学习者知识流动特征与交互水平关系研究》,载《中国远程教育》,2020(8)。

第九章　总结与展望

"虽然数字技术的兴起对联通主义的形成产生了重要影响，但它不是对数字化的回应，而是运用来自数字化的启示，解决长期困扰学习与发展领域问题的一种方法"[①]。互联网学习环境中的个体有着多元的经验背景与学习目标，个体间的交互具有动态性、复杂性、非线性等特点。借助于联通主义课程并基于联通主义观点深入分析网络社群与小组协作的学习机制，将有助于发展在线学习理论与实践方法。本章结构如下：首先，基于先前各章的研究发现与讨论，进一步提炼和总结开放网络环境下协作问题解决的发生和发展规律；其次，从促进更大规模的协作发生和更高质量的协作发展两个方面，提出联通主义协作问题解决的系列教学实践建议；再次，从理论和方法层面论述研究的创新点，并指出研究存在的不足之处；最后，结合相关研究发现对未来研究进行展望。

---

① ［加］史蒂芬·道恩斯：《联通主义》，肖俊洪译，载《中国远程教育》，2022(2)。

一、研究总结

(一) 协作问题解决的发生规律

针对"谁会参与协作"的研究内容，本研究采用随机行动者模型等动态网络分析方法，探究了协作者所具备的区别于其他个体的交互特征。研究发现：①强交互主动性和吸引力是成为协作者前期教学交互的主要特征，并且协作者之间存在一定的交互同质性，协作者之间更容易相互吸引，在课程前期展开主动交互；②学习者更愿意与经验丰富且职业相近的个体进行交互，学生身份的个体更容易成为问题解决阶段的协作者，但低年龄、学生身份等个人特征会在一定程度上削弱协作者的前期交互吸引力；③网络结构所具有的互惠性、传递性和累积优势特征会逐渐增强协作者的交互吸引力，同时也会逐渐降低协作者的交互主动性，即协作者在后期无须保持广泛交互就能拥有网络资源优势。

针对"谁会结成同伴"的研究内容，本研究构建了协作者前期的社会、话题、属性关系网络，探究了自主建立协作同伴关系的影响因素。研究发现：①社会关系紧密、话题内容相似、年龄相近、具有往期课程学习经历均会正向促进个体间建立协作同伴关系，而职业和课程学习前的兴趣领域不是协作同伴选择的主要考虑因素；②社会关系紧密和年龄相近是影响协作同伴选择的关键驱动因素，先前建立起的良好、紧密、相互信任的社会互动关系以及较为相近的社交风格、话语体系，更能够促进个体间结成同伴；③话题关系能够显著调节社会关系对协作关系建立的作用，对于社会关系紧密的个体而言，话题相似度越高，越有可能关注相似的问题，进而助推紧密社会关系向协作关系转变。

针对"谁会成为组长"的研究内容，本研究分析了结构洞类型及课程学习动机、教学交互行为、内容生产水平对个体协作身份的影响。研究发现：①结构洞深浅可预测个体参与协作的可能性，占据深结构洞的个体在主题学习阶段表现出高水平的协商能力和组织能力，因而深结构洞更易出现组长，浅结构洞更易出现组员；②深结构洞个体凭借吸引力和声望成为组长，主题学习阶段交互吸引力更强的深结构洞个体更倾向于成为组长，前期内容生产水平更高的深结构洞个体更倾向于成为组员；③浅结构洞个体投入更多心理努力成为组长，浅结构洞个体未能拥有深结构洞的高号召力和受关注程度，需要更加主动地联系其他个体建立信任关系并在内容生产方面投入更多的心理努力才能成为组长。

(二)协作问题解决的发展规律

针对"组间认知差异"的研究内容，本研究基于问题解决阶段各小组的协作会话文本，运用认知网络分析法比较了不同类型小组的认知网络和质心位移路径，从而揭示协作小组认知发展规律。研究发现：①问题类型影响小组走向高层次交互的路径，不同类型协作问题的难度不同，需要借助差异化的低层次交互方式，以支持产生高层次的综合创造；②成员构成类型影响小组的交互倾向以及对问题解决目标的定位，教师更关注资源联通与深度理解，学生更关注学习结果与产出，小组成员间背景差异较小时，更易进入协作状态；③协作质量与群体交互层次和程度密切相关，个体能力并不是影响协作结果的关键因素，成员间充分的信息共享和任务协调更有助于开展高层次交互，从而实现协作质量提升和群体认知发展。

针对"组内角色演化"的研究内容，本研究基于角色展现、角色协调和角色结构三层级分析模型，综合多种分析方法探究了时空尺度视角下协作问题解决的角色演化规律。研究发现：①角色展现体现了个体职能的定位与分化，协作者在问题解决过程中展现出7种角色类型——组织者、整合者、执行者、辅助者、跟随者、边缘者、辍学者；②角色协调体现了社会资源的流动与汇聚，拥有更多社会资源的协作者的角色能级最高，组织者到辍学者的角色能级依次降低，组织者角色稳定性最强，执行者、跟随者、边缘者的角色稳定性较弱，且稳定性较弱的角色的能级跃迁呈现出一种能量回归现象；③角色结构体现了子群网络的内聚与耦合，稳定领导型、渐入佳境型、忠实辅助型是主要的角色类属，群际交互整体上较为薄弱，且稳定领导型的组间交互要显著多于渐入佳境型和忠实辅助型。

针对"组外促进效应"的研究内容，本研究采用滞后序列分析方法探究了促进者对在线协作学习的支持及其作用特征，揭示了复杂网络环境下在线协作学习的交互特征与规律。研究发现：①组内成员的联结强度和交互深度与协作表现密切相关，协作表现优秀的小组组员间联结强度更大，且形成了操作到寻径、意会到创生的层次间支撑行为；②在线协作促进者具有支撑性、补偿性和促优性等特征，优秀促进者能够支撑小组从低层次交互转向高层次交互，且能够根据小组表现采取补偿性支持策略，但其作用主要是"促优"而非"扶弱"；③高质量小组协作受组内协作者和组外促进者的共同作用，协作表现和促进者表现均优秀的小组产生了更多高层次交互，且具有更丰富的交互转化类型，有助于协作任务的高效推进与深层探讨。

二、实践启示

(一)导向大规模协作发生的实践建议

基于对前期交互网络和协作者个体属性的分析,本研究认为学习者在主题学习阶段的交互特征、动机倾向、内容生产、网络地位会影响自己参与协作的意愿和身份。社区型课程运营团队应通过识别潜在协作者并帮助他们发挥自身网络优势,联结更多潜在协作者,进而促进联通主义情境下有更多的学习者参与协作问题解决。具体实践建议如下。

1. 结合学习者自发形成的衍生类话题动态调整问题设计

在本研究的案例课程中,课程团队基于"互联网+教育"领域的热点话题预先设计了12个协作问题供学习者选择,并由领域专家设计问题相关的资源与问题解决思路。在主题学习阶段,课程团队设计了五大"互联网+教育"相关主题供学习者进行视频学习、社群研讨。在主题学习阶段,学习者基于给定话题开展讨论、进行教学交互,逐渐形成自身网络地位。① 与此同时,学习者之间的交互也促进了更多话题的生成,这些衍生类话题也在一定程度上反映了领域的最新热点和实践难题。创设学习者感兴趣的协作问题解决情境,有助于激发学习者参与协作学习的内在动机。② 基于此,课程团队应在主题学习阶段动态采集并识别出对社群知识创生有价值的生成性话题,基于这些话题调整已有问题内容、类型、思路建议。此外,先前课程曾探索过让学习者自主提出问题并组队的形式,未来课程可继续探索问题招募的活动设计,在课程团队和领域专家的审核下决定是否采纳学习者设计的协作问题。

2. 引导学习者发挥自身优势,扩展交互广度与交互深度

协作者在前期交互网络中通常具备较强的交互主动性和吸引力。强交互主动性代表行动者有较强的意愿去分享自身观点、给予他人情感支持,这主要反映了交互的广度;强交互吸引力代表行动者所分享的内容质量更高、更

---

① 徐亚倩、陈丽:《生生交互为主的在线学习复杂性规律探究》,载《中国远程教育》,2021(10)。

② 黄荣怀、刘黄玲子、郑兰琴:《论协作学习中的动机因素》,载《现代教育技术》,2002,12(3)。

受欢迎，相应地也会得到更多的情感支持，这体现了交互的深度。[1] 而由于学习者个性、偏好、目标的不同，社群网络中学习者的交互深度与广度并不都处于同一水平，比如社群中低社会互动水平的个体可能具有高质量的内容产出。[2][3] 这些多样化的前期交互表现也促进了后期问题解决小组内部丰富协作角色的形成。例如，本研究发现不同结构洞类型占据者及其表现型优势会影响其在协作小组中的职能分工。因此，在前期主题学习阶段，课程团队应尊重学习者个性化学习需求，引导其根据自身交互优势、学科背景、职业经验，自由扩展其交互广度与深度。例如，课程平台可利用可视化技术实时更新学习者在社群中交互广度与深度的表现，促进学习者了解并持续发挥自身优势，提高自身在网络中的"可见性"，激活自组织网络中潜在协作成员间的组队"雷达"。

3. 根据交互特征识别潜在协作者，引导其关注问题解决

本研究指出潜在协作者在前期交互网络中具有较强的交互主动性和吸引力，能够在更广泛的范围内与其他学习者建立联系，并因占据网络资源优势而在协作组队环节有更高的效率。然而，本研究也发现深结构洞群体有接近一半的个体不会参与后期协作，这说明尽管部分学习者在前期交互网络中具有较强的交互主动性和吸引力，但他们对协作问题解决的参与动机并不强烈。学习者是否会参与协作以及在协作过程中扮演何种角色，与课程参与初期的学习动机相关[4]，也与他们在网络中逐渐形成的话语权和声望相关。本研究认为影响力大的社区身份是学习者在后续问题协作中选择承担组长角色的重要驱动力。基于此，课程团队可以通过分析主题学习阶段学习者的交互数据，运用入度、出度、中介中心度、有效规模、效率、限制度、等级度等网络指标

---

[1] Castellanos-Reyes, D., "The Dynamics of a MOOC's Learner-Learner Interaction over Time: A Longitudinal Network Analysis," *Computers in Human Behavior*, 2021 (123), p. 106880.

[2] Xu, Y. B., & Du, J. L., "What Participation Types of Learners Are There in Connectivist Learning: An Analysis of a cMOOC from the Dual Perspectives of Social Network and Concept Network Characteristics," *Interactive Learning Environments*, 2023, 31(9), pp. 5424-5441.

[3] Ouyang, F., Chen, Z., Cheng, M., et al., "Exploring the Effect of Three Scaffoldings on the Collaborative Problem-Solving Processes in China's Higher Education," *International Journal of Educational Technology in Higher Education*, 2021, 18(1), pp. 1-22.

[4] Schnaubert, L., & Bodemer, D., "Group Awareness and Regulation in Computer-Supported Collaborative Learning," *International Journal of Computer-Supported Collaborative Learning*, 2022, 17(1), pp. 11-38.

识别潜在协作者尤其是可能成为团队领导者的个体，从资源、话题、活动等方面进行个性化内容推荐，引导其关注协作问题解决；根据其兴趣话题设计备选问题，进而促进更大规模群体的协作参与。

4. 帮助年龄与兴趣相近的潜在协作者创造更多机会

自由组队环节的协作发生规律表明，前期社会关系紧密、话题内容相似、年龄相近的个体有更相近的话语体系和信任关系，更容易建立协作同伴关系，而职业不是协作同伴选择的主要考虑因素。小组内部个体间的多元经验背景和专业领域，有助于促进同一话题不同角度的知识生长。相比于直观感受更强的社会关系，年龄和话题是否相近是学习者需要投入更多精力才能观察到的。由此可见，课程团队应在主题学习阶段后期和问题引导周帮助年龄与兴趣相近的潜在协作者获得更多机会。例如，根据课程平台收集的个体信息和前期概念网络①，探索同伴推荐功能，为潜在协作者推荐年龄相近、兴趣相似的同伴。又如，鼓励参与动机较强的潜在协作者利用自己的网络优势引导同伴参与协作，发挥占据深结构洞个体的意见引导者优势，提高占据浅结构洞个体的资源利用水平。此外，本研究还发现低年龄、学生身份等个人特征会在一定程度上削弱协作者的前期交互吸引力。针对这一现象，课程团队应鼓励这类群体借助于高质量的内容生产和广泛交互逐渐提高自身在网络中的"可见性"，积极与兴趣相同的个体进行基于内容研讨的深度交互，为后期组队积累资源优势。

（二）推动高质量协作发展的实践建议

基于对协作小组认知网络和角色演化的分析，本研究认为在联通主义学习情境下开展协作学习时，应注重从方向调节、参与方式、过程干预、评价导向等方面逐步培养学习者的决策、协调、联通、反思等高阶素养，帮助学习者适应联通学习、提高联通能力，进而促进联通主义情境下更高质量的协作发展。具体实践建议如下。

1. 引导小组基于团队基础调整方向，维护协作者的效能感

联通主义认为学习者通过与外部联通获得知识，从而获得自身的不断发展，因而对学习者能力有较高要求，即联通主义课程的学习者应具有一定的

---

① 王志军、陈丽：《远程学习中的概念交互与学习评价》，载《中国远程教育》，2017（12）。

知识经验与自主学习能力。① 在案例课程中，学习者通过小组协作解决复杂问题，进而实现自身能力提升与认知发展。然而，在联通主义实践教学中，受小组成员知识经验与能力基础的差异影响，当团队知识基础尚未达到解决复杂问题所需水平时，高难度的学习任务反而容易挫伤小组初期的探究热情，影响联通主义学习的持续性。因此，课程组织者应设计开放、多元、灵活的劣构问题，为学习者创设有利于广泛联通与持续交互的问题情境。在正式开启协作学习之前，课程促进者积极引导小组结合团队基础深入分析问题任务。在协作过程中，应允许小组将问题难度转化为与团队基础适配的等级，以满足差异化、多样化学习者不同程度联通学习的需求，维持协作学习动机、群体效能感，进而推动持续性的联通学习。此外，对于成员背景差异较大的小组，课程促进者应引导小组成员形成共识性的协作方向，以避免在任务方向和问题识别上耗费过多时间。

2. 弱化结果导向，强调生成性目标和小组内外网络优化

联通主义学习强调知识流通与知识创生，认为构建管道比学习管道中的内容更重要。② 然而，受到传统学习方式影响，许多学习者在协作问题解决中仍以课程任务与成果产出为导向，这种现象在全员学生型小组中尤为突出。任务导向型学习的问题在于，学习任务容易限制小组的协作方向与自由交互，进而影响联通能力的形成与迁移应用。因此，联通主义课程可以适当弱化学习的任务与结果导向，减少对小组协作过程的限制，引导个体或群体自定义生成性学习目标③，灵活地创建与分享有意义的学习制品；同时，为了减少小组在探究复杂问题过程中的"迷航"现象，可在协作过程中适时提供人员与资源等方面的学习支持服务，引导小组主动与社群中的重要节点建立联结，拓展管道实现网络中内容的动态流通；积极引导成员与兴趣关联度较高的其他小群体进行群际沟通与网络拓展，推动整个社区的知识创生与良性发展。此外，联通主义学习中教师与促进者作为推进社区发展的重要节

---

① Transue, B. M., "Connectivism and Information Literacy: Moving from Learning Theory to Pedagogical Practice," *Public Services Quarterly*, 2013, 9(3), pp. 185-195.

② Siemens, G., "Orientation: Sensemaking and Wayfinding in Complex Distributed online Information Environments," PhD diss., University of Aberdeen, 2011.

③ Tobias, S., "Generative Learning Theory, Paradigm Shifts, and Constructivism in Educational Psychology: A Tribute to Merl Wittrock," *Educational Psychologist*, 2010, 45(1), pp. 51-54.

点①，针对性地为小组问题解决过程中出现的问题给予指导和建议，能够促进小组的学习反思与观点沉淀。

3. 识别协作角色，根据角色互动特征设计对应干预策略

协作过程中的角色识别与干预有助于提升小组协作质量。在问题启动周可通过组织"破冰""热身"活动帮助协作者形成对自身角色定位的认识，以促进每个成员在正式问题解决阶段的深度参与和高质量交互。组织者、整合者和执行者这三类角色是联通主义学习中小群体持续性发展和知识创生的关键节点，识别并稳固这类角色有助于维持小组能动性。② 此外，小组中的稳定领导型成员更愿意将小组阶段性协作成果与其他小组分享并进行意见交换，激励这类成员也有助于提升任务协作质量、促进分布式学习共同体的联结。与此同时，小组内人均角色能级的变化规律能够用来预测一个小组的协作质量。优秀小组和良好小组的人均角色能级变化幅度较小，且呈现能级转换值逐渐降低、由正转负、变化较小的规律，说明此类小组能够通过适当的角色协调来维持和优化小组协作机能；而一般和失败小组则有较大幅度的角色能级变化，不合理的、激进的成员角色协调以及成员流失会阻碍小组任务顺利开展。③ 基于此，深入分析角色转换与结构变化等特征背后隐含的协作问题，设计并通过小组促进者实施面向个体和群体的动态教学干预，对保障在线教育的互动质量与效率具有重要的实践应用价值。

4. 关注群体知识创生，基于深层次交互探索开放式评价

联通主义学习理论认为学习者在数字时代通过自主学习、网络构建来进行基于群体智慧的知识创生，并不强调对学习结果的评价。④ 联通主义学习评价的目的并不在于区分学习者个体学习成效的高低，而是通过对一定时期内学习者的知识贡献的分析与反馈，帮助学习者反思与调整自身学习过程和状态，推进社区的持续性联通与整体发展。相比于以往强调知识掌握水平的

---

① 王志军、陈丽：《联通主义学习理论及其最新进展》，载《开放教育研究》，2014(5)。

② Heinimäki, O. P., Volet, S., & Vauras, M., "Core and Activity-Specific Functional Participatory Roles in Collaborative Science Learning," *Frontline Learning Research*, 2020, 8(2), pp. 65-89.

③ Wang, C. X., & Li, S. L., "The Trade-off Between Individuals and Groups: Role Interactions under Different Technology Affordance Conditions," *International Journal of Computer-Supported Collaborative Learning*, 2021, 16(4), pp. 525-557.

④ 王志军、陈丽：《远程学习中的概念交互与学习评价》，载《中国远程教育》，2017(12)。

传统学习方式，联通主义学习没有固定的评价标准，所有能够建立有效联结、进行深层交互与知识创生的学习都是有意义的学习。前人研究指出产生高层次交互是联通主义学习的关键。[①] 在联通主义协作学习中，应将课程评价的重点放在小组知识汇聚、网络形成与模式生成等方面，探索基于高层次交互的开放式评价体系。协作过程中小组形成的协调模式，最终也将被个体内化[②③]，进而影响个体未来在新群体中的联通能力。基于小组教学交互的深度、知识创生的贡献度等分析小组协作学习的效果，以此鼓励小组成员基于深层的教学交互参与知识贡献与观点创新，有助于促进群体协同发展和保持社群网络活力。此外，上述关于方向调节、参与方式、过程干预、评价导向等方面的干预策略，不仅与课程设计相关，还与小组促进者的管理与培训相关。本研究发现不同表现水平的促进者对小组的协作质量有一定影响，因此，课程团队还应结合具体活动设计加强对促进者学习支持服务与教学干预技能的培训和激励。

三、研究创新与局限

本研究深入探究了联通主义协作问题解决的发生和发展规律，研究结果有助于丰富互联网时代的教学交互理论、协作学习理论和学习分析方法，能够为优化联通主义教学实践、提升群体协作规模与质量、促进在线开放社区的长期发展提供实证依据。本节将从研究视角、思路、方法、工具方面总结研究的创新点，并指出研究尚存的局限性。

（一）研究的创新点

本研究具有如下创新点。

1. 研究视角的创新

本研究有机整合了社群学习与小组协作研究视角，系统分析了开放网络

---

① Kop, R., & Hill, A., "Connectivism: Learning Theory of the Future or Vestige of the Past?" *The International Review of Research in Open and Distance Learning*，2008，9(3), pp. 1-13.

② King, A., "Scripting Collaborative Learning Processes: A Cognitive Perspective," *Scripting Computer-Supported Collaborative Learning*, Boston, Springer, 2007, pp. 13-37.

③ 王辞晓、刘文辉：《技术供给何以影响合作探究：基于群体信息交互有效性的实证分析》，载《现代远距离教育》，2021(4)。

环境下学习者从社群学习到小组协作的学习规律。作为国内外首项同时关注两个阶段协作学习规律的实证研究，打破了两者素来被独立关注的分割式研究局面，为互联网时代复杂协作学习的理论构建与教学实践提供新的实证依据。

2. 研究思路的创新

基于社群学习和小组协作两个学习阶段，本研究将研究框架分为协作的发生与协作的发展两大部分。将协作的发生拆解为谁会参与协作、谁会结成同伴、谁会成为组长三部分，将协作的发展拆解为组间认知差异、组内角色演化、组外促进效应三部分，实现对复杂协作规律的多视角、立体化、全方位挖掘与阐释。

3. 研究方法的创新

本研究将纵向混合研究范式与数据密集型研究范式相结合，采用互联网实验、认知民族志两种研究方法，重点关注"时间—关系密集"类数据的采集与分析。通过高质量、持续性、伴随式的数据采集方案，运用复杂网络数据分析方法，充分挖掘开放网络学习环境下多源数据隐含的深层次、非线性、动态性教育规律。

4. 研究工具的创新

①编制联通主义协作学习认知编码框架，为互联网环境下协作学习规律研究提供工具支持；②构建三层级角色互动模型，为表征与分析互联网学习环境中不同角色的社会话语地位与群体文化提供分析工具；③明确深、浅、无三种结构洞类型及其指标阈值，为社会网络的结构洞识别与分析提供科学标准。

(二) 研究的局限性

本研究还存在以下不足之处。

1. 主题学习阶段的数据采集与分析

研究基于课程平台和调查问卷采集了性别、年龄、职业、兴趣领域、往期课程学习经历、在线协作经验、学习动机等学习者基本信息，还缺乏对其认知风格、学习偏好等个体特征的关注。同时，对文本数据的分析主要从频度、强度、概念类属等维度展开，缺乏文本情感维度的分析，使得潜在协作者特征描绘不够全面。

2. 问题解决阶段的小组规模与类型

问题引导周的组队功能未对小组规模进行限制，使得最终小组规模为3～7人。小组规模较大会出现部分成员"搭便车"的现象，不仅会影响内部协调效率与群体效能感，也会干扰本研究对小组类型的划分，尤其是对协作质量的区分，因而本研究未将人均参与度纳入协作质量评价维度。

四、未来研究展望

当前研究提出了促进更大规模协作发生和更高质量协作发展的系列实践建议，对激活群体学习动力、维持社群长期发展具有重要意义，但相关教学干预策略还需验证与迭代完善。基于此，未来研究可以从以下三个方面展开。

(一)基于前期交互网络的协作同伴推荐

未来研究将丰富数据采集维度，融合社会、行为、认知、情感等多维表现，实现对潜在协作者特征的全方位描绘。借助于多层网络分析方法，构建前期交互阶段学习者的社会、概念、话题、情感等多层网络，分析社会紧密度、概念相似性、话题重合度等对协作同伴关系选择的影响。基于机器学习算法设计联通主义课程学习同伴推荐机制，提升联通主义课程平台和学习支持的智能化水平。

(二)基于协作角色动态识别的脚本干预

角色分配、角色轮换是协作脚本的常见类型。未来研究应研发面向协作角色的多源数据融合与分析技术，实现协作角色的动态识别和互动特征挖掘，建立协作角色互动特征与协作效果的关联机制，设计基于过程性协作角色识别的精准教学干预方案，提高在线教育中协作表现评价与调控的精准性。

(三)群际互动对社群长期发展的影响

角色类属的相关研究发现问题解决阶段协作者群际交互较为薄弱。未来研究将进一步关注小群体之间以及小群体与整个课程社区的互动关系。从个体与群体长期发展的视角深入探讨协作问题解决对社群长期发展的影响，持续探索促进联通主义学习的新型教学策略。

附　录

附录1：课程问题解决阶段的学习活动

启动周：问题呈现、自由组队

1. 本周内容。

本周为问题解决阶段的引导周，请各位学员在候选问题列表中选择一个自己感兴趣的问题，并点击报名链接报名。提前与其他学员在微信群或者论坛话题"组队交流"下自行联系、招募组员，也可以把自己线下的小伙伴拉入课程一同参与问题解决。

2. 学习者任务。

(1)总结前期所学，撰写博客。

(2)分析选择问题，加入研究团队。

(3)在问题讨论区发表感想或提出疑问。

(4)在平台分享优质资源。

第一周：分析问题、制订计划

1. 本周内容。

本周为问题解决阶段的第一周，各组成员对接问题的提出者，对问题进行分析，制订问题解决计划，完成小组任务分工。围绕真实问题，收集与问题相关的资源、案例，并将收集到的资源共享到平台上。

2. 学习者任务。

(1)根据问题解决类型协助制订问题解决计划。

(2)根据分工收集并分享资源、案例。

(3)参与博客讨论。

(4)根据分工准备直播汇报材料；

(5)观看直播，参与互动。

第二周：资源联通、信息加工

1. 本周内容。

各小组围绕真实问题，依据上一周的问题解决思路，补充与问题相关的资源并进行加工，进一步推动问题解决进程，产出实质过程性成果，并与其他小组进行交流和互动。

2. 学习者任务。

(1)组内开展讨论，优化问题解决思路。

(2)补充与问题相关的资源、方法与工具。

(3)根据分工进一步加工资源、推进任务。

(4)小组讨论，总结过程性研究成果。

(5)浏览其他小组的博客及相关资源，在问题讨论区为其提供建议或推荐资源。

(6)根据分工准备直播汇报素材。

第三周：教师指导、内容优化

1. 本周内容。

各小组基于上周的组间互动，进一步推动任务进程，形成初步的小组成果。在本周的学习过程中，指导教师和专家将对平台上已经呈现的问题方案进行初步的评价与指导。

2. 学习者任务。

(1)组内交流，进一步推动任务进程。

(2)参与形成初步成果，与指导教师进行沟通。

(3)根据指导教师的建议，优化当前成果。

(4)根据分工准备直播所需素材。

(5)观看直播，参与互动。

第四周：成果提交、总结反思

1. 本周内容。

各小组基于上周的教师指导，进一步完善并提交小组最终的问题解决成果。

2. 学习者任务。

(1)组内交流，完善并提交最终成果。

(2)合作完成小组反思报告。

(3)个人总结(总结在小组合作问题解决过程中的收获、贡献、反思)，填写课程问卷。

(4)报名沙龙，参与沙龙活动。

附录 2：课程问题解决阶段的问题示例

◇ 问题示例一

优质在线教育资源的特点以及各主体在资源建设中的角色和作用是什么？

1. 问题背景。

资源作为教育信息化的核心内容决定了信息化的水平，成为推动教育系统性变革的关键要素。一项对教师资源使用情况的调查研究发现，教师对已有资源的使用率较低，国家级资源使用率仅有32%，省级资源使用率不足20%。这一现状的主要原因是已有资源不能满足教师教学需求，主要表现为资源类型的结构性缺失。目前资源短缺问题已经基本解决，但在教学实践中被师生认可的优质资源仍然稀缺。到底什么是优质资源？不同建设主体之间如何协调、共建，推动优质资源建设是目前关注的重点。

2. 问题描述。

在调研的基础上，对以下问题进行探索：

目前在线资源使用中存在哪些问题？

不同角色对优质在线资源的特征有怎样的认识？

现有的资源建设模式（包括资源建设主体、建设过程与方法、产生的效果等）是怎样的？

对如何进一步进行优质在线资源的建设提出你的建议（可以从机制、技术等角度来提）。

思路提示、资源推荐及策略建议：

选定一个领域（如基础教育、职业教育、高等教育、继续教育等）；

通过文献调研，分析该领域在线教育资源的建设和使用现状；

通过问卷法和访谈法，对不同主体（教育管理者、教师、学生等）进行调查，了解他们建设或使用在线教育资源的现状、问题以及对优质在线资源的认识；

对调研数据进行处理，分析优质在线教育资源的特点，思考各主体在推动优质资源建设中发挥的作用，形成调研报告。

3. 期望成果。

调研报告。

4. 组队建议。

组队人数：3~5人。

组队策略：寻找拥有相关知识背景的同伴；寻找对该问题拥有较强兴趣

的同伴；寻找具备问题解决关键技能的同伴。

◇ **问题示例二**

在互联网环境中开展探究学习，需要什么样的工具资源和活动形式？

1. 问题背景。

随着互联网的普及、数字校园的建设以及移动设备在学校环境中的应用，虚拟教具或虚拟实验室的易获取性使它们在学校课堂中得到广泛应用。教育部于 2020 年 1 月提出"停课不停教、不停学"方案，并开放优质网络教育资源与平台供学校组织在线教学。其中，以国家虚拟仿真实验教学项目共享平台、国家级虚拟仿真实验教学中心为代表的虚拟教具共享平台为各级学校学科实施在线探究活动提供了丰富的资源和工具。

探究学习是获得科学概念、掌握知识规律的重要教学方法之一。在互联网环境下开展探究学习，有哪些形式，基于什么平台，采用什么方式？和实体课堂中的探究学习有什么不同，效果如何？值得教育实践者的持续关注，尤其是在居家上课的社会背景下，保证互联网环境下探究学习有效开展十分必要。

2. 问题描述。

在调研的基础上，对以下问题进行探索：

目前互联网环境中探究学习的工具资源有哪些？有哪些类型？质量如何？

互联网环境中开展探究学习的活动形式有哪些？以中小学课程为例。

在互联网环境中开展探究学习存在哪些问题？针对现状和问题提出建议（从工具资源和活动设计的角度来提）。

3. 思路提示、资源推荐及策略建议。

可以仅从国内案例进行分析，如果时间充裕也可以结合国际案例进行分析。

互联网环境下的探究学习平台和工具：

国外，WISE 科学探究平台（wise.berkeley.edu）；

国内，国家虚拟仿真实验教学课程共享平台（www.ilab-x.com）、国家级虚拟仿真实验教学中心、各高校或各机构提供的在线工具等。

选择合适的工具和方法对调研数据进行处理与分析：

案例分析（对各类平台、各个探究工具或应用案例进行分析，开发合适的编码表，参考相关文献从多个维度进行编码）；

半结构访谈（对中小学开展在线探究的方式进行调研、对应用现状进行调查分析）等。

4. 期望成果。

调研报告，学术论文。

5. 组队建议。

组队人数：3~5 人。

组队策略：寻找拥有相关知识背景的同伴；寻找对该问题拥有较强兴趣的同伴；寻找具备问题解决关键技能的同伴。

◇ 问题示例三

在线直播互动情境下师生互动模式与特征的研究。

1. 问题背景。

师生互动是教学的基本活动，随着直播教学的快速发展，在线直播互动式的教学将逐渐成为在线教学的重要方式，而在网络环境中师生如何互动，其互动方式、互动行为、互动内容、互动关系、互动文化等会出现怎样的特征，以及技术环境与工具在其中会发挥怎样的作用，都是值得研究的问题。本问题的研究将为直播互动教学的设计与策略选择，以及直播互动环境的设计提供有益启示。

2. 问题描述。

请各位学员以小组为单位，基于文献研究和在线直播互动实践，对直播教学情境下师生互动的模式与特征进行研究。

调研内容拟解决以下问题：

在线直播互动教学情境下师生互动模式与特征的研究现状是怎样的？

在线直播互动教学情境下师生互动出现哪些与课堂互动不同的新特征？

技术环境对直播教学情境下师生互动的影响是什么？

思路提示、资源推荐及策略建议：

进行在线直播教学或远程实时互动教学相关文献研究；

选择和构建在线直播教学分析相关互动分析框架；

收集在线直播互动实践案例相关师生互动数据，可以基于直播课堂实录开展分析；

结合文献研究与真实互动数据开展研究。

3. 期望成果。

调研报告。

4. 组队建议。

组队人数：3~5 人。

组队策略：寻找对该问题拥有较强兴趣的同伴；寻找拥有不同知识背景或实践经验和数据的同伴；寻找具备一定教学分析与数据分析相关技能的同伴；寻找文献研究与写作能力较强的同伴。

附录3：课程学习者基本情况调查问卷

亲爱的 cMOOC 5.0 学员：

你好，欢迎你加入 cMOOC 5.0 学员的大家庭！相信你已经对课程有了一定认识和了解。这份问卷旨在了解本期课程学员的在线课程学习经历和特点，对我们改进课程学习活动和支持服务设计非常重要。本次问卷为匿名填写，内容仅用作教研使用，不会影响学员的课程成绩和评价。

请根据先前的在线学习经历填写这份问卷，感谢你的支持！

cMOOC 5.0 课程开发团队

一、先前经历

1. 你的 cMOOC 学号是：_____

2. 你的性别：A. 男 B. 女

3. 你的年龄：A. 20 岁以下 B. 21～30 岁 C. 31～40 岁 D. 41～50 岁 E. 51 岁以上

4. 你之前参与的在线课程学习情况是怎样的？（注：这里的在线课程，是指有组织的、有计划的、包含了多个教学单元的、基于互联网平台开展的课程。）

  A. 尚未参与过在线课程

  B. 参与过在线课程，但尚未完整地学完

  C. 参与过在线课程，完成了 1～2 门课程

  D. 参与过在线课程，完成了 3～5 门课程

  E. 参与过在线课程，完成了 5 门以上课程

5. 你之前以在线形式进行小组合作学习或团队工作的频率：

  A. 极少 B. 很少 C. 偶尔 D. 经常

6. 你之前参与 cMOOC 的情况：

  A. 没有参与过

  B. 报名参加过 1 期，但没有完成

  C. 报名参加过 2 期及以上，但没有完成

  D. 完整地学完了至少 1 期

二、学习期望

1. 请根据你的真实情况作答，1～7 表示符合的程度，1 表示"非常不符合"，7 表示"非常符合"。（外在动机）

（1）这门课的证书对我来说很有吸引力。

(2)在这门课中取得好成绩对我来说很重要。

(3)这门课的学习有助于我的求职或工作。

(4)这门课的学习对我的职业发展有益。

(5)学习这门课是我所在组织的期待。

2. 请根据你的真实情况作答，1~7 表示符合的程度，1 表示"非常不符合"，7 表示"非常符合"。（内在动机）

(1)我喜欢这门课的教学组织和互动形式。

(2)参与这门课的教学活动比取得好成绩更重要。

(3)我觉得这门课的学习主题和内容有趣。

(4)我喜欢这门课所提供的学习机会和挑战。

(5)掌握这门课的知识和技能让我有成就感。

3. 请根据你的真实情况作答，1~7 表示符合的程度，1 表示"非常不符合"，7 表示"非常符合"。（自我效能，本研究未使用此部分数据）

(1)我认为我能在这门课程中比其他学员表现得更好。

(2)我相信我能在学习活动和任务中表现出色。

(3)我确信我能掌握这门课程涉及的知识和技能。

(4)我认为我能在这门课程中取得较高的学习评价。

(5)我相信我能在这门课程中取得较好的课程成绩。

4. 请根据你的真实情况作答，1~7 表示符合的程度，1 表示"非常不符合"，7 表示"非常符合"。（自我决定，本研究未使用此部分数据）

(1)我会想办法解决在学习过程中遇到的困难。

(2)我会投入足够的精力到在线课程中。

(3)我会使用多种学习策略来学好这门课。

(4)我会想办法去弄清楚没有掌握好的知识。

(5)我会充分地准备以更好地参与这门课。

感谢你的参与！如果你对本期课程有什么期待或建议，请留言告诉我们：

附录4：课程学习者课程体验调查问卷

亲爱的 cMOOC 5.0 学员：

你好，非常感谢你抽出时间和精力，在 cMOOC 这样的开放环境下、非限制约束的情境中开展主题学习和问题解决！为了更好地了解本期课程学员的参与情况，以改进后续的课程设计，这份问卷想要调查你对学习活动的态度感知、合作体验等。感谢你的支持！

cMOOC5.0 课程开发团队

一、基本信息

1. 你的 cMOOC 学号是：_____

2. 你每周花在这门课的大概时长是：

   A. 1～3 小时   B. 4～6 小时   C. 7～9 小时   D. 10～12 小时   E. 12 小时以上

3. 你是否参加了本期的问题解决组队？

   A. 是   B. 否

4. 你所在小组在问题解决周中，平均每周开展线上讨论(时长大于半小时计为1次)的频次是：

   A. 1～2 次   B. 3～4 次   C. 5～6 次   D. 7～8 次   E. 8 次以上

二、学习体验

1. 你在问题解决的各周分别承担什么分工？扮演什么样的角色？（根据你所负责的任务分工，为你的角色起个有趣的名字，如顶梁柱、大管家等。）

   启动周：问题呈现、自由组队 _____

   第一周：分析问题、制订计划 _____

   第二周：资源联通、信息加工 _____

   第三周：教师指导、内容优化 _____

   第四周：成果提交、总结反思 _____

   注：如果是后来才加入小组的学员，前几周未参加时可填写"尚未加入"。

2. 你认为这门课程的难度：1～7 表示难度的程度，1 表示"非常容易"，2 表示"比较容易"，3 表示"有点容易"，4 表示"一般"，5 表示"有点难"，6 表示"比较难"，7 表示"非常难"（心理投入，当前研究未使用此部分数据。）

   这门课程中主题学习周的知识难度：

   (1)这门课程中问题解决周的任务难度：

   (2)这门课程中学习方式与任务形式的难度：

(3)这门课程中学习内容和相关知识的难度：

3. 你参加这门课程的感知体验：1~7表示感知的程度，1表示"非常低"，2表示"比较低"，3表示"有点低"，4表示"一般"，5表示"有点高"，6表示"比较高"，7表示"非常高"。（心理努力，当前研究未使用此部分数据。）

(1)这门课程我投入心理努力的程度：

(2)这门课程让我耗费精力的程度：

(3)这门课程让我感觉时间不够用的程度：

(4)这门课程让我（时间或精力上的）焦虑的程度：

4. 你参加这门课程的自我效能：1~7表示符合的程度，1表示"非常不符合"，7表示"非常符合"。（自我效能，当前研究未使用此部分数据。）

(1)我认为我能在这门课程中比其他学员表现得更好：

(2)我相信我能在学习活动和任务中表现出色：

(3)我确信我能掌握这门课程涉及的知识和技能：

(4)我认为我能在这门课程中取得较高的学习评价：

(5)我相信我能在这门课程中取得较好的课程成绩：

5. 你认为在问题解决阶段促进者起到了怎样的作用？（本研究未使用此部分数据。）

---

6. 你认为这门课程的学习支持服务情况：1~7表示符合的程度，1表示"非常不符合"，7表示"非常符合"。

(1)促进者很好地引导学员参与线上学习活动：

(2)促进者很好地帮助学员了解课程内容和任务：

(3)促进者很好地根据学员需求提供反馈和帮助：

(4)促进者很好地帮助小组与指导教师充分互动：

(5)促进者及时发现并解决小组合作存在的问题：

感谢你的参与！如果你对本期课程有什么期待或建议，请留言告诉我们：

附录5：促进者招募及其职能定位说明

亲爱的cMOOC往期课程学员：

你好，cMOOC5.0开始招募课程促进者啦！不管你是学校教师、教育管理者，还是大学生、教育企业从业者，只要你对"互联网＋教育"感兴趣，擅长团队管理与合作，就可以参与报名！

课程促进者将在培训后加入问题解决阶段各小组中，运用cMOOC学习平台和社交通信软件，在线为学习者提供一定的学习支持服务。

课程结束后可获得由北京师范大学教育学部和CIT国家工程实验室联合颁发的"课程促进者证书"，并收获一段难忘的经历。快来加入我们吧！

cMOOC5.0课程开发团队

以下是课程开发团队对促进者职能定位的具体说明。

◇ **促进者的角色定位**

问题解决阶段的促进者，类似于基于问题的学习教学中的导师。其职能主要是从合作技巧、任务进程、小组氛围和高阶思维等方面支持、提示小组，期望学习者明确自己的想法，推动小组完成问题解决任务，但并不提供与学习者负责的问题相关的信息。具体而言，促进者将在线为学习者提供个性、精准、及时、有效的学习规划、学习指导、资源推荐、人员联络等学习支持与监督协作服务。

◇ **促进者的要求与职责**

1. 基本能力要求。

(1)具备一定的教育学科功底和互联网技术应用能力。

(2)具备良好的沟通表达能力、心理疏导能力。

(3)具有全局思维和良好的团队协作与管理能力。

(4)善于发现问题，能够结合具体情境设计并实施干预。

(5)具有一定程度的社群运营或在线合作学习经历等。

2. 主要工作任务。

(1)为学习者提供全方位、全周期的个性化指导、支持和课程管理服务，解决学习者在学习过程中遇到的技术、内容、方法等问题。

(2)负责在线学习的问题解决小组管理，为学习者建立和维护在线交互社群，加强团队间的沟通，激发学习者的学习动机，提高学习兴趣。

(3)引导小组形成合理的分工与团队协作氛围，协助组长推进合作进程，为小组提供合作策略的指导和建议。

(4)在线为问题解决小组提供人员联络、资源推荐等学习支持服务，引导、督促学习者完成课程任务。

(5)根据学习者体验，对学习平台、学习工具、学习资源等提出优化建议。

3. 其他注意事项

(1)cMOOC问题解决活动，不是为了让学员学习技能，而是让大家体会联通主义的学习活动、互联网资源的利用。

(2)促进者可适当提供资源或方法层面的支持，积极融入小组，引导学员深入探索。

(3)促进者尽量鼓励小组自行探究，要让学员自己有判断，不要让学员过度依赖。

(4)促进者应注重与组长沟通，及时发现问题，协助组长推进任务进行。

(5)解决相同问题的小组，对应两名促进者要引导小组从不同的角度来研究。

后 记

作为一个"90后",我经历了从传统印刷技术到广播电视技术再到互联网数字传播的教育媒介技术的变迁,切身体会到媒介发展对日常生产生活的变革性影响。三代远程教育——函授教育、广播电视教育、基于多媒体计算机技术和网络通信技术的网络教育,也随着媒介技术的发展不断地更新其教育教学理念和教育管理模式。如今,互联网技术的能力范围已远远超出单向的网络通信传播,对教育教学流程和形态产生了颠覆性的变革作用。2021年11月,为适应互联网时代远程教育实践模式的转变,满足社会发展和人才培养的新需求,北京师范大学教育学部远程教育研究中心在学科带头人陈丽教授的带领下,成功推动了教育学自设二级学科"远程教育"更名为"互联网教育"的学科论证工作。我作为其中一员,有幸参与这项具有跨时代意义和学科发展里程碑式的学科建设工作。

陈丽教授自2018年开始带领团队开设国内首门基于联通主义学习理论的社区型在线开放课程"互联网+教育:理论与实践的对话"(简称cMOOC),课程至今已累计开展九期,其教学理念与模式在全国范围内起到重要的创新引领作用,培育了上千名扎根课程、反复参与研修的在读学生、一线教师与产业实践者。基于该课程实践,陈老师带领团队产出了上百篇研究成果,形成了具有特色的"互联网教育"理论与实践体系。很荣幸,我能够参与这门课程的建设,并基于自己的研究兴趣开展了本书所涉及的协作问题解决研究,揭示了复杂开放网络环境下协作学习的发生和发展规律。以往我关注的要么是课堂环境中的协作学习,要么是封闭式网络环境中的协作学习。当我进入这个由一个个动态节点所构成的联通主义学习网络时,新世界的大门朝我打开了,我的学术视野不再局限于一个小组、一个教学模式,而是一个动态多元的、强调信息联通与群智汇聚的、面向复杂真实世界问题解决的新型教学形态——互联网教育。

刚入职北京师范大学时,课程团队正在进行第五期cMOOC建设。在陈老师的鼓励和支持下，我参与了第五期、第六期 cMOOC 课程活动设计工作，主要负责问题解决阶段的学习活动设计和学习支持服务。陈老师给予了我系统的理论指导、自由的探索和创新空间，以及充分的团队和平台支持。正是因为陈老师的引领和呵护，我才能够走进联通主义教学实践，进而形成本书的研究成果。陈老师站位高远、治学严谨、做事务实、为人坦荡，是吾辈一生学习的楷模。问题解决设计团队也在研究中心主任郑勤华老师，江南大学教育技术系主任王志军老师，研究中心冯晓英老师、李爽老师、张婧婧老师、赵宏老师、谢浩老师、陈青老师、姚自明老师的帮助和支持下，完成了问题解决阶段的活动设计、问题征集和学习支持服务流程制定，相应的活动设计及资源还延续到第六期课程的运行中。这些教学实践工作帮助我更好地了解到联通主义学习的理论内涵与实践意义，也坚定了我运用科学前沿方法与技术从事互联网教育研究的学术志趣。

这项研究就是从这样的教育实践工作中生根并长出枝丫的。最开始，基于长久以来对"协作角色"的研究兴趣，我探究了开放网络环境下问题解决小组的"组内角色演化"规律，随后又探究了由多元职业和经验背景学习者所构成的异质小组的"组间认知差异"。在分析协作问题解决效果"怎么样"后，研究视角重新回到我们设计课程活动的根本目的，即"如何"才能吸引更多人来参与深度协作问题解决呢？于是我开展了"谁会参与协作""谁会成为组长"这两项研究。阶段性的研究成果，整合了社会网络和学习科学的前沿理论与模型，应用了多种新型分析方法和技术，也提出了我作为青年学者标志性成果的角色互动理论模型。更重要的是，我在其中扎实地践行了互联网时代的"数据密集型教育研究"，联结了协作学习领域素来独立、区隔的两个研究场域——社群学习和小组协作，这对我来说是一个突破，相信我对这个领域也会有所贡献。

在此要特别感谢《现代教育技术》编辑部主任焦丽珍老师，她邀请我在中国教育技术协会举办的"技术促进教育高质量发展青年论坛"作第八期主题报告。2022 年 5 月，我还不到 30 岁，是数期被邀请的青年学者中年纪最小、工作年限最短的一位。但我没有因此而胆怯，那是一个初入职场、意气风发的我，因为我知道"没有白走的路，每一步都算数"。我为梦想而努力的日日夜夜不会因我的年龄而被否定，未来我的研究一定会被更多人看到。我在报告《复杂开放环境下协作行为的发生发展机制》中分享了上述阶段性研究成果，并受到了许多高校前辈的认可和鼓舞。这也激励着我继续深挖，扩展了"谁会结成同伴""组外促进效应"两项研究，回答了"如何促进更多社群学习者结成团队""如何更好地支持协作问题解决"等问题，最终形成了本书的基本框架，即揭示协作发生与发展规律的六个研究内容。

我还要感谢对本书做出贡献的几位同学，感谢他们与我一同探讨研究设计和数据分析，那些对研究发现感到激动、对方法探讨感到兴奋的日子，是我们共同进步、并肩作战的美好回忆。张文梅是我在第五期和第六期课程学习设计与支持服务的工作搭档，她认真负责、细致有耐心，我们非常有默契地推进了促进者团队的管理和小组协作的过程性支持，感谢她一路同行。肖建军是研究中心的技术担当，他对专业的热爱、学习的专注、事情的认真负责、问题解决思路的创新和延展，让我非常感动，我也深受激励。徐亚倩是一位综合素质极高的青年人才，目前已被青岛大学引进为副教授，她的科学研究和事务工作都非常优秀，与她一起工作总让人安心。何歆怡是研究中心非常优秀的学生，思维活跃、善于思考、勇于创新，期待她未来发展得越来越好。此外，我还要感谢参与问题解决活动的协作者们、志愿为问题解决活动给予学习支持的来自全国各个高校的促进者们。

走上教学科研岗位的这四年，是成长、收获、不断挑战自我的四年。面对智能技术和神经科学的快速发展，我曾一度感到迷茫：我在哪里，将要到哪里去？我能够为学科贡献什么，给学生带来什么？尽管目前这些问题的答案依旧不够具体清晰，但只要经常反思如何回答好这些问题，我就已经在路上了。心之所向，素履以往。在此也要感谢教育技术学院的武法提院长，武老师是我学术职业的伯乐，他的肯定和支持给予了我迎接未来挑战的信念和勇气。感谢教育技术学院每一位老师对我的关心和指导（郑永和老师、余胜泉老师、黄荣怀老师、杨开城老师、董艳老师、傅骞老师、刘美凤老师、李芒老师、王晶莹老师、李玉顺老师、马宁老师、赵国庆老师等），感谢他们给予我的鼓励和信心！感谢北京师范大学及其教育学部给予"青椒们"的人文关怀、治学氛围和广阔天地。

不忘初心，无论在顺境还是低谷，每一位研究者都应当记得他来时的路。感谢北京师范大学教育学院以及教育技术系的老师们对我的培养。感谢我的硕士和博士导师吴峰老师对我工作之后持续的指导、帮助与悉心教诲。吴老师性格温和、与人为善，导师的处事风格与学术视野，对我如何指导学生、如何开展科学研究均产生了很大的影响。感谢尚俊杰老师在我求学和工作的各个阶段给予的耐心指导，以及宝贵的科研分享与交流机会，同时也激励我不断反思研究成果、凝聚研究方向、形成个人特色。我还要感谢技术系的汪琼老师、贾积有老师、郭文革老师、吴筱萌老师、赵国栋老师、王爱华老师传道授业解惑和延续至今的勉励。

感谢一直以来支持我的家人们，感谢他们给我的温暖和鼓励，在一些困扰、烦忧的时刻给予我坚持的力量。感谢我的人生搭档对我工作的理解和支持、对我梦想的尊重和欣赏。

感谢我的宝贝咚咚，感谢你愿意选择我作为你的妈妈，让我重新成长、体验世界，让我重新思考生命的意义。

我正在学习做一个好妈妈，这真是一个有挑战的课题。从前我总觉得我一路走来靠的是自己的努力，而如今有了咚咚，我才知道，我的妈妈是多么的伟大。很遗憾妈妈已经不在了，但我没有一刻停止过思念。

树欲静而风不止。愿我今后能够把有限的时间和爱，多留一些给我亲爱的爸爸和奶奶。

2024 年 5 月 11 日
于北京西三旗